HEBREW Level 3

עִבְרִית שָׁלָב ג׳

BEHRMAN HOUSE

Ora Band, Editor

Dr. Sheldon Dorph
Rabbi Joel Gordon
Series Editors

Dr. Arnold J. Band
Series Consultant

עִבְרִית

HEBREW

A language course

LEVEL

3

שָׁלָב

ג

BEHRMAN HOUSE, INC.

SPECIAL ACKNOWLEDGMENTS

I wish to express my affection and admiration for
Arnold J. Band
Ora Band
Bella Bergman
Rosalie Gershenzon
Joel Gordon.
Without their dedication, hard work, and love of the Hebrew language, this text would not be a reality.

I also acknowledge the contributions of *Batsheva Abraham, Jonathan Band, Yael Nagar*, and *Ellen Borten Scharlin*.   *Dr. Sheldon Dorph*

My special thanks to my husband, *Arnold J. Band*, for his valuable suggestions and assistance, and to my sons, *David* and *Jonathan*, for their great encouragement and support.   *Ora Band*

© 1986, Los Angeles Hebrew High School, 15339 Saticoy Street,
Van Nuys, California 91406
Published by Behrman House, Inc., 235 Watchung Avenue,
West Orange, New Jersey 07052

Manufactured in the United States of America

Library of Congress Cataloging-in-Publication Data
   (Revised for volume 3)
Main entry under title:

Hebrew: a language course = ['Ivrit]

   Vol. 3 edited by Ora Band.
   Includes index.
   Contents: v. [1] Level 1— — [3] Level 3.
   1. Hebrew language—Grammar—1950— .
I. Bergman, Bella. II. Band, Ora. III. Title. 'Ivrit.
PJ4567.3.H4   1981   492.4'8421   81–12245
ISBN 0–87441–331–1 (pbk.)
ISBN 0–87441–381–8 (pbk.: v. 3)

Foreword

With עִבְרִית, שָׁלָב ג׳ we complete the series of three textbooks, the שְׁלַבִּים curriculum, an introductory Hebrew language course designed specifically for English-speaking students. We began with the comprehension of the basic two–word sentence and progressed systematically to the understanding and usage of complex sentences, and all the major items of Hebrew grammar. Through the three texts the student acquired a selected, functional vocabulary of 1200 words and the ability to read the more difficult and sophisticated stories and poems found in שָׁלָב ג׳. At this point, the student is ready to make the leap into serious study of Hebrew texts of any period. The variety of language skills stressed: reading comprehension, conversational facility, and writing ability, can serve as the basis for further development in each of these directions.

This language course has been developed after a realistic assessment of the framework in which we teach. We assume that the student attends a limited number of hours of language instruction, and does not live in a Hebrew-speaking environment outside the classroom. We realize that the student thinks in English rather than in Hebrew. To maximize the effectiveness of instruction in the hours available, we stress both a structured, cognitive approach to language acquisition, as well as contrastive analysis between the student's native language, English, and the second language, Hebrew. While it is desirable to include conversation in the classroom, that is not our primary language goal. We seek, rather, to lay the foundations for acquisition of a multi-skilled familiarity with the Hebrew language. If any one aspect is given preference, it is **literacy**, obviously the skill to be cultivated in our environment.

The intake of grammatical and lexical items in this language course has been carefully graded and limited in keeping with the hours available. In עִבְרִית, שָׁלָב א׳, the first volume of this series, the student covered some of the basics of Hebrew grammar, including the structure of the verb and the sentence, and acquired a vocabulary of over 300 words.

Building on this foundation, עִבְרִית, שָׁלָב ב׳ expanded the student's knowledge of the verb by introducing the meaning-class, בִּנְיָן, and several of the more frequently used sound-classes, גְּזָרוֹת. It also included other grammatical items graded for their importance in understanding and generating sentences, and some 350 new words were introduced and drilled. As the student's grammatical and lexical knowledge expanded more sophisticated stories were introduced. They varied from contemporary themes, e.g., Israel and Russian Jewry, to an adaptation of the biblical Joseph story, and an Agnon tale. Additional readings included midrashim. Because of the content level of the reading material, עִבְרִית, שָׁלָב ב׳ is well-suited to college and adult classes. Our experience has indicated that the volume can be covered in a college semester.

עִבְרִית, שָׁלָב ג' flows *naturally from the preceding volume and continues the graded acquisition of language skills based on the same didactic principles. In this volume, the student acquires another 550 vocabulary words, as well as grammatical items crucial to the understanding of texts and the generation of mature sentences. Three meaning-classes,* הִתְפַּעֵל, הִפְעִיל, נִפְעַל, *and all the remaining sound-classes,* גְּזָרוֹת, *in* בְּנְיָן פָּעַל *are introduced.* עִבְרִית, שָׁלָב ג' *also teaches the declension of nouns and prepositions. The varied reading selections range from the biblical narrative, to the Hasidic tale, to the modern story. The language norm is that of Modern Literary Hebrew which includes and fuses the linguistic elements of all preceding periods. Mastery of the most functional items of Modern Literary Hebrew is achieved by the end of* עִבְרִית, שָׁלָב ג'.

Each unit in this textbook is structured with this goal in mind. It begins with a vocalized reading passage that contains the lexical and grammatical items to be learned in the unit. The reading selection is followed by a lucid presentation of a grammatical principle, which explains the basic concept and compares the Hebrew and English linguistic structures. A variety of exercises reinforce the student's comprehension of the story and provide active practice in the grammatical items. The reading passage is reproduced without vocalization at the end of the lesson, so that the student will become accustomed to reading both vocalized and unvocalized Hebrew. Additional reading material is provided, to enrich the student's encounter with the Hebrew language.

The success of this method has been demonstrated in classroom situations where the language program has undergone testing. The units have been revised and rewritten in the light of practical experience, and the response of students and teachers has been most gratifying. The students find the reading selections interesting and the grammar comprehensible. The teachers enjoy a sense of direction and purpose, since they can track the logical progression of language acquisition from step to step. Precisely because the intake of both grammatical and lexical items is carefully graded and controlled, progress up the ladder of language achievement can be measured. Since both partners in the learning process know where they are and where they are going, their awareness of progress is keen and reassuring.

ARNOLD J. BAND

University of California, Los Angeles

תֹּכֶן

יְחִידָה 1

נָשִׁים... נָשִׁים...

לְפִי אֶפְרַיִם קִישׁוֹן

¹all of them ²similar	נָשִׁים. נָשִׁים, הֵן כּוּלָן¹ דּוֹמוֹת².
	אַתָּה שׁוֹמֵעַ מַה קָרָה לִי עִם אַחַת מֵהֶן?
¹to have a good time	פָּגַשְׁתִּי בְּחוּרָה בְּשֵׁם צִפּוֹרָה; הֶחְלַטְנוּ לְבַלּוֹת¹.
	אֶתְמוֹל הָיְתָה הַפַּעַם הָרִאשׁוֹנָה. רַק יָצָאנוּ מִן הַבַּיִת,
¹for ²equality	אוֹמֶרֶת לִי צִפּוֹרָה: אַתָּה יוֹדֵעַ, אֲנִי בְּעַד¹ שִׁוְיוֹן² 5
¹men ²agreement	בֵּין גְּבָרִים¹ וְנָשִׁים וְלָכֵן נַעֲשֶׂה הֶסְכֵּם² כָּזֶה:
¹pay	פַּעַם אֲנִי מְשַׁלֶּמֶת¹ וּפַעַם אַתָּה מְשַׁלֵּם.
¹to argue	רָצִיתִי לִהְיוֹת גֶ'נְטְלְמָן. רָצִיתִי לְהִתְוַכֵּחַ¹ אִתָּה,
¹stubborn	אֲבָל צִפּוֹרָה אִשָּׁה חֲזָקָה וְעַקְשָׁנִית¹. הַסְכֵּם זֶה הַסְכֵּם.

	נוּ טוֹב, נָסַעְנוּ בָּאוֹטוֹבּוּס לָעִיר – צִפּוֹרָה שִׁלְּמָה. 10
	הָלַכְנוּ לַקּוֹלְנוֹעַ – אֲנִי שִׁלַּמְתִּי בְּעַד הַכַּרְטִיסִים. רָאִינוּ
¹intermission ²smile	סֶרֶט לֹא רַע. בַּהַפְסָקָה¹ הִיא שׁוֹאֶלֶת אוֹתִי בְּחִיּוּךְ²:
¹thirsty	אַתָּה רוֹצֶה לִשְׁתּוֹת מִיץ? אֲנִי צְמֵאָה¹ מְאֹד.
	נוּ, אָז שָׁתִינוּ – הִיא שִׁלְּמָה – זֶה הָיָה תּוֹרָהּ.
	אַחֲרֵי הַסֶּרֶט רָקַדְנוּ בְּדִיסְקוֹטֵק. זֶה הָיָה תּוֹרִי. 15

¹restaurant	כְּשֶׁיָּצָאנוּ שָׁאַלְתִּי: אוּלַי נֵלֵךְ לְמִסְעָדָה¹ לֶאֱכֹל?
	צִפּוֹרָה אָמְרָה שֶׁהִיא כְּבָר אָכְלָה הַיּוֹם.

אֲבָל אֲנִי אָמַרְתִּי שֶׁאֲנִי רָעֵב[1] מְאֹד. — [1] hungry
נִכְנַסְנוּ לַמִּסְעָדָה. לְפִי חֶשְׁבּוֹנִי[1] עַכְשָׁו תּוֹר צִפּוֹרָה — [1] calculation
לְשַׁלֵּם. הִיא הָיְתָה מֻדְאֶגֶת[1]. הִזְמַנְתִּי אֲרוּחָה בַּת שָׁלוֹשׁ — [1] worried
מָנוֹת[1] גְּדוֹלוֹת וְטוֹבוֹת. צִפּוֹרָה הִזְמִינָה קָפֶה. — [1] courses

וְאָז קָרָה הָאָסוֹן[1]. — [1] tragedy
אֲנִי רָאִיתִי אוֹתוֹ מֵרָחוֹק אֲבָל לֹא יָכֹלְתִּי
לַעֲשׂוֹת דָּבָר. מוֹכֵר הַגַּפְרוּרִים[1] נִכְנַס לַמִּסְעָדָה. — [1] matches
הוּא הִתְקָרֵב[1] אֵלֵינוּ. עָשִׂיתִי לוֹ סִימָנִים שֶׁל "לֹא" — [1] approached
בַּיָּדַיִם, אֲבָל הוּא בָּא לַשֻּׁלְחָן שֶׁלָּנוּ וְשָׁאַל: גַּפְרוּרִים?
"כֵּן!!" אָמְרָה צִפּוֹרָה, "אֲנִי בֶּאֱמֶת צְרִיכָה גַּפְרוּרִים.
תֵּן לִי בְּבַקָּשָׁה שְׁתֵּי קוּפְסָאוֹת[1]. הִנֵּה הַכֶּסֶף." — [1] boxes
(לָמָּה הִיא צְרִיכָה גַּפְרוּרִים? הִיא לֹא מְעַשֶּׁנֶת[1]!). — [1] smokes
וּמִיָּד הִזְמִינָה בְּלֵב שָׂמֵחַ עוּגַת־קַצֶּפֶת[1] וְקָפֶה. — [1] whipped cream

אֲנִי בְּקוֹשִׁי[1] גָּמַרְתִּי לֶאֱכֹל. לָאוֹטוֹבּוּס הַבַּיְתָה שִׁלְּמָה — [1] with difficulty
צִפּוֹרָה. וּמָה אַתָּה חוֹשֵׁב אָמְרָה לִי צִפּוֹרָה כְּשֶׁרָצִיתִי לָתֵת
לָהּ נְשִׁיקַת לַיְלָה טוֹב? הִיא דָּחֲפָה אוֹתִי וְאָמְרָה:
"אַתָּה רוֹאֶה? בִּגְלַל[1] זֶה רָצִיתִי לְשַׁלֵּם גַּם אֲנִי." — [1] because of

Polish Jews in their Sabbath clothing, mid-nineteenth century

מִלּוֹן

similar, alike	דמה√ — דּוֹמוֹת	
for	בְּעַד	
equality	שִׁוְיוֹן	
man, manly	גֶּבֶר	
agreement	הֶסְכֵּם	
to pay	לְשַׁלֵּם	
to argue	לְהִתְוַכֵּחַ	
argument	וִכּוּחַ	
stubborn (f.)	עַקְשָׁנִית	
smile (noun)	חִיּוּךְ	
to smile	לְחַיֵּךְ	
thirsty	צָמֵא	
restaurant	מִסְעָדָה	
meal	סְעוּדָה	
hungry	רָעֵב	
calculation	חֶשְׁבּוֹן	
course, portion	מָנָה	
tragedy, disaster	אָסוֹן	
matches (noun)	גַּפְרוּרִים	
smokes	עשן√ — מְעַשֶּׁנֶת	
smoke (noun)	עָשָׁן	
with difficulty	בְּקוֹשִׁי	
easily	בְּקַלּוּת	
because of	בִּגְלַל*	

*בִּגְלַל must be followed by a noun.   הוּא לֹא בָּא בִּגְלַל הַגֶּשֶׁם.

מַה פֵּרוּשׁ (meaning) הַבִּטּוּי הַזֶּה?

עַל טַעַם וָרֵיחַ אֵין לְהִתְוַכֵּחַ.

תַּרְגִּילִים בַּהֲבָנַת הַסִּפּוּר

א. מִי אֲנִי? צִפּוֹרָה אוֹ הַמְּסַפֵּר?

1 מִי בְּעַד שִׁוְיוֹן בֵּין גְּבָרִים וְנָשִׁים? ________________

2 מִי רָצָה לִהְיוֹת גֶ'נְטֶלְמֶן? ________________

3 מִי שִׁלֵּם בְּעַד הָאוֹטוֹבּוּס? ________________

4 מִי שִׁלֵּם בְּעַד כַּרְטִיסֵי הַקּוֹלְנוֹעַ? ________________

5 מִי הָיָה צָמֵא? ________________

6 מִי הָיָה רָעֵב וְרָצָה לֶאֱכֹל? ________________

7 מִי הִזְמִין אֲרוּחָה גְּדוֹלָה? ________________

8 מִי קָנָה גַּפְרוּרִים? ________________

9 מִי שִׁלֵּם בְּעַד הָאֲרוּחָה? ________________

10 מִי רָצָה לְהִתְנַשֵּׁק? ________________

יוֹתֵר מִשֶּׁאִישׁ רוֹצֶה לִשָּׂא, הָאִשָּׁה רוֹצָה לְהִנָּשֵׂא.

More than the man wants to marry, the woman wants to be married.

(Talmud)

ב. תַּעֲנוּ עַל הַשְּׁאֵלוֹת הָאֵלֶּה.

1 מַה שֵּׁם הַבַּחוּרָה בַּסִּפּוּר? ______________________

2 הַבַּחוּרָה אוֹמֶרֶת שֶׁהִיא בְּעַד ______________________.

3 מֶה עָשׂוּ הַבַּחוּרָה וְהַמְּסַפֵּר בָּעִיר?

____

4 לָמָּה קָנְתָה הַבַּחוּרָה גַּפְרוּרִים?

____

5 בְּסוֹף הַסִּפּוּר, מָה רָצָה הַמְּסַפֵּר לָתֵת לַבַּחוּרָה?

____

6 הַאִם הַבַּחוּרָה בֶּאֱמֶת בְּעַד שִׁוְיוֹן בֵּין גְּבָרִים וְנָשִׁים? (תַּסְבִּירוּ – explain)

____

____

ג. Next to each word in column א write the number of its synonym (שֵׁם נִרְדָּף) in column ב.

א			ב
גֶּבֶר	____	1	לָרִיב
דָּן	____	2	רוֹצֶה לִשְׁתּוֹת
דִּירָה	____	3	רֶגַע
יָקָר	____	4	שָׁפַט
לְהִתְוַכֵּחַ	____	5	רוֹצֶה לֶאֱכֹל
הֲמוֹן	____	6	מָקוֹם שֶׁגָּרִים בּוֹ
צָמֵא	____	7	בֶּטַח
בְּוַדַּאי	____	8	הַרְבֵּה מְאֹד
דַּקָּה	____	9	עוֹלֶה הַרְבֵּה כֶּסֶף
רָעֵב	____	10	אִישׁ

D. Turn back to the story and find five examples of סְמִיכוּת.

0 שִׂמְלַת הַיַּלְדָּה

1 ______________________________

2 ______________________________

3 ______________________________

4 ______________________________

5 ______________________________

E.   Find five prepositions, מִלּוֹת־יַחַס.

0   תַּחַת

_____ 1

_____ 2

_____ 3

_____ 4

_____ 5

Wedding ceremony, mid-nineteenth century Europe; oil painting by Maurycy Gottlieb

F. Find examples of verbs in בִּנְיָן קַל.

6 שְׁלֵמִים verbs   2 פ"א verbs

6 ל"ה verbs   2 פ"נ verbs

3 פ"י verbs   1 פ"י verb

זְמַן	גִּזְרָה	שֹׁרֶשׁ	פֹּעַל	
				1
				2
				3
				4
				5
				6
				7
				8
				9
				10
				11
				12
				13
				14

	פֹּעַל	שֹׁרֶשׁ	גִּזְרָה	זְמַן
15				
16				
17				
18				
19				
20				

G. List 2 verbs in בִּנְיָן פִּעֵל.

פֹּעַל	שֹׁרֶשׁ
______	______
______	______

H. List 2 verbs in בִּנְיָן הִתְפַּעֵל.

______ ______

______ ______

I. List 2 verbs in בִּנְיָן הִפְעִיל.

______ ______

______ ______

J. The noun חִיּוּךְ is a שֵׁם פְּעוּלָּה construction.
Write the verb and its root. (See p. 3.) ______ ______

Nouns with Possessive Endings, ...שֶׁלִּי (Declension)

We have learned that in Hebrew the possessive may be formed by placing the **possessive pronoun ...שֶׁלִּי, שֶׁלְּךָ after the noun**.

my uncle	הַדּוֹד שֶׁלִּי
your uncle	הַדּוֹד שֶׁלְּךָ

The noun and the possessive pronoun may also be written as one word.

my uncle	דּוֹדִי
your uncle	דּוֹדְךָ

By attaching the possessive endings directly to the noun, we eliminate the need for שֶׁל.

The possessive endings of nouns correspond roughly to the possessive endings attached to שֶׁל.

Declension of Masculine Singular Nouns

הַדּוֹד שֶׁלִּי	דּוֹדִי	הַדּוֹד שֶׁלָּנוּ	דּוֹדֵנוּ
הַדּוֹד שֶׁלְּךָ	דּוֹדְךָ	הַדּוֹד שֶׁלָּכֶם	דּוֹדְכֶם
הַדּוֹד שֶׁלָּךְ	דּוֹדֵךְ	הַדּוֹד שֶׁלָּכֶן	דּוֹדְכֶן
הַדּוֹד שֶׁלּוֹ	דּוֹדוֹ	הַדּוֹד שֶׁלָּהֶם	דּוֹדָם
הַדּוֹד שֶׁלָּהּ	דּוֹדָהּ	הַדּוֹד שֶׁלָּהֶן	דּוֹדָן

Note: There is a dot in the suffix הּ of the third person feminine singular. This dot is called a מַפִּיק. It is put in the ה to indicate that this letter is to be pronounced like a consonant.

The ending ◻ָהּ distinguishes the **feminine possessive ending of a masculine noun** from ◻ָה, the ending of a feminine noun.

an aunt	דּוֹדָה	a pupil (female)	תַּלְמִידָה
her uncle	דּוֹדָהּ	her pupil (male)	תַּלְמִידָהּ

When a **noun** is **declined** (has a possessive suffix), it is **automatically definite**, and does not require the definite article הַ.

הַדּוֹד שֶׁלִּי	דּוֹדִי
הָעָם שֶׁלִּי	עַמִּי

When a **declined noun** is a **direct object, it must be preceded by אֶת** (because it is a definite noun).

I love my uncle.	אֲנִי אוֹהֵב **אֶת** דּוֹדִי.
I love my people.	אֲנִי אוֹהֵב **אֶת** עַמִּי.

Similarly, when **an adjective** appears **with a declined noun** it **is always definite** and begins with הַ.

I love my good uncle.	אֲנִי אוֹהֵב אֶת דּוֹדִי הַטּוֹב.
	(אֲנִי אוֹהֵב אֶת הַדּוֹד הַטּוֹב שֶׁלִּי.)

Declension of Masculine Plural Nouns

הַדּוֹדִים שֶׁלִּי	דּוֹדַי	הַדּוֹדִים שֶׁלָּנוּ	דּוֹדֵינוּ
הַדּוֹדִים שֶׁלְּךָ	דּוֹדֶיךָ	הַדּוֹדִים שֶׁלָּכֶם	דּוֹדֵיכֶם
הַדּוֹדִים שֶׁלָּךְ	דּוֹדַיִךְ	הַדּוֹדִים שֶׁלָּכֶן	דּוֹדֵיכֶן
הַדּוֹדִים שֶׁלּוֹ	דּוֹדָיו	הַדּוֹדִים שֶׁלָּהֶם	דּוֹדֵיהֶם
הַדּוֹדִים שֶׁלָּהּ	דּוֹדֶיהָ	הַדּוֹדִים שֶׁלָּהֶן	דּוֹדֵיהֶן

Note: The sign of the plural is the letter י. This is best illustrated in the first person plural.

our uncle	דּוֹדֵנוּ
our uncles	דּוֹדֵינוּ

Here are other masculine nouns which are declined like דּוֹד.

מִלּוֹן	סִפּוּר	שִׁיר	שִׁעוּר	עִתּוֹן
חִבּוּר	כּוֹס	גַּן	תַּרְגִּיל	תַּלְמִיד

תַּרְגִּילִים

A. Fill in the chart. תְּמַלְאוּ אֶת הַטַּבְלָה

Masculine Singular

דּוֹד	סִפּוּר	שִׁיר
דּוֹדִי		
דּוֹדְךָ		
דּוֹדֵךְ		
דּוֹדוֹ		
דּוֹדָהּ		
דּוֹדֵנוּ		
דּוֹדְכֶם־כֶן		
דּוֹדָם־דָן		

אֲנִי לְדוֹדִי וְדוֹדִי לִי.

I am my beloved's, and my beloved is mine.

(שִׁיר הַשִּׁירִים ו,ג / Song of Songs 6:3)

B.   Fill in the chart. תְּמַלְּאוּ אֶת הַטַּבְלָה

Masculine Plural

תַּלְמִידִים	סִפּוּרִים	דּוֹדִים
		דּוֹדַי
		דּוֹדֶיךָ
		דּוֹדַיִךְ
		דּוֹדָיו
		דּוֹדֶיהָ
		דּוֹדֵינוּ
		דּוֹדֵיכֶם־כֶן
		דּוֹדֵיהֶם־הֶן

Silver wedding ring, Germany; the "castle" opens to reveal the Holy Ark and the Torah scrolls

C. Write the underlined word in two words (m.s. nouns).

0 שָׁמַעְתִּי אֶת סִפּוּרוֹ. — 0 הַסִּפּוּר שֶׁלוֹ.

1 גָּמַרְנוּ אֶת שִׁעוּרֵנוּ. — 1 ____________

2 סִפּוּרְכֶם מְעַנְיֵן מְאֹד. — 2 ____________

3 מָצָאתִי כֶּסֶף בְּכִיסִי. — 3 ____________

4 אֵיפֹה חִבּוּרְךָ? — 4 ____________

5 קִבַּלְתִּי אֶת מִכְתָּבָם. — 5 ____________

D. Write the underlined words in one word (m.pl. nouns).

0 הַשִּׁירִים שֶׁלּוֹ הָיוּ יָפִים מְאֹד. — 0 שִׁירָיו

1 הַדּוֹדִים שֶׁלִּי בָּאוּ מֵאֶרֶץ יִשְׂרָאֵל. — 1 ____________

2 הַחִבּוּרִים שֶׁלְּךָ טוֹבִים מְאֹד. — 2 ____________

3 הַתַּלְמִידִים שֶׁלָּכֶן טוֹבִים מְאֹד. — 3 ____________

4 הִיא כָּתְבָה אֶת הַשִּׁעוּרִים שֶׁלָּהּ. — 4 ____________

5 קָרָאתִי אֶת הַחֲדָשׁוֹת בָּעִתּוֹנִים שֶׁלָּכֶם. — 5 ____________

Declension of Feminine Nouns

Feminine Plural			Feminine Singular	
דּוֹדוֹתַי	הַדּוֹדוֹת שֶׁלִּי		דּוֹדָתִי	הַדּוֹדָה שֶׁלִּי
דּוֹדוֹתֶיךָ	הַדּוֹדוֹת שֶׁלְּךָ		דּוֹדָתְךָ	הַדּוֹדָה שֶׁלְּךָ
דּוֹדוֹתַיִךְ	הַדּוֹדוֹת שֶׁלָּךְ		דּוֹדָתֵךְ	הַדּוֹדָה שֶׁלָּךְ
דּוֹדוֹתָיו	הַדּוֹדוֹת שֶׁלּוֹ		דּוֹדָתוֹ	הַדּוֹדָה שֶׁלּוֹ
דּוֹדוֹתֶיהָ	הַדּוֹדוֹת שֶׁלָּהּ		דּוֹדָתָהּ	הַדּוֹדָה שֶׁלָּהּ
דּוֹדוֹתֵינוּ	הַדּוֹדוֹת שֶׁלָּנוּ		דּוֹדָתֵנוּ	הַדּוֹדָה שֶׁלָּנוּ
דּוֹדוֹתֵיכֶם	הַדּוֹדוֹת שֶׁלָּכֶם		דּוֹדַתְכֶם*	הַדּוֹדָה שֶׁלָּכֶם
דּוֹדוֹתֵיכֶן	הַדּוֹדוֹת שֶׁלָּכֶן		דּוֹדַתְכֶן*	הַדּוֹדָה שֶׁלָּכֶן
דּוֹדוֹתֵיהֶם	הַדּוֹדוֹת שֶׁלָּהֶם		דּוֹדָתָם	הַדּוֹדָה שֶׁלָּהֶם
דּוֹדוֹתֵיהֶן	הַדּוֹדוֹת שֶׁלָּהֶן		דּוֹדָתָן	הַדּוֹדָה שֶׁלָּהֶן

Notes

The pronominal suffixes are the same as those for masculine nouns.
Instead of the feminine ending ה, we find the **feminine ending ת before
the suffixes**.

* In the **second person plural**, the ◌ָ changes to ◌ַ.

In the **plural feminine**, the **suffix is added to the complete plural noun**.

Here are some feminine nouns that are declined like דּוֹדָה.

אֲרוּחָה שְׁאֵלָה תַּלְמִידָה מְנוֹרָה תְּפִלָּה מְדִינָה קְבוּצָה
עֲבוֹדָה תּוֹרָה שִׂיחָה

תַּרְגִּילִים

א. תְּמַלְאוּ אֶת הַטַּבְלָה.

דּוֹדָה	תּוֹרָה	תַּלְמִידָה
דּוֹדָתִי		
דּוֹדָתְךָ		
דּוֹדָתֵךְ		
דּוֹדָתוֹ		
דּוֹדָתָהּ		
דּוֹדָתֵנוּ		
דּוֹדַתְכֶם־כֶן		
דּוֹדָתָם־תָן		

B. Write the underlined words in one word (f.s. nouns).

0 רָאִיתִי אֶת הָעֲבוֹדָה שֶׁלָּהּ. — 0 עֲבוֹדָתָהּ

1 הַשִּׂמְחָה שֶׁלִּי גְּדוֹלָה. — 1 ______

2 שָׁמַעְתִּי אֶת הַשִּׂיחָה שֶׁלָּהֶם. — 2 ______

3 סִפַּרְתִּי לְךָ עַל הַגְּבוּרָה שֶׁלּוֹ. — 3 ______

4 הָאֲרוּחָה שֶׁלָּךְ טוֹבָה מְאֹד. — 4 ______

5 אֵיפֹה הַמִּסְעָדָה שֶׁלְּךָ? — 5 ______

ג. תְּמַלְּאוּ אֶת הַטַּבְלָה.

דודות	שִׂיחוֹת	שְׁאֵלוֹת
דוֹדוֹתַי		
דוֹדוֹתֶיךָ		
דוֹדוֹתַיִךְ		
דוֹדוֹתָיו		
דוֹדוֹתֶיהָ		
דוֹדוֹתֵינוּ		
דוֹדוֹתֵיכֶם־כֶן		
דוֹדוֹתֵיהֶם־הֶן		

D. Write the underlined word in two words (f.pl. nouns).

0 מוֹרוֹתַי טוֹבוֹת מְאֹד. 0 הַמּוֹרוֹת שֶׁלִּי

1 עָנִיתִי עַל כָּל שְׁאֵלוֹתֶיהָ. 1 ____________

2 דוֹדוֹתֵיכֶם נוֹסְעוֹת לְאֶרֶץ יִשְׂרָאֵל. 2 ____________

3 אֲנַחְנוּ קוֹרְאִים אֶת תְּפִלּוֹתֵינוּ. 3 ____________

4 תַּלְמִידוֹתָיו לוֹמְדוֹת בְּבֵית־הַסֵּפֶר. 4 ____________

5 כְּבָר גְּמַרְתֶּן אֶת עֲבוֹדוֹתֵיכֶן? 5 ____________

כָּזֶה גֶ'נְטֶלְמֶן

– אִמָּא, בֹּקֶר טוֹב, מְדַבֶּרֶת שְׁלוֹמִית.
– מַה שְּׁלוֹמֵךְ?
– טוֹב – יוֹפִי. תִּשְׁמְעִי, לֹא טִלְפַּנְתִּי יוֹתֵר מֻקְדָּם[1] כִּי לֹא הָיִיתִי בַּבַּיִת.

[1] early

לָמָּה?
כִּי שִׁמְעוֹן טִלְפֵּן אֶתְמוֹל וְהִזְמִין אוֹתִי לַאֲרוּחַת־צָהֳרַיִם. בָּאתִי לַמִּסְעָדָה בְּדִיּוּק[1] בְּאַחַת, וְהוּא אֵינֶנּוּ[2]! חִכִּיתִי, וְחִכִּיתִי, וְהוּא לֹא הִגִּיעַ. חִכִּיתִי לוֹ שָׁעָה.

[1] exactly [2] not there

לָמָּה חִכִּיתִי? זֹאת שְׁאֵלָה טוֹבָה. אֲנִי עֲסוּקָה[1] כָּל הַשָּׁבוּעַ וְרַק הַיּוֹם הָיָה לִי זְמַן לְהִפָּגֵשׁ[1] אִתּוֹ. הוּא חָזַר אֶתְמוֹל מֵאֵירוֹפָּה וְרָצִיתִי לִשְׁמֹעַ עַל הַטִּיּוּל שֶׁלּוֹ בְּאֵירוֹפָּה. לָמָּה? כִּי גַּם אֲנִי רוֹצָה לִנְסֹעַ הַקַּיִץ, וְרָצִיתִי לָדַעַת אֶת כָּל הַפְּרָטִים[1]. לְאָן הוּא נָסַע, הֵיכָן[1] הוּא בִּקֵּר, וְאֵיפֹה הוּא לָן[2].

[1] busy
[1] to meet
[1] details
[1] where [2] stay overnight

אֲנִי יוֹדַעַת שֶׁאַתְּ יְכוֹלָה לָתֵת לִי הַצָּעוֹת[1] טוֹבוֹת, אֲבָל רָצִיתִי לִשְׁמֹעַ עַל הַטִּיּוּל שֶׁלּוֹ, וְיוֹתֵר חָשׁוּב רָצִיתִי לִרְאוֹת אוֹתוֹ. כְּבָר חֹדֶשׁ יָמִים לֹא נִפְגַּשְׁנוּ. נוּ, מָה עָשִׂיתִי? אַתְּ יוֹדַעַת. עִשַּׁנְתִּי הַרְבֵּה סִגַּרְיוֹת, אָכַלְתִּי עוּגַת־קַצֶּפֶת, שָׁתִיתִי קָפֶה, וְגַם מִיץ וְ...

[1] suggestions

אֲנִי יוֹדַעַת שֶׁזֶּה מַשְׁמִין[1]! אֲבָל...
הַאִם הוּא הִגִּיעַ? בֶּטַח שֶׁהוּא הִגִּיעַ. אַחֲרֵי שֶׁחִכִּיתִי שְׁעָתַיִם[1] הוּא בָּא וְהֵבִיא לִי מַתָּנוֹת נִפְלָאוֹת שֶׁהוּא קָנָה בְּאֵירוֹפָּה. הוּא הָיָה כָּל־כָּךְ נֶחְמָד!

[1] fattening
[1] two hours

לָמָּה נֶחְמָד? כִּי הוּא בָּחוּר מַקְסִים[1]. הוּא נִכְנַס לַמִּסְעָדָה עִם הַמַּתָּנוֹת וּבְרֶגַע שֶׁהוּא רָאָה אוֹתִי הוּא נָתַן לִי נְשִׁיקָה, בִּקֵּשׁ סְלִיחָה, וְסִפֵּר לִי אֵיזֶה סִפּוּר עַל דּוֹדָתוֹ הַחוֹלָה. בֶּטַח שֶׁסָּלַחְתִּי לוֹ – אַחֲרֵי שֶׁהֵבִיא לִי מַתָּנוֹת, קָנָה לִי אֲרוּחַת־צָהֳרַיִם, וְלָקַח אוֹתִי הַבַּיְתָה בְּמוֹנִית[1].

[1] charming
[1] taxi

בְּמוֹנִית, כֵּן אָמַרְתִּי בְּמוֹנִית. לָמָּה לֹא נָסַעְנוּ הַבַּיְתָה
בְּאוֹטוֹבּוּס? כִּי בַּמּוֹנִית הֶחְזַקְנוּ יָדַיִם וְהִתְנַשַּׁקְנוּ
כָּל הַדֶּרֶךְ הַבַּיְתָה. הוּא כָּזֶה גֶ'נְטְלְמֶן!
הוּא בֶּאֱמֶת בְּעַד שִׁוְיוֹן בֵּין גְּבָרִים וְנָשִׁים.

30

מִלּוֹן

early	מֻקְדָּם
late	מְאֻחָר
exactly	בְּדִיּוּק
busy	עֲסוּקָה
details	פְּרָטִים
suggestions	הַצָּעוֹת
fattening	מַשְׁמִין – שמן/√
two hours	שְׁעָתַיִם
charming, attractive	מַקְסִים
taxi	מוֹנִית

What does this phrase mean:	בְּמֻקְדָּם אוֹ בִּמְאֻחָר

תַּעֲנוּ עַל הַשְּׁאֵלוֹת בְּעַל-פֶּה.

1 מַה שֵׁם הַמְּדַבֶּרֶת?

2 לְמִי הִיא חִכְּתָה?

3 אֵיפֹה הִיא חִכְּתָה לוֹ?

4 לָמָּה הִיא רָצְתָה לְהִפָּגֵשׁ אִתּוֹ?

5 מַה הִיא עָשְׂתָה בַּזְּמַן שֶׁהִיא חִכְּתָה?

6 מַה הוּא הֵבִיא לָהּ?

7 אֵיפֹה הוּא הָיָה?

8 לָמָּה הֵם נָסְעוּ הַבַּיְתָה בְּמוֹנִית?

9 הַאִם הוּא בֶּאֱמֶת בְּעַד שִׁוְיוֹן בֵּין גְּבָרִים וְנָשִׁים?

10 הַאִם יֵשׁ הֶבְדֵּל (difference) בֵּין הַסִּפּוּר הַזֶּה וְהַסִּפּוּר "נָשִׁים נָשִׁים"?

תַּרְגִּילִים לַחֲזָרָה

A. Circle the correct preposition.

1 הַסּוֹחֵר מָכַר לִי אוֹתִי אֶת הַתְּמוּנָה הַיָּפָה.
2 נָסַעְנוּ בְּ עִם מְכוֹנִית שֶׁלָּהּ.
3 הוּא נָפַל עַל מִן הָעֵץ.
4 הָלַכְנוּ אִם עִם הַהוֹרִים לַמְּעָרָה.
5 הֵם גָּרִים בְּ עַל רְחוֹב יָפֶה.

B. Complete each word with either ח or כ. Translate it.

1 ___ָתוּל ______________________
2 כּוֹ___ָב ______________________
3 ___ַיִל ______________________
4 צוֹ___ֵק ______________________
5 הָלַ___ְתִּי ______________________
6 ___ִיּוּךְ ______________________
7 יָ___וֹל ______________________
8 שׂוֹ___ַחַת ______________________
9 עַ___ְשָׁו ______________________
10 ___ֶרֶךְ ______________________

C. Complete each word with either ע or א. Translate it.

1 —ָנָן ______________

2 —ֱמֶת ______________

3 —ָבִיב ______________

4 הִגִּי—ַ ______________

5 רוֹפֵ— ______________

6 פִּתְ—ֹם ______________

7 —ַקְשָׁנִית ______________

8 דָ—ַג ______________

9 הִשְׁתַּגֵּ—ַ ______________

10 צָבָ— ______________

D. Circle the word that does not belong in the group. Be prepared to explain your choice.

1	לָלֶכֶת	לִקְנוֹת	לָרֶדֶת	לָצֵאת
2	סִפּוּרִים	חִיּוּךְ	חִבּוּרָהּ	בַּקָּשָׁה
3	לִבְנוֹת	בָּכְתָה	יִקְנוּ	יֵרְדוּ
4	חִדֵּשׁ	שִׁלַּמְתָּ	סָפַרְתָּ	מְבַקְּרִים
5	שָׁאַל	גַּרְנוּ	בָּא	שַׁבְתִּי

ה. תְּמַלְּאוּ אֶת הַטַּבְלָה.

שֵׁם הַפֹּעַל	עָתִיד	הֹוֶה	עָבָר	גּוּף	שֹׁרֶשׁ
לִכְתֹּב	יִכְתְּבוּ	כּוֹתְבִים	כָּתְבוּ	הֵם	0 כתב√
				אֲנִי	1 פגש√
				הִיא	2 קנה√
				אַתְּ	3 שכח√
				אֲנַחְנוּ	4 דאג√
				הוּא	5 הלך√
				אַתֶּן	6 שים√
				אַתָּה	7 שלם√ (פִּעֵל)

Family in Sana'a, Yemen in the 1930s

שִׂמְחָה גְדוֹלָה לַתֵּימָנִים [1]

מֵאֵת אַנְדָה פִּינְקֶרְפֶלְד

שִׂמְחָה גְדוֹלָה לַתֵּימָנִים:
נוֹלְדוּ לָהֶם שְׁלוֹשָׁה בָּנִים,
שְׁלוֹשָׁה בָּנִים וּשְׁתֵּי בָּנוֹת –
הוֹי, זוֹ שִׂמְחָה גְדוֹלָה מְאֹד!
בָּאוּ לִשְׂמֹחַ מִכָּל הָרְחוֹב
וּלְבָרֵךְ בְּ"מַזָל טוֹב"!
יַיִן שׁוֹתִים, רוֹקְדִים, שָׁרִים,
קִירוֹת הַבַּיִת לָהֶם צָרִים [1].
שְׁלוֹשָׁה בָּנִים וּשְׁתֵּי בָּנוֹת –
וְהַשִּׂמְחָה גְדוֹלָה מְאֹד.

תַּעֲנוּ עַל הַשְּׁאֵלוֹת.

1   לָמָה הָיְתָה שִׂמְחָה גְדוֹלָה אֵצֶל מִשְׁפַּחַת הַתֵּימָנִים?
2   כַּמָה יְלָדִים נוֹלְדוּ לְמִשְׁפַּחַת הַתֵּימָנִים?
3   מֶה עָשׂוּ בַּמְסִבָּה?

[1] Yemenites

[1] narrow

Changing times

נשים... נשים...

לפי אפרַים קישון

נשים. נשים, הן כולן דומות.
אתה שומע מה קרה לי עם אחת מהן?
פגשתי בחורה בשם ציפוֹרָה; החלטנו לבלות. אתמול היתה הפעם הראשונה. רק יצאנו מן הבית, אומרת לי ציפורה: אתה יודע, אני בעד שִׁוויוֹן בין גברים לנשים ולכן נעשה הסכם כזה: פעם אני משלמת ופעם אתה משלם.
רציתי להיות ג'נטלמן. רציתי להתווכח אִתָּה, אבל ציפורה אשה חזקה ועקשנית. הסכם זה הסכם.

נוּ טוב, נסענו באוטובוס לעיר – ציפורה שילמה.
הלכנו לקולנוע – אני שילמתי בעד הכרטיסים. ראינו סרט לא רע. בהפסקה היא שואלת אותי בחיוך: אתה רוצה לשתות מיץ? אני צמאה מאוד. נו, אז שתינו – היא שילמה – זה היה תּוֹרָהּ. אחרי הסרט רקדנו בדיסקוֹטֶק. זה היה תּוֹרִי.

כשיצאנו שאלתי: אולי נלך למסעדה לאכול? ציפורה אמרה שהיא כבר אכלה היום. אבל אני אמרתי שאני רעב מאוד.
נכנסנו למסעדה. לפי חשבוני עכשיו תור ציפורה לשלם. היא היתה מוּדאגת. הזמנתי ארוחה בת שלוש מנות גדולות וטובות. ציפורה הזמינה קפה.

ואז קרה האסון.
אני ראיתי אותו מרחוק אבל לא יכולתי לעשות דבר. מוכר הגפרוּרים נכנס למסעדה. הוא התקרב אלינו. עשיתי לו סימנים של "לא" בידיים, אבל הוא בא לשולחן שלנו ושאל: גפרורים?
"כן!!" אמרה ציפורה, "אני באמת צריכה גפרורים. תן לי בבקשה שתי קוּפסאות. הנה הכסף." (למה היא צריכה גפרורים? היא לא מעשנת!).
ומיַד הזמינה בלב שמח עוגת־קצפת וקפה.
אני בקושי גמרתי לאכול. לאוטובוס הביתה שילמה ציפורה.

ומה אתה חושב אמרה לי ציפורה כשרציתי לתת לה נשיקת לילה טוב? היא דחפה אותי ואמרה: "אתה רואה? בגלל זה רציתי לשלם גם אני."

2 יְחִידָה

הַסִּפּוּר שֶׁל רוּת

חֵלֶק א

בְּבֵית־לֶחֶם[1], בִּיהוּדָה, יָשַׁב אִישׁ אֶחָד וּשְׁמוֹ אֱלִימֶלֶךְ. שֵׁם אִשְׁתּוֹ נָעֳמִי, וְשֵׁם שְׁנֵי בָּנָיו מַחְלוֹן וְכִלְיוֹן. פַּעַם הָיָה רָעָב בָּאָרֶץ. אֱלִימֶלֶךְ, אִשְׁתּוֹ וּבָנָיו הָלְכוּ לָגוּר[1] בְּאֶרֶץ מוֹאָב מֵעֵבֶר לַיַּרְדֵּן[1] כִּי שָׁם מָצְאוּ לֶחֶם לֶאֱכֹל. אֱלִימֶלֶךְ, אִישׁ[1] נָעֳמִי, מֵת. שְׁנֵי בָּנָיו לָקְחוּ לָהֶם נָשִׁים מִבְּנוֹת מוֹאָב: שֵׁם הָאַחַת עָרְפָּה וְשֵׁם הַשְּׁנִיָּה רוּת. אַחֲרֵי עֶשֶׂר שָׁנִים מֵתוּ גַּם מַחְלוֹן וְכִלְיוֹן. נָעֳמִי נִשְׁאֲרָה[1] לְבַדָּהּ, בְּלִי אִישׁ וּבְלִי בָּנִים.

[1] Bethlehem
[1] to live
[1] across the Jordan
[1] husband
[1] remained

קָשֶׁה הָיָה לְנָעֳמִי לָשֶׁבֶת בְּמוֹאָב, בְּאֶרֶץ נָכְרִיָּה[1], בֵּין אֲנָשִׁים נָכְרִים. הִיא רָצְתָה לָשׁוּב אֶל עַמָּהּ. יוֹם אֶחָד שָׁמְעָה נָעֳמִי כִּי זָכַר ה׳ אֶת עַמּוֹ לָתֵת לָהֶם לֶחֶם, וְאֵין עוֹד רָעָב בְּאֶרֶץ יְהוּדָה. הִיא אָמְרָה לְרוּת וּלְעָרְפָּה שֶׁהִיא רוֹצָה לַעֲזֹב אֶת אֶרֶץ מוֹאָב וְלָשׁוּב לְאַרְצָהּ.

[1] foreign

רוּת וְעָרְפָּה אָמְרוּ לְנָעֳמִי שֶׁהֵן רוֹצוֹת לָלֶכֶת אִתָּהּ אֶל אֶרֶץ יְהוּדָה. בַּדֶּרֶךְ אָמְרָה נָעֳמִי גַּם לְרוּת וְגַם לְעָרְפָּה, ״שׁוּבוּ לְבֵית אֲבִיכֶן, יַעֲשֶׂה ה׳ עִמָּכֶן חֶסֶד[1] כְּמוֹ שֶׁעֲשִׂיתֶן עִמִּי וְעִם בָּנַי.״ אַךְ[1] הֵן בָּכוּ וְלֹא רָצוּ לַעֲזֹב אֶת נָעֳמִי. הֵן אָמְרוּ, ״אִתָּךְ נֵלֵךְ, אִתָּךְ נָשׁוּב[1] לְעַמֵּךְ.״

[1] will do kindness
[1] but
[1] we will return

¹you will go

נָעֳמִי אָמְרָה, "לָמָה תֵלַכְנָה¹ עִמִּי? אֵין לִי עוֹד בָּנִים
אֲשֶׁר יִקְחוּ אֶתְכֶן לְנָשִׁים. אֲנִי אִשָּׁה זְקֵנָה." עָרְפָּה בָּכְתָה,
אֲבָל שָׁמְעָה בְּקוֹל נָעֳמִי וְחָזְרָה אֶל בֵּית אָבִיהָ. אַךְ
רוּת לֹא רָצְתָה לַעֲזֹב אֶת נָעֳמִי. אָמְרָה נָעֳמִי לְרוּת,
"הִנֵּה שָׁבָה עָרְפָּה לְבֵית אָבִיהָ. שׁוּבִי גַּם אַתְּ לְבֵית אָבִיךְ."

וְרוּת אָמְרָה, "אַל תְּבַקְשִׁי מִמֶּנִּי לַעֲזֹב אוֹתָךְ.
לְאָן שֶׁתֵּלְכִי – אֵלֵךְ. עַמֵּךְ – עַמִּי, וֵאלֹהַיִךְ – אֱלֹהָי.
רַק הַמָּוֶת יַפְרִיד¹ בֵּינִי וּבֵינֵךְ."

20

25

¹will separate

מִלּוֹן

Bethlehem	בֵּית־לֶחֶם
to live (in a place)	לָגוּר
across the Jordan	מֵעֵבֶר לַיַּרְדֵּן
husband	אִישׁ
she remained	נִשְׁאֲרָה – שאר√
foreign	נָכְרִיָּה
to return	לָשׁוּב – שוב√
to do kindness	לַעֲשׂוֹת חֶסֶד
to do kindness	לַעֲשׂוֹת טוֹבָה
more	עוֹד
there is no more	אֵין עוֹד

תַּרְגִּילִים בַּהֲבָנַת הַסִּפּוּר

א. תִּבְחֲרוּ בַּתְּשׁוּבָה הַלֹּא־נְכוֹנָה.

1 אֱלִימֶלֶךְ וּמִשְׁפַּחְתּוֹ יָשְׁבוּ בְּ...
   א. אֶרֶץ יְהוּדָה.
   ב. מְדִינַת יִשְׂרָאֵל.
   ג. בֵּית־לֶחֶם.

2 מִשְׁפַּחַת אֱלִימֶלֶךְ הָלְכָה לָגוּר בְּאֶרֶץ מוֹאָב כִּי
א. שָׁם הָיָה לֶחֶם לֶאֱכֹל.
ב. הָיָה רָעָב בְּאֶרֶץ יְהוּדָה.
ג. רָצְתָה לִמְצֹא נָשִׁים לַבָּנִים.

3 כַּאֲשֶׁר הֵם הָיוּ בְּאֶרֶץ מוֹאָב
א. מַחְלוֹן וְכִלְיוֹן מֵתוּ.
ב. עָרְפָּה מֵתָה.
ג. אֱלִימֶלֶךְ מֵת.

4 נָעֳמִי רָצְתָה לָשׁוּב לְאֶרֶץ יְהוּדָה כִּי
א. הָיוּ לָהּ עוֹד בָּנִים שָׁם.
ב. שָׁמְעָה שֶׁאֵין עוֹד רָעָב.
ג. ה׳ זָכַר אֶת עַמּוֹ וְנָתַן לָהֶם לֶחֶם.

5 רוּת וְעָרְפָּה רָצוּ לָלֶכֶת עִם נָעֳמִי, אֲבָל נָעֳמִי אָמְרָה לָהֶן:
א. שֹׁבְנָה לְבֵית אֲבִיכֶן.
ב. אִתָּךְ נָשׁוּב לְעַמֵּךְ.
ג. יַעֲשֶׂה ה׳ עִמָּכֶן חֶסֶד.

6 רוּת לֹא רָצְתָה לַעֲזֹב אֶת נָעֳמִי וְאָמְרָה:
א. עַמֵּךְ עַמִּי, וֵאלֹהַיִךְ אֱלֹהָי.
ב. אַל תְּבַקְשִׁי מִמֶּנִּי לַעֲזֹב אוֹתָךְ.
ג. שׁוּבִי גַּם אַתְּ לְבֵית אָבִיךְ.

7 אֲנַחְנוּ קוֹרְאִים אֶת מְגִילַת רוּת בְּבֵית-הַכְּנֶסֶת בְּחַג
א. הַפּוּרִים.
ב. הַשָּׁבוּעוֹת.
ג. הַבִּכּוּרִים.

8 אֶפְשָׁר לִקְרֹא אֶת כָּל הַסִּפּוּר הַזֶּה בַּ...
א. תַּנַ"ךְ.
ב. כְּתוּבִים.
ג. תּוֹרָה.

ב. תִּכְתְּבוּ אֶת הַהֶפֶךְ (opposite).

לִפְנֵי / בָּנוֹת / נָשִׁים / אֹכֶל / צָמֵא
צָחַק / עִם / צְעִירָה / שָׁכַח / חַיִּים

1 רָעָב ______ 6 זָכָר ______

2 אַחֲרֵי ______ 7 בָּכָה ______

3 מָוֶת ______ 8 בָּנִים ______

4 בְּלִי ______ 9 זְקֵנָה ______

5 אֲנָשִׁים ______ 10 רָעֵב ______

ג. מִי אֲנִי?

1 אֲנִי הָאִשָּׁה שֶׁל אֱלִימֶלֶךְ. ______

2 אֲנַחְנוּ הַבָּנִים שֶׁל אֱלִימֶלֶךְ. ______ ______

3 אֲנַחְנוּ הַכַּלּוֹת (daughters-in-law) שֶׁל נָעֳמִי.

______ ______

4 אֲנִי חָזַרְתִּי לְבֵית אָבִי. ______

5 אֲנִי הָלַכְתִּי עִם נָעֳמִי. ______

6 אֲנִי עִיר בִּיהוּדָה. ______

ד. תַּעֲנוּ עַל הַשְּׁאֵלוֹת הָאֵלֶּה.

1 לָמָּה הָלְכָה מִשְׁפַּחַת אֱלִימֶלֶךְ לְאֶרֶץ מוֹאָב?

____

2 לָמָּה רָצְתָה נָעֳמִי לָשׁוּב לְאֶרֶץ יְהוּדָה?

____

3 לָמָּה לֹא רָצְתָה נָעֳמִי שֶׁרוּת וְעָרְפָּה יָבוֹאוּ אִתָּהּ לְאֶרֶץ יְהוּדָה?

____

4 לָמָּה רָצְתָה רוּת לָלֶכֶת עִם נָעֳמִי?

____

ה. תִּמְצְאוּ בַּסִּפּוּר 10 דֻּגְמָאוֹת (examples) שֶׁל סְמִיכוּת.

0 סִפּוּר רוּת

1 ______________

2 ______________

3 ______________

4 ______________

5 ______________

6 ______________

7 ______________

8 ______________

9 ______________

10 ______________

ו. תְּתַרְגְּמוּ לְעִבְרִית.

1 There was a famine in the land.

____

2 The family left Judea and went to live in Moab.

____

3 Naomi wanted to return to her land because she heard there was food there.

____

4 Orpah cried but left Naomi and returned home.

____

5 Ruth did not want to leave Naomi and went with her.

____

ז. תִּכְתְּבוּ אֶת שֵׁם־הַגּוּף (pronoun) עַל־יַד כָּל פֹּעַל.

1 ________ שַׁבְתֶּן

2 ________ אֶשְׁמַע

3 ________ מְבַקֶּשֶׁת

4 ________ יִקְרָא

5 ________ תִּזְכְּרִי

6 ________ תֵּרְדִי

7 ________ בָּכְתָה

8 ________ נֵלֵךְ

9 ________ חוֹזְרוֹת

10 ________ גַּרְתִּי

ח. תִּמְצְאוּ בַּסִּפּוּר פְּעָלִים בִּגְזָרוֹת אֵלֶּה.

6 שְׁלֵמִים ________ ________ ________ ________ ________

3 ל״ה ________ ________ ________ ________

2 ע״ו ________ ________

2 פ״י ________ ________

2 פ״א ________ ________

1 ל״א ________

Declensions of Prepositions מִלּוֹת־יַחַס

A **preposition** is a word placed **before a noun or pronoun** to show its **relationship to the preceding part of the sentence**.

He went to school.	הוּא הָלַךְ **אֶל** בֵּית־הַסֵּפֶר.
I heard the teacher's voice.	שָׁמַעְתִּי אֶת הַקּוֹל **שֶׁל** הַמּוֹרֶה.

The preposition can show several different kinds of relations.

Direction	He went to school.	הוּא הָלַךְ **אֶל** בֵּית־הַסֵּפֶר.
Place	She sat in the room.	הִיא יָשְׁבָה **בַּ**חֶדֶר.
Possession	The voice of the teacher.	הַקּוֹל **שֶׁל** הַמּוֹרֶה.
Means	He wrote with the pen.	הוּא כָּתַב **בְּ**עֵט.
Company	She went with Dan.	הִיא הָלְכָה **עִם** דָּן.

Though **the preposition** might be omitted in English, it **must always appear** in the Hebrew.

Dan gave Moshe a book. דָּן נָתַן **לְ**מֹשֶׁה סֵפֶר.

We learned in the last unit that Hebrew nouns are declined by adding pronominal suffixes which tell us who is the possessor of the noun.

דּוֹדִי   הַדּוֹד שֶׁלִּי

דּוֹדַי   הַדּוֹדִים שֶׁלִּי

Prepositions are declined similarly. The pronominal suffix is added to the preposition.

Some **prepositions** are **declined like singular nouns**.

	בִּשְׁבִיל (preposition)		שִׁיר (noun)
בִּשְׁבִילֵנוּ	בִּשְׁבִילִי	שִׁירֵנוּ	שִׁירִי
בִּשְׁבִילְכֶם	בִּשְׁבִילְךָ	שִׁירְכֶם	שִׁירְךָ
בִּשְׁבִילְכֶן	בִּשְׁבִילֵךְ	שִׁירְכֶן	שִׁירֵךְ
בִּשְׁבִילָם	בִּשְׁבִילוֹ	שִׁירָם	שִׁירוֹ
בִּשְׁבִילָן	בִּשְׁבִילָהּ	שִׁירָן	שִׁירָהּ

The prepositions which are declined like singular nouns are

בְּתוֹךְ within   עַל-יַד next to   בִּשְׁבִיל for

אֵצֶל* near, beside, at, in the possession of

Note: The vowel under the א is changed to אֱ.

אֶצְלֵנוּ	אֶצְלִי*
אֶצְלְכֶם	אֶצְלְךָ
אֶצְלְכֶן	אֶצְלֵךְ
אֶצְלָם	אֶצְלוֹ
אֶצְלָן	אֶצְלָהּ

The book is in my possession.   אֵיפֹה הַסֵּפֶר? הַסֵּפֶר אֶצְלִי.

I am eating at (his place).   אֵיפֹה אַתָּה אוֹכֵל הָעֶרֶב? אֲנִי אוֹכֵל אֶצְלוֹ.

Other prepositions which are declined like singular nouns **have some vowel changes**.

בְּ לְ שֶׁל עִם אֵת* with

* The declined preposition אֵת has the same meaning as the declined preposition עִם. It is frequently found in the Bible.
In modern Hebrew, the declension of אֵת is used more frequently than the declension of עִם.

הוּא הָלַךְ עִמִּי.   הוּא הָלַךְ אִתִּי.
הִיא נָסְעָה עִמָּהֶם.   הִיא נָסְעָה אִתָּם.

[2]אִתָּנוּ	אִתִּי	[2]בָּנוּ	בִּי
אִתְּכֶם	אִתְּךָ	בָּכֶם	בְּךָ
אִתְּכֶן	[1]אִתָּךְ	בָּכֶן	[1]בָּךְ
[3]אִתָּם	אִתּוֹ	[3]בָּהֶם	בּוֹ
אִתָּן	אִתָּהּ	בָּהֶן	בָּהּ

Notes: 1 By comparing the noun declension with these prepositions you will notice that the suffix representing *you* in the feminine singular is ◌ָךְ.

2 The suffix representing *us* is ◌ָנוּ.

3 The suffix representing *them* in the masculine and feminine plural is either ◌ָם – ◌ָן or ◌ָהֶם – ◌ָהֶן.

The prepositions בְּ and עִם can be declined either בָּהֶם, עִמָּהֶם or בָּם, עִמָּם.

The prepositions לְ, שֶׁל are always declined לָהֶם, שֶׁלָּהֶם.

The preposition אֵת is only declined אִתָּם, אִתָּן.

תַּרְגִּיל

Decline the underlined preposition.

for me	שָׂרָה, בִּשְׁבִיל מִי הַסֵּפֶר הַזֶּה? הַסֵּפֶר ________.	1
near her	דָּוִד, מִי יוֹשֵׁב עַל־יַד רָחֵל? אֲנִי יוֹשֵׁב ________.	2
at their place	יְלָדִים, אֵצֶל מִי אַתֶּם גָּרִים? אֲנַחְנוּ גָּרִים ________.	3
with him	שִׁמְעוֹן, מִי שָׁב עִם הַמּוֹרֶה? אֲנִי שָׁב ________.	4
in it	מִי יוֹשֵׁב בַּדִּירָה? הוּא יוֹשֵׁב ________.	5
with her	הַאִם מֹשֶׁה הָלַךְ אִתְּךָ? לֹא, הוּא הָלַךְ ________.	6

Some **prepositions** are **declined like plural nouns**.

לִפְנֵי (preposition)		שִׁירִים (noun)	
לְפָנֵינוּ*	לְפָנַי*	שִׁירֵינוּ	שִׁירַי
לִפְנֵיכֶם	לְפָנֶיךָ	שִׁירֵיכֶם	שִׁירֶיךָ
לִפְנֵיכֶן	לְפָנַיִךְ	שִׁירֵיכֶן	שִׁירַיִךְ
לִפְנֵיהֶם	לְפָנָיו	שִׁירֵיהֶם	שִׁירָיו
לִפְנֵיהֶן	לְפָנֶיהָ	שִׁירֵיהֶן	שִׁירֶיהָ

* In the singular and in the first person plural, the vowel under the ל is changed from לִ to לְ.

Prepositions which are declined like plural nouns are

לִפְנֵי   אַחֲרֵי   תַּחַת   אֶל

עַל   on, above, upon, about, must

I must go (it is upon me).	עָלַי לָלֶכֶת עַכְשָׁו.
You must learn the lesson.	עָלֶיךָ לִלְמֹד אֶת הַשִּׁעוּר.
Peace be upon you.	שָׁלוֹם עֲלֵיכֶם!
We talked about her in class.	אֲנַחְנוּ דִּבַּרְנוּ עָלֶיהָ בַּכִּתָּה.

Though עַל and אֶל are declined like plural nouns there is a slight change in their vowels.

עַל		אֶל	
עָלֵינוּ	עָלַי[1]	אֵלֵינוּ	אֵלַי[1]
עֲלֵיכֶם[2]	עָלֶיךָ	אֲלֵיכֶם[2]	אֵלֶיךָ
עֲלֵיכֶן	עָלַיִךְ	אֲלֵיכֶן	אֵלַיִךְ
עֲלֵיהֶם[2]	עָלָיו	אֲלֵיהֶם[2]	אֵלָיו
עֲלֵיהֶן	עָלֶיהָ	אֲלֵיהֶן	אֵלֶיהָ

1 In the singular, and in the first person plural, the vowel changes from אֶ to אֵ; and from עַ to עָ.

2 In the second and third person plural, the vowel changes from אֶ to אֲ; and from עַ to עֲ.

Here are several frequently used prepositions.

בֵּין among, between

בֵּינֵינוּ	בֵּינִי
בֵּינֵיכֶם	בֵּינְךָ
בֵּינֵיכֶן	בֵּינֵךְ
בֵּינֵיהֶם	בֵּינוֹ
בֵּינֵיהֶן	בֵּינָהּ

Note: In the singular, בֵּין is declined as a singular noun, but in the plural is is declined as a plural noun, and י is added.

מִן from

מִמֶּנּוּ	מִמֶּנִּי
מִכֶּם	מִמְּךָ
מִכֶּן	מִמֵּךְ
מֵהֶם	מִמֶּנּוּ
מֵהֶן	מִמֶּנָּה

כְּמוֹ like, similar

כָּמוֹנוּ	כָּמוֹנִי
כְּמוֹכֶם	כָּמוֹךָ
כְּמוֹכֶן	כָּמוֹךְ
כְּמוֹהֶם	כָּמוֹהוּ
כְּמוֹהֶן	כָּמוֹהָ

תַּרְגִּילִים

א. תִּבְחֲרוּ בַּמִּלָּה הַנְּכוֹנָה.

עִם / בִּשְׁבִיל / בְּ... / אֵצֶל / מִן / אַחֲרֵי / שֶׁל
עַל / אֶת / אֶל / לִפְנֵי

0 אֱלִימֶלֶךְ הָיָה הָאִישׁ ___שֶׁל___ נָעֳמִי.

1 אַתֶּם רוֹאִים ___________ מֹשֶׁה.

2 אֲנַחְנוּ כּוֹתְבִים לַחֲבֵרֵינוּ ___________ יִשְׂרָאֵל.

3 הַמּוֹרֶה עוֹמֵד ___________ הַלּוּחַ.

4 ___________ הַשִּׁעוּר הַפַּעֲמוֹן מְצַלְצֵל.

5 בְּשַׁבָּת, הַיְהוּדִים הוֹלְכִים ___________ בֵּית־הַכְּנֶסֶת.

6 הַסְּפָרִים שֶׁלָּנוּ ___________ הַמּוֹרֶה.

7 אֲנַחְנוּ מְדַבְּרִים ___________ הַחֲבֵרִים שֶׁלָּנוּ.

8 הִיא יוֹשֶׁבֶת ___________ הַכִּסֵּא.

9 הָרוֹפֵא עוֹבֵד ___________ הַבֹּקֶר וְעַד הָעֶרֶב.

10 הֵם מְבַקְשִׁים כֶּסֶף ___________ אֲנָשִׁים עֲנִיִּים.

ב. Underline the prepositions in the following sentences. Write the basic preposition, without the suffix.

0 דָּוִד הָלַךְ אִתּוֹ לְבֵית־הַסֵּפֶר. ___את___

1 הַמּוֹרֶה לָקַח סֵפֶר עִמּוֹ. ________

2 שָׁלוֹם עֲלֵיכֶם! ________

3 הוּא כָּתַב לָכֶם מִכְתָּב. ________

4 עָשִׂיתִי אֶת זֶה בִּשְׁבִילְךָ. ________

5 אֵין שָׁלוֹם בֵּינֵיהֶם. ________

6 אֲנַחְנוּ הָיִינוּ אֶצְלְכֶם אֶתְמוֹל. ________

7 אַתֶּם עוֹמְדִים לִפְנֵיהֶם בַּשּׁוּרָה. ________

8 הָאָב שֶׁלָּנוּ אִישׁ טוֹב. ________

9 בְּבַקָּשָׁה, סִגְרוּ אֶת הַדֶּלֶת אַחֲרֵיכֶם! ________

10 בּוֹאוּ אֵלֵינוּ הָעֶרֶב! ________

ג. תְּסַמְּנוּ (mark) אֶת מִלַּת־הַיַּחַס (preposition) הַנְּכוֹנָה.

1 שְׁלֹמֹה הָלַךְ אִתִּי לִי לְבֵית־הַסֵּפֶר.

2 הַבָּנוֹת שָׁכְחוּ אֶת הַסְּפָרִים שֶׁלָּהֶם שֶׁלָּהֶן .

3 אֲנִי לֹא רוֹאֶה אֶת הַלּוּחַ כִּי אַתָּה עוֹמֵד בֵּינִי לְפָנַי .

4 אֵלֵינוּ עָלֵינוּ לַעֲשׂוֹת אֶת עֲבוֹדַת הַבַּיִת.

5 הִיא כָּתְבָה אֶת הַמִּכְתָּב בּוֹ לוֹ .

ד. תְּתַרְגְּמוּ אֶת מִלַּת־הַיַּחַס.

1 הוּא עוֹמֵד בַּתּוֹר __________. after me

2 רְאוּבֵן סִפֵּר __________ לַחֲבֵרוֹ. about him (על)

3 הָעוּגָה הַזֹּאת __________. for you (m.s.)

4 הִיא נָתְנָה __________ תְּשׁוּבָה טוֹבָה. you (f.s.)

5 מָה אַתָּה מָצָאתָ __________? in them (m.)

6 הָעֲבוֹדָה __________ טוֹבָה מְאֹד. your (m.pl.)

ה. תַּשְׁלִימוּ אֶת הַתְּשׁוּבָה בְּמִלַּת־יַחַס.

0 הַאִם זֶה הָעֵט שֶׁל דָּוִד? כֵּן, זֶה הָעֵט שֶׁלּוֹ.

1 הַאִם יֵשׁ לְדָוִד חֲבֵרִים טוֹבִים? כֵּן, יֵשׁ __________ חֲבֵרִים טוֹבִים.

2 הַאִם הַסֵּפֶר הַזֶּה שֶׁל דִּינָה? לֹא, הַסֵּפֶר לֹא __________.

3 לֵאָה, הַאִם אַתְּ הָאֵם שֶׁל רוּת וְנָעֳמִי? לֹא, אֲנִי לֹא הָאֵם __________.

4 הַאִם יֵשׁ לַחַיָּלִים מַסְפִּיק אֹכֶל? כֵּן, יֵשׁ __________ מַסְפִּיק אֹכֶל.

5 הַאִם הַכֶּלֶב הַקָּטָן שֶׁל הַיְלָדוֹת? לֹא, הוּא לֹא הַכֶּלֶב __________.

ו. תְּחַבְּרוּ מִשְׁפָּטִים בַּמִּלִּים הָאֵלֶּה.

1 לוֹ _____

2 שֶׁלּוֹ _____

3 בִּשְׁבִילוֹ _____

4 אֶצְלוֹ _____

5 בּוֹ _____

6 אִתּוֹ _____

7 מִמֶּנּוּ _____

8 בֵּינוֹ _____

Postcard showing pioneers harvesting in Galilee, early twentieth century

הַסִּפּוּר שֶׁל רוּת

חֵלֶק ב

¹harvest

נָעֳמִי וְרוּת בָּאוּ לְבֵית־לֶחֶם בִּזְמַן הַקָּצִיר¹. יוֹשְׁבֵי

¹weak

בֵּית־לֶחֶם רָאוּ אֶת נָעֳמִי, זְקֵנָה וְחַלָּשָׁה¹. אָמְרוּ,
"הַזֹּאת נָעֳמִי?" אָמְרָה לָהֶם נָעֳמִי, "אַל תִּקְרְאוּ לִי נָעֳמִי.

¹bitter ²full

קִרְאוּ לִי "מָרָה", כִּי מַר¹ לִי מְאֹד. מְלֵאָה² הָלַכְתִּי

¹empty

וְרֵיקָה¹ שַׁבְתִּי."

5

נָעֳמִי וְרוּת יָשְׁבוּ בְּבֵית־לֶחֶם. יוֹם אֶחָד אָמְרָה רוּת
לְנָעֳמִי, "אֵין לֶחֶם בַּבַּיִת. אֲנִי אֵלֵךְ אֶל הַשָּׂדוֹת

¹glean wheat

לְלַקֵּט שִׁבֳּלִים¹, וְיִהְיֶה לָנוּ לֶחֶם לֶאֱכֹל."
אָמְרָה נָעֳמִי, "לְכִי, בִּתִּי!"

¹harvesters ²by chance

רוּת הָלְכָה אַחֲרֵי הַקּוֹצְרִים¹, וּבָאָה בְּמִקְרֶה² אֶל

10

הַשָּׂדֶה שֶׁל אִישׁ עָשִׁיר וּשְׁמוֹ בֹּעַז. הוּא הָיָה מִמִּשְׁפַּחַת
אֱלִימֶלֶךְ, אִישׁ נָעֳמִי. אַךְ רוּת לֹא יָדְעָה אֶת הַדָּבָר.

בֹּעַז בָּא לַשָּׂדֶה וְאָמַר לַקּוֹצְרִים, "ה' עִמָּכֶם!"

¹will bless you

עָנוּ לוֹ, "יְבָרֶכְךָ¹ ה'!" בֹּעַז רָאָה אֶת רוּת הוֹלֶכֶת

¹lad

אַחֲרֵי הַקּוֹצְרִים וְשָׁאַל אֶת הַנַּעַר¹, "מִי הַנַּעֲרָה הַזֹּאת?"

15

אָמַר הַנַּעַר, "נַעֲרָה מוֹאֲבִיָּה הִיא, אֲשֶׁר שָׁבָה עִם נָעֳמִי
מֵאֶרֶץ מוֹאָב. הִיא מְלַקֶּטֶת בַּשָּׂדֶה כָּל הַבֹּקֶר."

אָמַר בֹּעַז אֶל רוּת, "אַל תֵּלְכִי לְלַקֵּט בַּשָּׂדֶה שֶׁל אִישׁ אַחֵר.
לְכִי אַחֲרֵי הַקּוֹצְרִים בַּשָּׂדֶה שֶׁלִּי. תֹּאכְלִי לֶחֶם וְתִשְׁתִּי

20

מַיִם עִם קוֹצְרַי." אָמְרָה רוּת לְבֹעַז, "מַדּוּעַ אַתָּה
עוֹזֵר לְאִשָּׁה נָכְרִיָּה?" עָנָה בֹּעַז, "שָׁמַעְתִּי עַל כָּל הַטּוֹב
אֲשֶׁר עָשִׂית לְנָעֳמִי אַחֲרֵי מוֹת אִישֵׁךְ. עָזַבְתְּ אֶת אָבִיךְ
וְאֶת אִמֵּךְ. עָזַבְתְּ אֶת עַמֵּךְ וְהָלַכְתְּ עִם נָעֳמִי אֶל עַם

¹your deeds

אֲשֶׁר לֹא יָדַעַתְּ. יְבָרֵךְ אוֹתָךְ ה' עַל מַעֲשַׂיִךְ¹."

אָמְרָה רוּת, "יְבָרֶכְךָ ה', כִּי בֵּרַכְתָּ אוֹתִי."

25

רוּת לִקְּטָה בַּשָּׂדֶה בֹּעַז כָּל הַיּוֹם, וּבָעֶרֶב שָׁבָה הַבַּיְתָה.
כַּאֲשֶׁר נָעֳמִי רָאֲתָה אֶת כָּל אֲשֶׁר לִקְּטָה רוּת, הִיא שָׁאֲלָה

אוֹתָהּ, "אֵיפֹה לִקַּטְתְּ הַיּוֹם?" רוּת סִפְּרָה לָהּ עַל בֹּעַז
וְעַל כָּל הַטּוֹב שֶׁעָשָׂה לָהּ. נָעֳמִי אָמְרָה,
"בָּרוּךְ בֹּעַז לַה' אֲשֶׁר עָשָׂה חֶסֶד לַחַיִּים וְלַמֵּתִים."   30
אַחַר־כָּךְ אָמְרָה לְרוּת, "בֹּעַז מִמִּשְׁפַּחַת אֱלִימֶלֶךְ. לְכִי
לְבֹעַז בַּשָּׂדֶה וְהוּא יֹאהַב אוֹתָךְ וְיִקַּח אוֹתָךְ לְאִשָּׁה."
וְכָךְ עָשָׂה בֹּעַז, הוּא לָקַח אֶת רוּת לְאִשָּׁה.

¹gave birth ²called

רוּת יָלְדָה¹ לוֹ בֵּן, וְקָרְאוּ² אֶת שְׁמוֹ עוֹבֵד.
לְעוֹבֵד הָיָה בֵּן וּשְׁמוֹ יִשַׁי. וְהוּא הָאָב שֶׁל דָּוִד הַמֶּלֶךְ.   35

מִלּוֹן

harvest	קָצִיר
harvesters	קוֹצְרִים
weak	חַלָּשׁ
full	מָלֵא
empty	רֵיק
by chance, accidentally	בְּמִקְרֶה
in case of	בְּמִקְרֶה שֶׁ...¹
lad	נַעַר
your deeds, acts	מַעֲשֶׂיךָ
gave birth	יָלְדָה – ילד√
named	קָרְאוּ – קרא√²

¹בְּמִקְרֶה שֶׁתָּבוֹא בְּשֵׁשׁ, אֲנִי לֹא אֶהְיֶה בַּבַּיִת.

He read the book.	²הוּא קָרָא אֶת הַסֵּפֶר.
He called to me, "Come!"	הוּא קָרָא אֵלַי, "בּוֹא!"
He named me Joseph.	הוּא קָרָא לִי יוֹסֵף.

מִלּוֹן נוֹסָף

רָזֶה, רָזָה, רָזִים, רָזוֹת	thin
רָחָב, רְחָבָה, רְחָבִים, רְחָבוֹת	wide
צַר, צָרָה, צָרִים, צָרוֹת	narrow, tight
כָּבֵד, כְּבֵדָה, כְּבֵדִים, כְּבֵדוֹת	heavy
רַךְ, רַכָּה, רַכִּים, רַכּוֹת	soft
נָמוּךְ, נְמוּכָה, נְמוּכִים, נְמוּכוֹת	low (object) short (person)

תַּרְגִּילִים בַּהֲבָנַת הַסִּפּוּר

א. תִּבְחֲרוּ בַּתְּשׁוּבָה הַנְּכוֹנָה.

1 אַנְשֵׁי בֵּית־לֶחֶם הִתְפַּלְאוּ (were surprised) כַּאֲשֶׁר רָאוּ אֶת נָעֳמִי כִּי
א. רוּת הָיְתָה עִמָּהּ.
ב. זֶה הָיָה זְמַן הַקָּצִיר.
ג. לֹא רָאוּ אוֹתָהּ הַרְבֵּה שָׁנִים.

2 רוּת הָלְכָה לְלַקֵּט שִׁבֳּלִים בַּשָּׂדֶה שֶׁל
א. אֱלִימֶלֶךְ.
ב. בֹּעַז.
ג. עוֹבֵד.

3 בֹּעַז הָיָה מִמִּשְׁפַּחַת
א. נָעֳמִי.
ב. אֱלִימֶלֶךְ.
ג. עָרְפָּה.

4 בֹּעַז אָמַר לְרוּת שֶׁה' יְשַׁלֵּם לָהּ בְּעַד

א. כָּל הַטּוֹבָה שֶׁעָשְׂתָה לְנָעֳמִי.

ב. הָעֶזְרָה שֶׁנָּתְנָה לַקּוֹצְרִים.

ג. כָּל הַשִּׁבֳּלִים שֶׁלִּקְּטָה.

5 שֵׁם הַבֵּן שֶׁל רוּת וּבֹעַז הָיָה

א. יִשַׁי.

ב. עוֹבֵד.

ג. דָּוִד.

ב. Arrange in correct sequence of events. (You will have to refer to part one and part two of the story.)

____ נָעֳמִי שָׁמְעָה שֶׁאֵין עוֹד רָעָב בְּאֶרֶץ יְהוּדָה.

____ רוּת הָלְכָה אֶל הַשָּׂדוֹת לְלַקֵּט שִׁבֳּלִים.

__1__ מִשְׁפַּחַת אֱלִימֶלֶךְ הָלְכָה לָגוּר בְּאֶרֶץ מוֹאָב.

____ נָעֳמִי אָמְרָה לְרוּת לְלַקֵּט רַק בַּשָּׂדֶה שֶׁל בֹּעַז.

____ דָּוִד הָיָה לְמֶלֶךְ יִשְׂרָאֵל.

____ אֱלִימֶלֶךְ, מַחְלוֹן, וְכִלְיוֹן מֵתוּ.

____ רוּת וְנָעֳמִי בָּאוּ לְאֶרֶץ יְהוּדָה.

____ בֹּעַז לָקַח אֶת רוּת לְאִשָּׁה.

____ עָרְפָּה חָזְרָה לְבֵית אָבִיהָ.

____ בֹּעַז בָּא אֶל הַשָּׂדֶה, רָאָה אֶת רוּת, וְדִבֵּר אִתָּהּ.

כָּל הָעוֹלָם כֻּלּוֹ גֶּשֶׁר צַר מְאֹד, וְהָעִקָּר – לֹא לְפַחֵד כְּלָל.

The entire world is a narrow bridge, and the most important thing is — not to fear.

(R. Nahman of Bratslav)

ג.   תְּתַרְגְמוּ לְעִבְרִית.

When the squares are filled, the center column will spell the names of
the three main characters of the story of Ruth.

1	empty	1
2	to live	2
3	death	3
4	between me	4
5	deed	5
6	to leave	6
7	he remained	7
8	famine	8
9	full	9
10	harvest	10

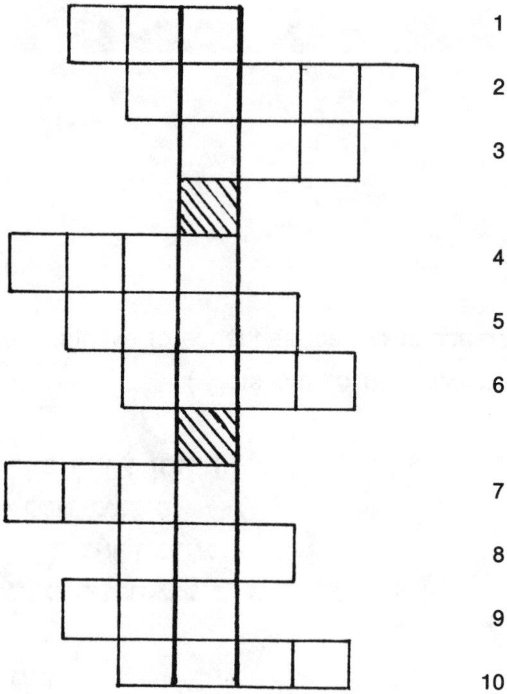

תִּכְתְּבוּ אֶת שְׁמוֹת הָאֲנָשִׁים. _____ _____ _____

A modern Ruth, harvesting in Kvutzat Ginigar, 1929

תַּרְגִּילִים לַחֲזָרָה

A. Break down the following words into the noun and the declined preposition.

0 שְׁמוֹ הַשֵּׁם שֶׁלּוֹ.

1 אִשְׁתּוֹ ____________.

2 בָּנָיו ____________.

3 מְדִינַתְכֶם ____________.

4 אַרְצָהּ ____________.

5 אָבִיךְ ____________.

6 בְּנָם ____________.

7 עַמִּי ____________.

8 אֱלֹהַיִךְ ____________.

9 אֱלֹהַי ____________.

10 חוּלְצוֹתֵינוּ ____________.

הִלֵּל אוֹמֵר: הֱוֵי מִתַּלְמִידָיו שֶׁל אַהֲרֹן, אוֹהֵב שָׁלוֹם, וְרוֹדֵף שָׁלוֹם, אוֹהֵב אֶת הַבְּרִיּוֹת, וּמְקָרְבָן לַתּוֹרָה.

Hillel said: Be a disciple of Aaron, loving peace and pursuing peace, loving your fellow creatures and attracting them to the Torah.

(Sayings of the Fathers 1:12 / פִּרְקֵי אָבוֹת א,יב)

B. Write the declension of the underlined words.

0 הַתַּלְמִידִים שֶׁלִּי לוֹמְדִים עִבְרִית. תַּלְמִידַי

1 הַסִּפּוּר שֶׁלְּךָ מְעַנְיֵן מְאֹד. ________

2 הַדּוֹדָה שֶׁלּוֹ נָסְעָה לְיִשְׂרָאֵל. ________

3 עָשִׂיתִי אֶת כָּל הָעֲבוֹדוֹת שֶׁלִּי. ________

4 הַמִּטָּה שֶׁלָּהּ גְּדוֹלָה. ________

5 הַאִם כְּתַבְתֶּם אֶת הַחִבּוּרִים שֶׁלָּכֶם? ________

6 אֲנִי אוֹהֵב לֶאֱכֹל אֶת הָאֲרוּחוֹת שֶׁלָּךְ. ________

7 שָׁמַעְתִּי אֶת הַשִּׁיר שֶׁלָּהֶן. ________

8 הַמְּדִינָה שֶׁלָּנוּ אֶרֶץ יָפָה. ________

9 הַשְּׁאֵלָה שֶׁלָּכֶן הָיְתָה טוֹבָה. ________

10 הָעִתּוֹן שֶׁלָּהֶם עַל הַכִּסֵּא. ________

אַרְבַּע מִדּוֹת בָּאָדָם. הָאוֹמֵר: שֶׁלִּי שֶׁלִּי וְשֶׁלְּךָ שֶׁלָּךְ – זוֹ מִדָּה בֵּינוֹנִית, וְיֵשׁ אוֹמְרִים זוֹ מִדַּת סְדוֹם; שֶׁלִּי שֶׁלָּךְ וְשֶׁלְּךָ שֶׁלִּי – עַם הָאָרֶץ; שֶׁלִּי שֶׁלָּךְ וְשֶׁלְּךָ שֶׁלָּךְ – חָסִיד; שֶׁלִּי שֶׁלִּי וְשֶׁלְּךָ שֶׁלִּי – רָשָׁע.

There are four types of people. He who says: Mine is mine, and yours is yours — this is the average type, and some say this typifies Sodom; (He who says) Mine is yours, and yours is mine — is ignorant; (He who says) Mine is yours, and yours is yours — is a pious man; (And he who says) Mine is mine, and yours is mine — is a wicked man.

(Sayings of the Fathers 5:10 / פִּרְקֵי אָבוֹת ה,י)

ג. תִּבְחֲרוּ בְּמִלַּת־הַיַּחַס הַנְּכוֹנָה.

לִפְנֵי / אַחֲרֵי / כְּמוֹ / בֵּין / מִן / עִם / עַל־יַד
אֶל / עַל / תַּחַת

1 בְּבַקָּשָׁה יְלָדִים, שְׁבוּ ________ הַכִּסְאוֹת.

2 הוּא מְדַבֵּר עִבְרִית ________ יִשְׂרְאֵלִי.

3 הָאוֹת ג׳ בָּאָה ________ הָאוֹת ת׳.

4 הֶחָתוּל עוֹמֵד ________ הַשֻּׁלְחָן.

5 הוּא הוֹלֵךְ ________ בֵּית־הַסֵּפֶר בְּשָׁעָה אַרְבַּע.

6 הַיִּשְׂרְאֵלִים רוֹצִים שָׁלוֹם ________ הָעֲרָבִים.

7 הַמִּסְפָּר תֵּשַׁע בָּא ________ הַמִּסְפָּר שֶׁבַע.

8 יָשַׁבְתִּי ________ אַהֲרֹן וּמֹשֶׁה.

9 הוּא חוֹזֵר ________ בֵּית־הַסֵּפֶר בְּשָׁעָה שֵׁשׁ.

10 הִיא נָסְעָה ________ הֶחָבֵר שֶׁלָּהּ.

לַכֹּל זְמָן, וְעֵת לְכָל חֵפֶץ תַּחַת הַשָּׁמָיִם.

For everything there is a season, and a time for every purpose under the heavens. (Ecclesiastes 3:1 / קֹהֶלֶת ג,א)

ד. תַּשְׁלִימוּ אֶת הַמִּשְׁפָּט בְּ־ב, כ, ל, מ.

1 הוּא גָּר ____בַּיִת גָּדוֹל.

2 בְּשִׂמְחַת תּוֹרָה הוּא רָקַד ____חָסִיד.

3 הוּא רוֹצֶה לִנְסֹעַ ____יִשְׂרָאֵל.

4 הִיא נוֹסַעַת ____מְכוֹנִית.

5 הֵם רָאוּ הַרְבֵּה סְפָרִים ____סִפְרִיָּה.

6 אֲנִי קִבַּלְתִּי מִכְתָּב ____רוּסְיָה.

7 אֲנַחְנוּ לוֹמְדִים עִבְרִית ____יוֹם רִאשׁוֹן.

8 אֲנַחְנוּ עָזַרְנוּ ____מוֹרֶה.

9 הוּא כּוֹתֵב ____עִפָּרוֹן.

10 יֵשׁ ____דִינָה הַרְבֵּה חֲבֵרִים.

ה. תְּנַקְּדוּ אֶת הַפֹּעַל. Vocalize the verb.

0 אֲנִי אוֹהֵב אֶת אִמָּא.

1 הַתַּלְמִידִים כתבו חִבּוּרִים יָפִים.

2 אֲנַחְנוּ נקנה בְּגָדִים חֲדָשִׁים לַחַג.

3 רוּת פותחת אֶת הַחַלּוֹן.

4 הוּא <u>מדבר</u> כְּמוֹ יִשְׂרְאֵלִי.

5 לֹא <u>ראיתי</u> אוֹתְךָ הַרְבֵּה זְמַן.

6 אַתָּה צָרִיךְ <u>ללכת</u> הַבַּיְתָה עַכְשָׁו.

7 <u>קבלתי</u> מִכְתָּב מֵרוּסְיָה.

8 הֵם <u>יפגשו</u> אוֹתִי בְּשָׁעָה שָׁלוֹשׁ.

9 הָאָב <u>ימכר</u> אֶת הַבַּיִת.

10 אַתֶּם <u>שברתם</u> אֶת הַחֲלוֹנוֹת.

ו. תְּמַלְאוּ אֶת הַטַּבְלָה.

שֹׁרֶשׁ	הֹוֶה	עָבָר	עָתִיד	שֵׁם הַפֹּעַל
ספר	מְסַפֵּר	סִפַּרְתִּי	אֲסַפֵּר	לְסַפֵּר
			יִשְׁמְרוּ	
(הִיא)				לְקַבֵּל
			תִּפְתְּחִי	
		בִּקֵּשׁ		
(אֲנַחְנוּ) בנה				
		שָׁתִיתָ		

ז. תַּשְׁלִימוּ אֶת הַתַּשְׁבֵּץ.

Across מִימִין לִשְׂמֹאל

1 for you (m.pl.) ____________

6 he will go ____________

8 and he gave ____________

9 on me ____________

10 their (f.) shoes ____________

11 he built ____________

12 bad ____________

14 with him (use את) ____________

15 I will fall אֶפֹּל

16 under me ____________

17 his sea ____________

20 like me ____________

22 from ____________

24 by you (s.) ____________

Down מִלְמַעְלָה לְמַטָּה

1 between us ____________

2 of ____________

3 in you (s.) ____________

4 before them (m.pl.) ____________

5 from him ____________

8 and to me ____________

9 on us ____________

11 daughter ____________

12 barn רֶפֶת

13 near her (2 words) ____________

14 to you (m.pl.) ____________

15 after me ____________

18 from me ____________

19 6th letter of alphabet ____________

21 we will go out ____________

23 to ____________

ח. You come home from a date and find this note. Write an answer.

שִׁירָה, בֹּקֶר טוֹב!
דָּנִי טִלְפֵּן בְּ־8. הוּא מְבַקֵּשׁ שֶׁתְּטַלְפְּנִי אֵלָיו מָחָר בַּבֹּקֶר.
מָתַי חָזַרְתְּ הַבַּיְתָה?

אִמָּא

אִמָּא!

____

____

____

____

____

____

הסיפור של רות

חלק א

בבֵית־לֶחֶם, ביהודה, ישב איש אחד ושמו אֱלִימֶלֶךְ. שֵׁם אשתו נָעֳמִי, ושם שני בניו מַחְלוֹן וכִלְיוֹן. פעם היה רעב בארץ. אלימלך, אשתו ובניו הלכו לגור בארץ מוֹאָב מֵעֵבֶר לַיַּרְדֵּן, כי שָׁם מצאו לחם לאכול. אלימלך, איש נעמי, מת. שני בניו לקחו להם נשים מבנות מואב: שם האחת עָרְפָּה ושם השנייה רות. אחרי עשר שנים מתו גם מחלון וכליון. נעמי נשארה לבדה, בלי איש ובלי בנים.

קשה היה לנעמי לשבת במואב, בארץ נָכרייה, בין אנשים נָכרים. היא רצתה לשוב אל עַמָּהּ. יום אחד שמעה נעמי כי זכר ה' את עַמּוֹ לתת

להם לחם, ואין עוד רָעָב בארץ יהודה. היא אמרה לרות ולערפה שהיא רוצה לעזוב את ארץ מואב ולשוב לארצהּ.

רות וערפה אמרו לנעמי שהן רוצות ללכת אִתָּהּ אל ארץ יהודה. בדרך אמרה נעמי גם לרות וגם לערפה, "שובו לבית אביכן. יעשה ה' עִמָּכֶן חסד כמו שעשיתן עִמִּי ועם בָּנַי." אך הן בכו ולא רצו לעזוב את נעמי. הן אמרו, "אִתָּךְ נלך, אִתָּךְ נשוב לעַמֵּךְ."

נעמי אמרה, "למה תלכנה עִמִּי? אין לי עוד בנים אשר יקחו אתכן לנשים. אני אשה זקנה." ערפה בכתה, אבל שמעה בקול נעמי וחזרה אל בית אביה, אך רות לא רצתה לעזוב את נעמי. אמרה נעמי לרות, "הנה שבה ערפה לבית אביהָ. שובי גם את לבית אביךְ."

ורות אמרה, "אל תבקשי ממני לעזוב אותך. לאן שתֵּלכי – אלך. עַמֵּךְ – עַמִּי, ואלוהייך – אלוֹהָי. רק המוות יפריד ביני ובינך."

הסיפור של רות

חלק ב

נעמי ורות באו לבית־לחם בזמן הקָציר. יושבֵי בית־לחם ראו את נעמי זקנה וחלָשה. אמרו, "הזאת נעמי?" אמרה להם נעמי, "אל תקראו לי נעמי. קִראו לי "מָרָה", כי מַר לי מאוד, מלֵאה הלכתי וריקה שבתי."

נעמי ורות ישבו בבית־לחם. יום אחד אמרה רות לנעמי, "אין לחם בבית. אני אלך אל השדות לְלַקֵּט שיבולים, ויהיה לנו לחם לאכול." אמרה נעמי, "לכי, בִּתִּי!" רות הלכה אחרי הקוצרים, ובאה במִקרה אל השדה של איש עשיר ושמו בֹּעַז. הוא היה ממשפחת אלימלך, איש נעמי. אך רות לא ידעה את הדבר.

בֹּעז בא לשדה ואמר לקוצרים, "ה' עִמָּכֶם!" ענו לו, "יְבָרֶכְךָ ה'!" בֹּעז ראה את רות הולכת אחרי הקוצרים, ושאל את הנער, "מי הנערה הזאת?" אמר הנער, "נערה מואבייה היא, אשר שבה עם נעמי מארץ מואב. היא מְלַקֶּטֶת בשדה כל הבוקר."

אמר בעז אל רות, "אל תלכי ללַקֵט בשדה של איש אחר. לכי אחרי הקוצרים בשדה שלי. תאכלי לחם ותשתי מים עם קוֹצרַי." אמרה רות לבעז, "מדוע אתה עוזר לאשה נָכרייה?" ענה בֹעז, "שמעתי על כל הטוב אשר עשית לנעמי אחרי מות אישךְ. עזבת את עַמֵךְ והלכת עם נעמי אל עם אשר לא ידעת. יברך ה' אותך על מעשַׂיִךְ." אמרה רות, "יבָרֶכְךָ ה', כי בירכתָ אותי."

רות ליקטה בשדה בעז כל היום, ובערב שבה הביתה. כאשר נעמי ראתה את כל אשר ליקטה רות, היא שאלה אותה, "איפה ליקטת היום?" רות סיפרה על בעז ועל כל הטוב שעשה לה. נעמי אמרה, "ברוּךְ בֹעז לה' אשר עשה חסד לחיים ולמתים." אחר־כך אמרה לרות, "בֹעז ממשפחת אלימלך. לכי לבעז בשדה והוא יֹאהב אותך וייקח אותך לאשה." וכך עשה בֹעז, הוא לקח את רות לאשה.

רות ילדה לו בן, וקראו את שמו עוֹבֵד. לעובד היה בן ושמו יִשַׁי, והוא האב של דָוִד המלך.

Wood engraving by Gustave Doré, for The Book of Ruth

3 יְחִידָה

מַעֲשֶׂה בְּאָדָם שֶׁהָיָה לְתַרְנְגוֹל־הוֹדוּ[1]

[1] turkey

לְפִי ר׳ נַחְמָן מִבְּרֶסְלַב

סִפּוּר עַל בֶּן־מֶלֶךְ שֶׁהָיָה לִמְשֻׁגָּע וְחָשַׁב שֶׁהוּא תַּרְנְגוֹל־הוֹדוּ. הוּא פָּשַׁט[1] אֶת כָּל בְּגָדָיו, יָשַׁב תַּחַת הַשֻּׁלְחָן וְאָכַל רַק חִטָּה. אָבִיו, הַמֶּלֶךְ, קָרָא לָרוֹפְאִים, אֲבָל הֵם לֹא יָכְלוּ לַעֲזוֹר לַבֵּן.

[1] took off

בָּא חָכָם אֶל הַמֶּלֶךְ וְאָמַר: ״אֲנִי יָכוֹל לַעֲזוֹר לִבְנְךָ.״ מֶה עָשָׂה הֶחָכָם? גַּם הוּא פָּשַׁט אֶת כָּל בְּגָדָיו, יָשַׁב תַּחַת הַשֻּׁלְחָן עַל־יַד בֶּן־הַמֶּלֶךְ וְאָכַל חִטָּה.

שָׁאַל בֶּן הַמֶּלֶךְ: ״מִי אַתָּה וּמָה אַתָּה עוֹשֶׂה פֹּה?״ שָׁאַל הֶחָכָם: ״מִי אַתָּה וּמָה אַתָּה עוֹשֶׂה פֹּה?״ עָנָה בֶּן־הַמֶּלֶךְ: ״אֲנִי תַּרְנְגוֹל־הוֹדוּ.״ אָמַר הֶחָכָם: ״גַּם אֲנִי תַּרְנְגוֹל־הוֹדוּ.״ כָּךְ יָשְׁבוּ שְׁנֵי הַ״תַּרְנְגוֹלִים״ וְהָיוּ לַחֲבֵרִים טוֹבִים.

יוֹם אֶחָד לָבַשׁ הֶחָכָם חוּלְצָה. שָׁאַל בֶּן־הַמֶּלֶךְ: ״מָה אַתָּה עוֹשֶׂה, אָחִי?״ עָנָה הֶחָכָם: ״גַּם תַּרְנְגוֹל־הוֹדוּ יָכוֹל לִלְבֹּשׁ חוּלְצָה. אֲנִי לוֹבֵשׁ חוּלְצָה וּבְכָל זֹאת[1] אֲנִי תַּרְנְגוֹל־הוֹדוּ.״ שָׂמַח בֶּן־הַמֶּלֶךְ וְגַם הוּא לָבַשׁ חוּלְצָה.

[1] nonetheless

אַחֲרֵי כַּמָּה יָמִים לָבַשׁ הֶחָכָם מִכְנָסַיִם.
שָׁאַל בֶּן־הַמֶּלֶךְ: "מָה אַתָּה עוֹשֶׂה, אָחִי?"
עָנָה הֶחָכָם: "גַּם תַּרְנְגוֹל־הוֹדוּ יָכוֹל לִלְבֹּשׁ מִכְנָסַיִם.
אֲנִי לוֹבֵשׁ מִכְנָסַיִם, וּבְכָל זֹאת אֲנִי תַּרְנְגוֹל־הוֹדוּ."
שָׂמַח בֶּן־הַמֶּלֶךְ וְגַם הוּא לָבַשׁ מִכְנָסַיִם.

כָּךְ עָבְרוּ הַיָּמִים, עַד שֶׁלָּבַשׁ הֶחָכָם אֶת כָּל בְּגָדָיו,
וְגַם בֶּן־הַמֶּלֶךְ לָבַשׁ אֶת כָּל בְּגָדָיו.
יוֹם אֶחָד אָכַל הֶחָכָם לֶחֶם וּבָשָׂר.
שָׁאַל בֶּן־הַמֶּלֶךְ: "מָה אַתָּה עוֹשֶׂה, אָחִי?"
עָנָה הֶחָכָם: "גַּם תַּרְנְגוֹל־הוֹדוּ יָכוֹל לֶאֱכֹל אֹכֶל טוֹב.
אֲנִי אוֹכֵל אֹכֶל טוֹב, וּבְכָל זֹאת אֲנִי תַּרְנְגוֹל־הוֹדוּ."
שָׂמַח בֶּן־הַמֶּלֶךְ וְגַם הוּא אָכַל אֹכֶל טוֹב.
יוֹם אֶחָד קָם הֶחָכָם וְיָשַׁב עַל־יַד הַשֻּׁלְחָן.
אָמַר הֶחָכָם: "גַּם תַּרְנְגוֹל־הוֹדוּ יָכוֹל לָקוּם, לָשֶׁבֶת,
לָלֶכֶת בָּרְחוֹב, וְלַעֲשׂוֹת כָּל דָּבָר שֶׁהוּא רוֹצֶה."
שָׂמַח בֶּן־הַמֶּלֶךְ, קָם מִתַּחַת לַשֻּׁלְחָן, וְיָשַׁב עַל־יַד הֶחָכָם.
וּמֵאָז עוֹשֶׂה בֶּן־הַמֶּלֶךְ כְּמוֹ כָּל בֶּן־אָדָם[1].
וְכָךְ הַצַּדִּיק – כָּל יוֹם הוּא עוֹשֶׂה דְּבָרִים שֶׁעוֹשִׂים
בְּנֵי־אָדָם, וּמִתְנַהֵג[1] כִּבְנֵי־אָדָם, כְּדֵי[2]
לְקָרֵב[1] אֶת בְּנֵי־הָאָדָם לַעֲבוֹדַת הַשֵּׁם.[2]

[1]human being

[1]behaves [2]in order

[1]to bring near [2]to serve God

מִלּוֹן

תַּרְנְגוֹל־הוֹדוּ	turkey
תַּרְנְגוֹל	rooster
תַּרְנְגוֹלֶת	chicken
פָּשַׁט – פשט√	took off, undressed
בֶּן־אָדָם, בְּנֵי־אָדָם	person(s), human-being(s)
מִתְנַהֵג כְּ...	behaves like
כְּדֵי	in order
לְקָרֵב	to bring near

תַּרְגִּיל בַּהֲבָנַת הַסִּפּוּר

1 מִי הָיָה לְמְשֻׁגָּע?

2 כְּשֶׁהוּא הָיָה לִמְשֻׁגָּע, מֶה עָשָׂה?

3 מִי עָזַר לַמְשֻׁגָּע?

4 אֵיךְ הוּא עָזַר לַמְשֻׁגָּע?

5 מַה מְסַמֵּל (symbolizes) הַמֶּלֶךְ?

6 מַה מְסַמֵּל בֶּן־הַמֶּלֶךְ?

7 מִי הָיָה הֶחָכָם?

8 מָה עוֹשֶׂה הַצַּדִּיק בָּעוֹלָם?

Review: Declension of Direct Object Pronouns

You have learned that the direct object pronoun is formed by adding personal endings to the base letters **אוֹת.**   אוֹתְ+י = me

us	אוֹתָנוּ	me	אוֹתִי
you (m.)	*אֶתְכֶם	you (m.)	אוֹתְךָ
you (f.)	*אֶתְכֶן	you (f.)	אוֹתָךְ
them (m.)	אוֹתָם	him, it	אוֹתוֹ
them (f.)	אוֹתָן	her, it	אוֹתָהּ

Note: These two forms have a different vowel with the א, and there is no וֹ in the word.

The base **אוֹת** is related to the cue word **אֶת**.
Remember: The cue word אֶת tells us that the next word is a definite direct object.

Dan reads **the book**.	דָּן קוֹרֵא **אֶת** הַסֵּפֶר.
Dan reads **it**.	דָּן קוֹרֵא **אוֹתוֹ**.
He saw **me**.	הוּא רָאָה **אוֹתִי**.
He went **with me**.	הוּא הָלַךְ **אִתִּי**.

Do not confuse **אוֹתִי** (direct object pronoun **me**) with **אִתִּי** (**with me**).

הַלְוַאי אוֹתִי עָזְבוּ וְתוֹרָתִי שָׁמָרוּ.

Would that My people abandoned Me but kept My Torah.

(Jerusalem Talmud)

תַּרְגִּילִים

א. Rewrite the sentence using a direct object pronoun to replace the underlined words.

0 רוּת וְנָעֳמִי, גְּמַרְתֶּן אֶת הָעֲבוֹדָה? כֵּן, גָּמַרְנוּ אוֹתָהּ.

1 יַעֲקֹב אוֹהֵב אֶת יוֹסֵף. ________________

2 רָאִינוּ אֶת הַיָּרֵחַ וְהַכּוֹכָבִים. ________________

3 הַקּוֹצְרִים לָקְחוּ אֶת הַיְלָדִים וְאוֹתִי לַשָּׂדֶה. ________________

4 הַסּוֹחֲרִים מָכְרוּ אֶת הַיַּיִן. ________________

5 מִי פָּגַשׁ אוֹתִי וְאֶת הַחַיָּלִים? רוּת ________________

ב. תַּשְׁלִימוּ אֶת הַתְּשׁוּבָה.

0 אַתְּ אוֹהֶבֶת אֶת מֹשֶׁה? כֵּן, אֲנִי אוֹהֶבֶת אוֹתוֹ.

1 רְאִיתֶם אֶת דָּן וְרוּת? לֹא, לֹא רָאִינוּ ________

2 הַאִם אִמָּא קָנְתָה אֶת הַשִּׂמְלָה? כֵּן, הִיא קָנְתָה ________

3 כְּבָר שְׁלַחְתֶּם אֶת הַהַזְמָנוֹת? כֵּן, שָׁלַחְנוּ ________

4 מִי קָנָה אֶת הַשֻּׁלְחָן? אֲנִי קָנִיתִי ________

5 מִי רָאָה אוֹתִי (f) בַּמָּטוֹס? הֵם רָאוּ ________

ג. תַּשְׁלִימוּ אֶת הַמִּשְׁפָּט.

0 הַאִם הַסֵּפֶר הַזֶּה שֶׁל דָּן? כֵּן, הַסֵּפֶר שֶׁלּוֹ.

1 לְמַדְתֶּם אֶת הַמִּלִּים הַחֲדָשׁוֹת? כֵּן, לָמַדְנוּ ______.

2 לֵאָה, הַאִם אַתְּ הָאֵם שֶׁל רוּת וְנָעֳמִי? לֹא, אֲנִי לֹא הָאֵם ______.

3 רְאִיתֶם אֶת רוּת וְדָן? לֹא, לֹא רָאִינוּ ______.

4 הַאִם הַכֶּלֶב הַקָּטָן שֶׁל הַיְלָדוֹת? לֹא, הוּא לֹא הַכֶּלֶב ______.

5 גְּמַרְתֶּם אֶת הָעֲבוֹדָה? כֵּן, גָּמַרְנוּ ______.

ד. תְּתַרְגְּמוּ אֶת מִלַּת־הַיַּחַס.

0 אֲנִי אוֹהֶבֶת אֶתְכֶם! you (m.pl.)

1 קִבַּלְתִּי מִכְתָּב יָפֶה ______. from her

2 הוּא גָּנַב ______ כֶּסֶף. from him

3 הַמַּחְבֶּרֶת הַזֹּאת ______. for you (m.s.)

4 אֵין ______ בְּכָל הָעוֹלָם. like you (m.pl.)

5 הָרַב בֵּרֵךְ ______. us

Direct and Indirect Object Pronouns

I sent (to) Moshe the present.
　　　ind. obj.　　**dir. obj.**

I sent the present to Moshe.
　　dir. obj.　　**ind. obj.**

I sent him the present.
　ind.　　**dir.**
　obj.　　**obj.**

I sent the present to him.
　dir. obj.　　**ind. obj.**

In Hebrew we can say

שָׁלַחְתִּי לְמשֶׁה אֶת הַמַּתָּנָה.
שָׁלַחְתִּי אֶת הַמַּתָּנָה לְמשֶׁה.
שָׁלַחְתִּי אוֹתָהּ לְמשֶׁה.
שָׁלַחְתִּי לוֹ* אֶת הַמַּתָּנָה.
שָׁלַחְתִּי לוֹ* אוֹתָהּ.

* The indirect object pronoun is the declined prepositional particle ל.

In Hebrew **the indirect pronoun always follows the verb and precedes the direct object**.

שָׁלַחְתִּי לוֹ אוֹתָהּ.
dir. o. ind. o.
pron. pron.

שָׁלַחְתִּי לוֹ אֶת הַמַּתָּנָה.
ind. o.
pron.

תַּרְגִּילִים

א. תִּבְחֲרוּ בַּמִּלָּה הַנְּכוֹנָה.

0 הוּא נָתַן (לִי) אוֹתָהּ אֶת הָעֲבוֹדָה.
1 הָאִישׁ מָכַר אוֹתָם לָהֶם סַנְדָּלִים.
2 הַסּוֹחֲרִים מָכְרוּ לִי לָהֶם אוֹתָם .
3 פַּרְעֹה נָתַן לָהֶם אוֹתָם אֶת הַחִטָּה.
4 הַמּוֹרָה שָׁאֲלָה לוֹ אוֹתוֹ הַרְבֵּה שְׁאֵלוֹת.
5 הוּא פָּגַשׁ לִי אוֹתִי בָּרְחוֹב.

ב. תַּשְׁלִימוּ אֶת הַמִּשְׁפָּטִים.

Use the correct direct object pronoun, or the indirect object pronoun with the pronominal suffix.

0 הוּא פָּגַשׁ ___אותו___ בָּרְחוֹב. him

1 הֵם קִבְּלוּ ________ בְּשִׂמְחָה. us

2 הִיא כָּתְבָה ________ אֶת הַמִּכְתָּב. you (m.s.)

3 הוּא קָרָא ________ רוּת. her

4 אֲנַחְנוּ קָרָאנוּ ________. them (m.pl.)

5 אֲנִי עָזַרְתִּי ________ בַּעֲבוֹדָתוֹ. him

6 רָאִינוּ ________ בַּקַּיִץ. her

7 הָאָב שָׁלַח ________ אֶתְמוֹל. them (f.pl.)

8 הָאֵם קָנְתָה ________ אֶת הַמְּעִיל. me

9 הַסּוֹחֵר מָכַר ________ אֶת הַסְּחוֹרָה. us

10 אֲנַחְנוּ סִפַּרְנוּ ________ עָלָיו. you (m.pl.)

ג. תְּתַרְגְּמוּ לְעִבְרִית.

1 I saw him. ________________

2 He met me. ________________

3 She heard us.

____

4 I sent (to) you (f.s.) the book.

____

5 They sent (to) them (m.) presents.

____

6 We travelled (טיל) with her last summer.

____

7 He returned home before me.

____

8 Is this (f.) for me?

____

9 I ran away from him.

____

10 I saw her with you (m.s.).

____

11 Last year I was in the army.

____

12 Last month we met Joseph on the street.

____

Using the Dictionary

The difference between ketiv ḥaser and ketive malé,

כְּתִיב חָסֵר, כְּתִיב מָלֵא.

Throughout history, Hebrew has been written without vowels. Hebrew scribes realized that if we find the word למד in a Hebrew text, we might not know whether it is לָמַד or לִמֵּד. To help us read the word, they often inserted a letter such as י or ו to guide the reader in pronouncing the word. When these additional letters are used, the spelling system is called כְּתִיב מָלֵא, complete, or full spelling. When they are not used, the spelling system is called כְּתִיב חָסֵר, incomplete spelling.

כְּתִיב מָלֵא	כְּתִיב חָסֵר	
לִימֵּד	לִמֵּד	למד
גִּיבּוֹר	גִּבּוֹר	גבור

Check your dictionary to see whether it uses כְּתִיב מָלֵא or כְּתִיב חָסֵר. To determine which spelling system your dictionary uses, check the following words.

כְּתִיב מָלֵא	כְּתִיב חָסֵר
שׁוּלְחָן	שֻׁלְחָן
גִּיבּוֹר	גִּבּוֹר
לִימֵּד	לִמֵּד

If these three words appear in כְּתִיב חָסֵר, your dictionary is a traditional one. If they appear in כְּתִיב מָלֵא, yours is a new dictionary.

Looking up verbs

In a traditional dictionary, verbs are listed in the alphabetic order of their roots. Look for מְדַבֵּר not under מ, but under ד, the first letter of the root.

In a new dictionary, verbs are listed in the alphabetic order of the base-form (third person masculine singular, past tense) of each בִּנְיָן. Look for מְדַבֵּר under דִּיבֵּר, its base-form in בִּנְיָן פִּעֵל.

If you are looking up a verb, you have to check both the spelling system and the listing system of your dictionary.

	traditional	new
spelling system	כְּתִיב חָסֵר	כְּתִיב מָלֵא
listing system	by root	by base form

traditional	new	verb to look up
דבר (פִּעֵל)	דִּיבֵּר	מְדַבֵּר
פלל (הִתְפָּעֵל)	הִתְפַּלֵּל	מִתְפַּלְּלִים

Traditional dictionary

Find the root — מִת פַּלְל ים Look up the root.
Determine in which בִּנְיָן the word appears in the text. Look up that בִּנְיָן.
Since the word you are looking up may have more than one English meaning in each בִּנְיָן, determine which meaning fits the context.
Most biblical dictionaries follow the traditional system.

New dictionary

Find the base form of the verb in the בִּנְיָן in which it appears.
Look up the word under this base form. הִתְפַּלֵּל ← מִתְפַּלְּלִים
Determine which meaning best fits the context of the sentence.

Looking up nouns and adjectives

Remove the prefix before looking up the word. לַ־בַּיִת הַ־גַּן
If a noun or adjective is in the feminine or plural form, look it up in the masculine singular form. גָּדוֹל ← גְּדוֹלוֹת יֶלֶד ← יַלְדָּה

Looking up other parts of speech

Since these words have no prefixes and involve few changes in form, they are easy to find. You will still have to differentiate between כְּתִיב מָלֵא and כְּתִיב חָסֵר.

The Hebrew Alphabet

Printed Form	Written Form	Name of Letter
א	א	ah-leph
בּ	בּ	beht
ב	ב	veht
ג	ג	gee-mel
ד	ד	dah-let
ה	ה	heh
ו	ו	vahv
ז	ז	zah-yin
ח	ח	heht
ט	ט	teht
י	י	yohd
כּ	כּ	kahf
כ ך	כ ך	khahf
ל	ל	lah-med
מ ם	מ ם	mem
נ ן	נ ן	nun
ס	ס	sah-mekh
ע	ע	ah-yin
פּ	פּ	peh
פ ף	פ ף	feh
צ ץ	צ ץ	tsah-dee
ק	ק	kof
ר	ר	rehsh
שׁ	שׁ	sheen
שׂ	שׂ	seen
ת תּ	ת תּ	tav

תַּרְגִּילִים

א. תְּמַלְּאוּ אֶת הָאוֹתִיּוֹת הַחֲסֵרוֹת. Fill in the missing letters of the alphabet.

א ב __ ד ה ו __ ח ט __ כ

ל מ __ ס __ פ __ ק ר __ __

ב. Number the words in each group according to the order in which they are found in your dictionary.

0 אַבָּא 2 אִמָּא 4 אֵם 3 אָב 1
1 סִפּוּר __ צִפּוֹר __ פָּרָה __ קִבּוּץ __
2 הִלְבִּישׁ __ הִתְלַבֵּשׁ __ הַלְבָּשָׁה __ הַכְנָסָה __
3 חִיבֵּר __ חִישׁוּב __ חִיבּוּר __ חָשׁוּב __
4 הִשְׁתַּגֵּעַ __ הִזְדַּקֵּן __ הִצְטָרֵךְ __ הִסְתָּרֵק __
5 שׁוּלְחָן __ אֶבֶן __ עִיפָּרוֹן __ יַיִן __
6 הַר __ חֶסֶד __ חֲלוֹם __ הַבְדָּלָה __
7 עָזַב __ עָבַר __ עֵגֶל __ עָפָר __

ג. Look up the following words in your dictionary and write their translation.

0 פִּשְׁפֵּשׁ bug

1 מִפְלֶצֶת ____ 6 פּוּחְלָץ ____

2 לִוְויָיתָן ____ 7 אֵין סוֹף ____

3 מְכַשֵּׁפָה ____ 8 דִּיבּוּק ____

4 זְבוּב ____ 9 כָּרִישׁ ____

5 פַּטְפְּטָן ____ 10 תּוֹסֶפְתָּן ____

Find out what Moses and Aaron said to Pharaoh. Every number represents a letter. .ד

14	13	12	11	10	9	8	7	6	5	4	3	2	1
נ	מ	ל	כ	י	ט	ח	ז	ו	ה	ד	ג	ב	א

22	21	20	19	18	17	16	15
ת	ש	ר	ק	צ	פ	ע	ס

מֹשֶׁה וְאַהֲרֹן אָמְרוּ אֶל פַּרְעֹה: שְׁמוֹת ה, א

___	___	___		___	___		___	___	___
10	13	16		22	1		8	12	21

.___	___	___	___	___		___	___		___	___	___	___	___
20	2	4	13	2		10	12		6	3	8	10	6

Chief Rabbi of the Sephardi community in Palestine, with his bodyguard, 1913

ה. The following words appear in the stories you have read. Assuming they were unfamiliar words, under what spelling would you look them up?

		Traditional	New
0	יוֹשְׁבוֹת	ישב	יָשַׁב
1	הִפְּרִידָה		
2	בַּבִּתָּה		
3	תְּסַפְּרוּ		
4	בָּאִים		
5	לָשֶׁבֶת		
6	תִּלְבְּשִׁי		
7	יִרְצוּ		
8	הִתְקָרְבוּ		
9	מְבַקֶּשֶׁת		
10	אֵרֵד		

וַיֹּאמֶר אָכִישׁ אֶל עֲבָדָיו, הִנֵּה תִרְאוּ אִישׁ מִשְׁתַּגֵּעַ, לָמָּה תָּבִיאוּ אוֹתוֹ אֵלָי?
חֲסַר מְשֻׁגָּעִים אָנִי...?

And Achish said to his courtiers, "You see the man is raving, why bring him to me? Do I lack madmen...?" (I Samuel 21:15–16 / שְׁמוּאֵל א׳ כא, טו-טז)

תְּבוּאַת¹ הַשִּׁגָּעוֹן²

¹harvest ²madness

¹viceroy
פַּעַם אַחַת אָמַר הַמֶּלֶךְ לְמִשְׁנֶה־לַמֶּלֶךְ¹: "אֲנִי מֵבִין

¹constellations
בְּכוֹכָבִים וּמַזָּלוֹת,¹ וַאֲנִי לָמַדְתִּי מִן הַכּוֹכָבִים

¹will eat
שֶׁכָּל אָדָם שֶׁיֹּאכַל¹ מִתְּבוּאַת הַשָּׁנָה הַזֹּאת יִהְיֶה לְמְשֻׁגָּע!

¹enough
וְאֵין דַּי¹ תְּבוּאָה מִן הַשָּׁנָה שֶׁעָבְרָה לְכָל הָעוֹלָם. מַה לַעֲשׂוֹת?

¹advise
אָמַר הַמִּשְׁנֶה־לַמֶּלֶךְ: "אֲדוֹנִי הַמֶּלֶךְ, כָּךְ אֲנִי מְיָעֵץ¹: **5**

אֲנַחְנוּ – אֲנִי וְאַתָּה – נֹאכַל מִתְּבוּאַת הַשָּׁנָה שֶׁעָבְרָה,

וְלֹא שֶׁל הַשָּׁנָה הַזֹּאת. וַאֲנַחְנוּ לֹא נִהְיֶה לִמְשֻׁגָּעִים."

¹advice
עָנָה הַמֶּלֶךְ: "זֹאת לֹא עֵצָה¹ טוֹבָה. כָּל הָעוֹלָם יִהְיֶה

¹therefore
מְשֻׁגָּע וַאֲנַחְנוּ לֹא. לָכֵן¹ כָּל הָעוֹלָם יֹאמַר שֶׁאֲנַחְנוּ מְשֻׁגָּעִים."

¹what's your opinion
אָמַר הַמִּשְׁנֶה־לַמֶּלֶךְ: "מַה דַּעְתְּךָ¹, אֲדוֹנִי הַמֶּלֶךְ?" **10**

¹choice
עָנָה הַמֶּלֶךְ: "חֲבֵרִי הַטּוֹב, אֵין לָנוּ בְּרֵרָה¹. גַּם אֲנַחְנוּ

נֹאכַל מִתְּבוּאַת הַשָּׁנָה הַזֹּאת וְגַם אֲנַחְנוּ נִהְיֶה לִמְשֻׁגָּעִים.

¹different
אֲבָל, נִהְיֶה שׁוֹנִים¹ מִכָּל הַמְּשֻׁגָּעִים הָאֲחֵרִים.

¹will know
אֲנַחְנוּ נֵדַע¹ שֶׁאֲנַחְנוּ מְשֻׁגָּעִים."

שָׁאַל הַמִּשְׁנֶה־לַמֶּלֶךְ: "אִם נִהְיֶה לִמְשֻׁגָּעִים, אֵיךְ נֵדַע זֹאת?" **15**

¹sign ²our heads
עָנָה הַמֶּלֶךְ: "אֲנַחְנוּ נִכְתֹּב אוֹת¹ עַל רָאשֵׁינוּ²

שֶׁאֲנַחְנוּ מְשֻׁגָּעִים, וּבְכָל פַּעַם שֶׁאֲנִי אֶרְאֶה אוֹתְךָ וְאַתָּה

תִּרְאֶה אוֹתִי, נֵדַע שֶׁאֲנַחְנוּ מְשֻׁגָּעִים."

מִלּוֹן

advice, idea	עֵצָה	harvest, grain	תְּבוּאָה
therefore	לָכֵן	madness	שִׁגָּעוֹן
last year	בַּשָּׁנָה שֶׁעָבְרָה	enough	דַּי
different	שׁוֹנִים	advises	מְיָעֵץ – יעץ√
we will know	נֵדַע – ידע√	advisor	יוֹעֵץ
		sign(s), letter(s) (of alphabet)	אוֹת, אוֹתִיּוֹת

תַּרְגִּילִים

א. תַּעֲנוּ עַל הַשְּׁאֵלוֹת.

1 מַה לָמַד הַמֶּלֶךְ מִן הַכּוֹכָבִים?

______

2 מַה יִקְרֶה לְאָדָם אִם יֹאכַל מִתְּבוּאַת־הַשָּׁנָה?

______

3 מַדּוּעַ לֹא יָכוֹל כָּל הָעוֹלָם לֶאֱכֹל מִן הַתְּבוּאָה שֶׁל הַשָּׁנָה שֶׁעָבְרָה?

______

4 לָמָּה לֹא אָכְלוּ הַמֶּלֶךְ וְהַמִּשְׁנֶה־לַמֶּלֶךְ אֶת הַתְּבוּאָה שֶׁל הַשָּׁנָה שֶׁעָבְרָה?

______

______

5 לָמָּה הֵם שָׂמוּ אוֹת עַל רָאשֵׁיהֶם?

______

______

6 מַה מְסַמֵּל הַמֶּלֶךְ?

______

7 מַה מְסַמֵּל הַמִּשְׁנֶה־לַמֶּלֶךְ?

______

______

ב. Write the Hebrew word for each numbered article of clothing.

כִּיס כּוֹבַע חוּלְצָה (כֻּתֹּנֶת) מִכְנָסַיִם נַעֲלַיִם חֲגוֹרָה מְעִיל עֲנִיבָה

1 ______________________

2 ______________________

3 ______________________

4 ______________________

5 ______________________

6 ______________________

7 ______________________

8 ______________________

מִלּוֹן

hat	כּוֹבַע
belt	חֲגוֹרָה
tie	עֲנִיבָה
pocket	כִּיס

ג. Write the Hebrew word that corresponds to each definition. Look for the words in the vocabulary lists.

1 אִישׁ טוֹב מְאֹד; הוּא ______________

2 ה׳ בָּרָא אוֹתוֹ; הוּא ______________

3 אִישׁ שֶׁחוֹשֵׁב שֶׁהוּא תַּרְנְגוֹל־הוֹדּוּ; הוּא ______________

4 אִישׁ שֶׁנּוֹתֵן עֵצוֹת; הוּא ______________

5 דָּבָר שֶׁנּוֹתֵן מְעַט אוֹר בַּלַּיְלָה; הוּא ______________

6 דָּבָר שֶׁלּוֹבְשִׁים אוֹתוֹ עַל הָרֹאשׁ; הוּא ______________

7 לוֹבְשִׁים אוֹתָן כְּשֶׁהוֹלְכִים בָּרֶגֶל; הֵן ______________

8 כְּשֶׁלּוֹבְשִׁים מִכְנָסַיִם גַּם לוֹבְשִׁים ______________

9 רֹאשׁ שֶׁל אֶרֶץ; הוּא ______________

10 בַּקָּצִיר, קוֹצְרִים אוֹתָהּ בַּשָּׂדֶה; הִיא ______________

כִּי אָדָם אֵין צַדִּיק בָּאָרֶץ אֲשֶׁר יַעֲשֶׂה טּוֹב וְלֹא יֶחֱטָא.

For there is not a righteous man upon earth, that does good and does not sin. (Ecclesiastes 7.20 / קֹהֶלֶת ז, כ)

ד. Match column א with column ב to form a correct Hebrew sentence.

ב	א
אֶת הָאוֹת	הַכּוֹכָבִים
בַּשָּׁמַיִם	הַיּוֹעֵץ נוֹתֵן
בְּרֵרָה	הוּא מִתְנַהֵג
כִּמְשֻׁגָּע	הוּא מֵבִין
	אֵין לִי

1 ______________________________

2 ______________________________

3 ______________________________

4 ______________________________

5 ______________________________

Repeated Action

In English we often place an auxiliary verb before the main verb, to tell something about the action which the verb expresses.

I **will** write.	indicates **future action**
I **have** written.	indicates **past action**
You **did** write that letter!	indicates **emphatic past action**

These words are sometimes called *modals*, because they indicate *how* or *when* (the *mode*) the action takes place.

In Hebrew, verbs do not usually take auxiliaries, since the *prefixes*, *suffixes* and *vowel patterns* express all the things which auxiliaries do in English.

I will write.	אֲנִי אֶכְתֹּב.
I have written.	אֲנִי כָּתַבְתִּי.

However, Hebrew does use an **auxiliary verb** to express **repeated action in the past**.

Simple past: I **went** to the movies yesterday.
אֲנִי הָלַכְתִּי לַקּוֹלְנוֹעַ אֶתְמוֹל.

Repeated past: I **used to go** to the movies every week.
אֲנִי הָיִיתִי הוֹלֵךְ לַקּוֹלְנוֹעַ כָּל שָׁבוּעַ.

Past repeated action is formed with **two verbs**.
The **first** (auxiliary) verb is in the **past tense** of √היה.
The **second** verb is in the **present tense**.

Both verbs must agree with the subject in gender, number and person.

He used to go.	הוּא הָיָה הוֹלֵךְ.
You used to go.	אַתְּ הָיִית הוֹלֶכֶת.
They used to go.	הֵם הָיוּ הוֹלְכִים.

The past repeated action expresses an action which **occurred repeatedly**, or **over an extended period of time**. It also implies that the action has been **discontinued** and **no longer happens**.

I **used to live** in Tel Aviv.	אֲנִי הָיִיתִי גָּר בְּתֵל אָבִיב.
He **used to say**: "The world stands (exists) on three things."	הוּא הָיָה אוֹמֵר: "עַל שְׁלוֹשָׁה דְּבָרִים הָעוֹלָם עוֹמֵד."

תַּרְגִּילִים

א. Complete the sentences by using a repeated action phrase.

0 כַּאֲשֶׁר הָיִיתִי יֶלֶד קָטָן ‎___הָיִיתִי בּוֹכֶה כָּל הַיּוֹם.

1 כַּאֲשֶׁר הָיִיתִי בֵּן/בַּת עֶשֶׂר ‎_____

2 כַּאֲשֶׁר לָמַדְתִּי עִבְרִית ‎_____

3 כַּאֲשֶׁר הוּא גָּר בְּיִשְׂרָאֵל ‎_____

4 כַּאֲשֶׁר הִיא הָיְתָה בָּעִיר ‎_____

5 בְּכָל קַיִץ הָיִינוּ ‎_____

Traditional dress, worn at a festival of Moroccan Jews in Israel

ב.   תְּתַרְגְּמוּ לְעִבְרִית.

1 I used to eat meat, but now I am a vegetarian (צִמְחוֹנִית/צִמְחוֹנִי).

_____

2 He used to live in this city, but now he lives in that city.

_____

3 She used to learn English every evening.

_____

4 We used to play tennis every morning.

_____

5 They used to travel to Israel every summer.

_____

A Jew from Kurdistan at a family picnic

The Lamed-Aleph Sound-Class גִּזְרַת ל״א

We have learned the basic vowel pattern of the שְׁלֵמִים sound-class. When we learned the ל״ה, we noticed certain changes in the basic vowel pattern.

	ל״ה	שְׁלֵמִים
Past	קָנָה	סָגַר
Present	קוֹנֶה	סוֹגֵר
Future	יִקְנֶה	יִסְגֹּר

In each tense of ל״ה the vowel normally found under the second root letter in the שְׁלֵמִים, is changed.

The same is true in גִּזְרַת ל״א.
In this sound-class, the third root consonant is א.

מָצָא   קָרָא   יָצָא   בָּרָא

Notice the change in the vowel pattern of the base form of the past tense.

ל״א	שְׁלֵמִים
הוּא קָרָא	הוּא סָגַר

This vowel pattern can be found throughout the past tense. The **second vowel** is always □ָ.

A synagogue
in Yemen

עָבָר	קָרָאתִי*	קָרָאנוּ
	קָרָאתָ*	קְרָאתֶם*
	קָרָאת*	קְרָאתֶן*
	קָרָא	קָרְאוּ
	קָרְאָה	קָרְאוּ

* Note that there is no *dagesh* in the ת of the suffix.

הֹוֶה	**שְׁלֵמִים**	**ל״א**
	סוֹגֵר	קוֹרֵא
	סוֹגֶרֶת	קוֹרֵאת*
	סוֹגְרִים	קוֹרְאִים
	סוֹגְרוֹת	קוֹרְאוֹת

* The vowel pattern of the ל״א הֹוֶה differs from the שְׁלֵמִים only in the feminine singular.

עָתִיד	**שְׁלֵמִים**	**עָתִיד**	**ל״א**
יִסְגֹּר	□ִ□ְ□ֹ□	יִקְרָא	□ִ□ְ□ָ□
אֶסְגֹּר	נִסְגֹּר	אֶקְרָא	נִקְרָא
תִּסְגֹּר	תִּסְגְּרוּ	תִּקְרָא	תִּקְרְאוּ
תִּסְגְּרִי		תִּקְרְאִי	
יִסְגֹּר	יִסְגְּרוּ	יִקְרָא	יִקְרְאוּ
תִּסְגֹּר		תִּקְרָא	
שֵׁם הַפֹּעַל	לִסְגֹּר	**שֵׁם הַפֹּעַל**	לִקְרֹא

תַּרְגִּיל

Fill in the correct form of the verb in each sentence below. Look for a "clue" word or phrase that will tell you what tense to use.

0 אֲנִי לֹא קרא√ קָרָאתִי אֶת זֶה בָּעִתּוֹן בַּשָּׁבוּעַ שֶׁעָבַר.

1 אֵיפֹה הֵם מצא√ __________ אֶת הַכֶּלֶב אֶתְמוֹל?

2 גִּילָה שׂנא√ __________ יַיִן. (הֹוֶה)

3 תַּלְמִידִים, קרא√ __________ אֶת הַפֶּרֶק לַשָּׁבוּעַ הַבָּא!

4 כַּאֲשֶׁר הַמַּלְאָכִים בָּאוּ, שָׂרָה יצא√ __________ מִן הָאֹהֶל.

5 בְּרֵאשִׁית ברא√ __________ אֱלֹהִים אֶת הַשָּׁמַיִם וְאֶת הָאָרֶץ.

6 אֲנַחְנוּ קרא√ __________ אֶת הַשִּׁיר מָחָר.

7 דָּנִי, מצא√ __________ אֶת הַכּוֹבַע אֶתְמוֹל?

8 הַבַּחוּרִים יצא√ __________ אֶתְמוֹל בִּשְׁמוֹנֶה.

9 דִּינָה, אַל קרא√ __________ עַכְשָׁו!

10 אֲנִי מצא√ __________ אֶת הָאֲפִיקוֹמָן בַּשָּׁנָה הַבָּאָה!

אֲנִי יוֹשֵׁב עַל שְׂפַת[1] הָרְחוֹב

[1] edge

מֵאֵת נָתָן זַךְ

אֲנִי יוֹשֵׁב עַל שְׂפַת הָרְחוֹב
וּמִסְתַּכֵּל[1] בָּאֲנָשִׁים.
הֵם אֵינָם יוֹדְעִים
שֶׁאֲנִי בָּהֶם מִסְתַּכֵּל.

[1] look

הַאִם כָּךְ מִסְתַּכֵּל בָּנוּ הָאֵל,
מִבְּלִי שֶׁנַּרְגִּישׁ[1] דָּבָר, מִבְּלִי שֶׁנָּבִין[2]
מִבְּלִי שֶׁנִּשְׁאַל?

[1] we will feel [2] understand

אֵינֶנִּי יוֹדֵעַ.
יֵשׁ דְּבָרִים רַבִּים שֶׁאֲנִי שׁוֹאֵל.
לְפִי שָׁעָה[1]
אֲנִי יוֹשֵׁב עַל שְׂפַת הָרְחוֹב
וּמִסְתַּכֵּל.

[1] for the moment

תַּעֲנוּ עַל הַשְּׁאֵלוֹת.

1 מָה עוֹשֶׂה הָאִישׁ בָּרְחוֹב?
2 מַה חוֹשֵׁב הָאִישׁ כַּאֲשֶׁר הוּא מִסְתַּכֵּל בָּאֲנָשִׁים?
3 מִי מִסְתַּכֵּל בְּמִי?
4 הָאִישׁ אוֹמֵר: "אֵינֶנִּי יוֹדֵעַ." מַה הוּא אֵינוֹ יוֹדֵעַ?

מִי יִתֵּן וְיָכֹלְנוּ לְהַרְגִּישׁ מַה שֶּׁאָנוּ מְבִינִים; מִי יִתֵּן וְיָכֹלְנוּ לְהָבִין מַה שֶּׁאָנוּ מַרְגִּישִׁים.

I wish we could feel what we understand, and understand what we feel.
(David Shimoni, Hebrew poet)

תַּרְגִּילִים לַחֲזָרָה

א. תִּכְתְּבוּ בִּשְׁתֵּי מִלִּים.

These words appear in the רות story. Break them down into the noun and the declined preposition.

0 שְׁמוֹ ______ הַשֵּׁם שֶׁלּוֹ

1 אִשְׁתּוֹ ______ 7 אִישֵׁךְ ______

2 בָּנָיו ______ 8 אֱלֹהַיִךְ ______

3 עַמֵּךְ ______ 9 מַעֲשַׂיִךְ ______

4 אַרְצָהּ ______ 10 קוֹצְרַי ______

5 אִמֵּךְ ______ 11 אָבִיהָ ______

6 בְּנִי ______ 12 בִּתִּי ______

ב. תַּשְׁלִימוּ אֶת הַמִּשְׁפָּטִים.

0 הָלַכְתִּי לְבַקֵּר אֶת ___דּוֹדוֹ___. his uncle

דּוֹדָהּ דּוֹדָיו דּוֹדוֹ דּוֹדַי

1 אַתָּה עוֹשֶׂה אֶת ______. your (m.) work

עֲבוֹדָתְךָ עֲבוֹדָתוֹ עֲבוֹדָתֵךְ עֲבוֹדַתְכֶם

2 הַאִם קִבַּלְתֶּם אֶת ______? your newspapers

עִתּוֹנְכֶם עִתּוֹנֵיכֶם עִתּוֹנֵיהֶם עִתּוֹנַיִךְ

3 __________ גָּדוֹל וְיָפֶה מְאֹד. our garden

גַּנֵּינוּ גַּנָּם גַּנִּי גַּנֵּנוּ

4 __________ הַחֲדָשָׁה הָיְתָה אֲדֻמָּה. her dress

שִׂמְלָתָהּ שִׂמְלָתֵךְ שִׂמְלָתְךָ שִׂמְלָתוֹ

5 הֵם שָׂמוּ אֶת הָעֻגִיּוֹת בְּ __________. their bags

שַׂקָּם שַׂקֵּיהֶם שַׂקֵּיכֶם שַׂקֵּיכֶן

6 אֵיפֹה קָנִיתָ אֶת __________ הַיָּפוֹת. your pictures

תְּמוּנוֹתַיִךְ תְּמוּנוֹתֵיכֶם תְּמוּנוֹתֵךְ תְּמוּנוֹתֶיךָ

7 הָלַכְתִּי לְטַיֵּל עִם __________. my friend

חֲבֵרִי חֲבֶרְךָ חֲבֵרַי חֲבֵרוֹ

8 אֲנִי אוֹהֵב לִשְׁמֹעַ אֶת __________. their (f.) songs

שִׁירֵיכֶם שִׁירֵיכֶן שִׁירֵיהֶם שִׁירֵיהֶן

9 הוּא אוֹכֵל אֶת כָּל __________ בַּמִּסְעָדָה. his meals

אֲרוּחָתוֹ אֲרוּחוֹתֵיהֶם אֲרוּחוֹתָיו אֲרוּחוֹתַי

ג. תַּשְׁלִימוּ אֶת הַמִּשְׁפָּטִים. Use declined .אֶת

0 מִי רָאָה אֶת הַכּוֹבָעִים? אֲנִי רָאִיתִי __אוֹתָם__.

1 מִי חָלַם אֶת הַחֲלוֹם? פַּרְעֹה חָלַם __________.

2 מִי רָצָה לִרְאוֹת אוֹתִי? יוֹסֵף רָצָה לִרְאוֹת __________ אֶתְמוֹל.

3 מִי חִבֵּר אֶת הַסְּפָרִים הָעִבְרִיִּים? הַיְּהוּדִי הָרוּסִי חִבֵּר __________.

4 מִי שָׁמַע אוֹתִי וְאֶת עָמִיר בַּטֶּלֶפוֹן? הָאָב שָׁמַע __________.

5 מִי רוֹצֶה לִפְגֹּשׁ אֶת צִפּוֹרָה מָחָר? אֲנִי רוֹצֶה לִפְגֹּשׁ __________.

ד. The sentence ________ הוא לָמַד can be completed with a variety of prepositions. In the following list there are two prepositions which cannot be used to make a meaningful sentence. Circle them. Complete the sentences with each of the remaining prepositions and translate them into English.

עִמּוֹ / עָלָיו / בּוֹ / אֶצְלוֹ / מִמֶּנּוּ / בֵּינוֹ / לְפָנָיו

כָּמוֹהוּ / אֵלָיו / בִּשְׁבִילוֹ / לְבָדוֹ / עַל־יָדוֹ / אִתּוֹ

0 הוא לָמַד ___עִמּוֹ.___ He studied with him.

1 הוא לָמַד ________ ________________

2 הוא לָמַד ________ ________________

3 הוא לָמַד ________ ________________

4 הוא לָמַד ________ ________________

5 הוא לָמַד ________ ________________

6 הוא לָמַד ________ ________________

7 הוא לָמַד ________ ________________

8 הוא לָמַד ________ ________________

9 הוא לָמַד ________ ________________

10 הוא לָמַד ________ ________________

מעשה באדם שהיה לתרנגול־הודו

לפי ר׳ נחמן מִבְּרֶסלַב

סיפור על בן־מלך שהיה למשוגע וחשב שהוא תרנגול־הודו. הוא פשט את כל בגדיו, ישב תחת השולחן ואכל רק חיטה. אביו, המלך, קרא לרופאים, אבל הם לא יכלו לעזור לַבן.

בא חכם אל המלך ואמר: "אני יכול לעזור לבִנְךָ."
מה עשה החכם? גם הוא פשט את כל בגדיו, ישב תחת השולחן על־יד בן־המלך ואכל חיטה.
שאל בן־המלך: "מי אתה ומה אתה עושה פֹּה?"
שאל החכם: "מי אתה ומה אתה עושה פֹּה?"
ענה בן־המלך: "אני תרנגול־הודו."
אמר החכם: "גם אני תרנגול־הודו."
כך ישבו שני ה"תרנגולים" והיו לחברים טובים.

יום אחד לבש החכם חולצה.
שאל בן־המלך: "מה אתה עושה, אחי?"
ענה החכם: "גם תרנגול־הודו יכול ללבוש חולצה. אני לובש חולצה ובכל זאת אני תרנגול־הודו."
שׂמח בן־המלך וגם הוא לבש חולצה.

אחרי כמה ימים לבש החכם מכנסיים.
שאל בן־המלך: "מה אתה עושה, אחי?"
ענה החכם: "גם תרנגול־הודו יכול ללבוש מכנסיים. אני לובש מכנסיים, ובכל זאת אני תרנגול־הודו."
שׂמח בן־המלך וגם הוא לבש מכנסיים.

כך עברו הימים, עד שלָבש החכם את כל בגדיו, וגם בן־המלך לבש את כל בגדיו. יום אחד אכל החכם לחם ובשר.
שאל בן־המלך: "מה אתה עושה, אחי?"
ענה החכם: "גם תרנגול־הודו יכול לאכול אוֹכֶל טוב. אני אוֹכֵל אוֹכֶל טוב, ובכל זאת אני תרנגול־הודו."
שׂמח בן־המלך וגם הוא אכל אוֹכֶל טוב.

יום אחד קם החכם וישב על־יד השולחן.
אמר החכם: ״גם תרנגול־הודו יכול לקום, לשבת, ללכת ברחוב, לעשות כל דבר שהוא רוצה.״
שׂמח בן־המלך, קם מתחת לשולחן, וישב על־יד החכם. ומאז עושה בן־המלך כמו כל בן־אדם.

וכך הצדיק – כל יום הוא עושה דברים שעושים בני אדם, ומתנהג כבני אדם. כדי לקָרֵב את בני האדם לעבודת השם.

תבואת השגָעון

פעם אחת אמר המלך למִשְנֶה־למלך: ״אני מֵבין בכוכָבים ומַזָלות, ואני למדתי מן הכוכבים שכל אדם שיֹאכל מתבואת השנה הזאת יהיה למשֻגע! ואין דַי תבואה מן השנה שעברה לכל העולם. מה לעשות?״

אמר המשנה־למלך: ״אדונִי המלך, כך אני מְיָעֵץ: אנחנו – אני ואתה – נֹאכל מתבואת השנה שעברה, ולא של השנה הזאת. ואנחנו לא נהיה למשֻגעים.״
ענה המלך: ״זאת לא עֵצה טובה. כל העולם יהיה משגע ואנחנו לא. לָכן כל העולם יאמר שאנחנו משגעים.״

אמר המשנה־למלך: ״מה דַעְתך, אדוני המלך?״
ענה המלך: ״חברי הטוב, אין לנו ברירה. גם אנחנו נאכל מתבואת השנה הזאת וגם אנחנו נהיה למשֻגעים. אבל, נהיה שונים מכל המשֻגעים האחֵרים. אנחנו נידע שאנחנו משֻגעים.״

שאל המשנה־למלך: ״אם נהיה למשֻגעים, איך נידע זאת?״
ענה המלך: ״אנחנו נכתב אות על ראשינו שאנחנו משֻגעים, ובכל פעם שאני אראה אותך ואתה תראה אותי, נידע שאנחנו משֻגעים.״

יְחִידָה 4

דָּם וָמַיִם

מֵאֵת יוֹנָתָן בֶּנֶד

א

¹bench	עָמַדְתִּי עַל־יַד סַפְסָל¹ בֵּית־הַכְּנֶסֶת.
¹tired	הָיִיתִי עָיֵף¹ וְרָעֵב מְאֹד. קוֹל הַחַזָּן הִגִּיעַ לְאָזְנִי.
	כְּבָר שָׁמַעְתִּי אֶת הַקּוֹל שֶׁבַע שָׁעוֹת.
	הַשָּׁעָה הָיְתָה אַרְבַּע, וּבְעוֹד שָׁלוֹשׁ שָׁעוֹת יַגִּיעַ הַסּוֹף.
	"רַק עוֹד שָׁלוֹשׁ שָׁעוֹת," חָשַׁבְתִּי, "אֲבָל מַיִם... אֲנִי
	צָרִיךְ מַיִם... אֲנִי כָּל־כָּךְ צָמֵא... רַק עוֹד שָׁלוֹשׁ שָׁעוֹת."

5

¹telegram	"דָּנִי, דָּנִי, יֵשׁ לִי מִבְרָק¹ בִּשְׁבִילְךָ." רָאִיתִי אֶת
	חֲבֵרִי יוֹאָב עוֹמֵד לְפָנַי וּמִבְרָק בְּיָדוֹ.
	"מַה פִּתְאֹם?" שָׁאַלְתִּי בְּלַחַשׁ, "מִבְרָק הַיּוֹם?"
	"לֹא שָׁמַעְתָּ?" שָׁאַל יוֹאָב. "לִפְנֵי שָׁעָתַיִם הִתְחִילָה
¹trembling	מִלְחָמָה בַּגּוֹלָן וּבְסִינַי." בְּיָדַיִם רוֹעֲדוֹת¹ לָקַחְתִּי
	אֶת הַמִּבְרָק מִיּוֹאָב וְקָרָאתִי אוֹתוֹ:
	לְכֹהֵן דָּנִי, רְחוֹב הָרַב בֶּרְלִין 52, יְרוּשָׁלַיִם.
¹station ²train	בְּשָׁעָה 17:00 בְּתַחֲנַת¹ הָרַכֶּבֶת².
¹Southern Command	פִּקּוּד הַדָּרוֹם¹.
Israel Defense Army	צְבָא הֲגָנָה לְיִשְׂרָאֵל. (צַהַ"ל)

10

15

ב

אֶתְמוֹל יָשַׁבְתִּי בְּבֵית-הַכְּנֶסֶת וְהִתְפַּלַּלְתִּי, וְעַכְשָׁו אֲנִי
יוֹשֵׁב עַל הַטַּנְק שֶׁלִּי בְּחוֹלוֹת[1] מִדְבַּר סִינַי.

[1] sands

יָשַׁבְתִּי עַל הַטַּנְק וְשָׁתִיתִי כּוֹס קָפֶה. בַּמַּעֲרָב[1] הָיָה

[1] west

חֹשֶׁךְ. אֲבָל בַּמִּזְרָח[1] רָאִיתִי אֶת אוֹר הַשֶּׁמֶשׁ. הָיָה נָעִים

[1] east

20

לָשֶׁבֶת בְּשֶׁקֶט וְלִרְאוֹת אֶת אוֹר הַבֹּקֶר. שָׁתִיתִי עוֹד
קָפֶה וְנִרְדַּמְתִּי[1] לְכַמָּה[2] דַּקּוֹת. כְּשֶׁקַּמְתִּי רָאִיתִי

[1] dozed off [2] a few

שֶׁהַכּוֹס נָפְלָה עַל הַחוֹל. לֹא חָשׁוּב, חָשַׁבְתִּי, עוֹד מְעַט[1]

[1] very soon

אֲקַבֵּל עוֹד מַשֶּׁהוּ[1] לִשְׁתּוֹת.

[1] something

הַשֶּׁמֶשׁ עָלְתָה בַּשָּׁמַיִם וְהַחוֹל מִסָּבִיב הָיָה אָדֹם, כְּמוֹ

25

דָּם, חָשַׁבְתִּי. שָׁמַעְתִּי אֶת הַחֶבְרֶ'ה[1] בְּתוֹךְ הַטַּנְק.

[1] guys

"דָּנִי!" קָרָא שִׁמְעוֹן, "מָתַי יָבִיאוּ[1] אֶת הָאֹכֶל?

[1] will bring

אֲנִי כָּל-כָּךְ רָעֵב."

"אָמְרוּ שֶׁהָאֹכֶל יַגִּיעַ בְּשֵׁשׁ," עָנִיתִי לוֹ.

"זֹאת אוֹמֶרֶת[1] שֶׁהָאֹכֶל יַגִּיעַ בְּשֶׁבַע," אָמַר רְאוּבֵן.

[1] in other words

30

"לֹא," צָחַקְתִּי וְאָמַרְתִּי, "הָאֹכֶל יַגִּיעַ בִּשְׁמוֹנֶה."
כֻּלָּנוּ צָחַקְנוּ.

"נוּ, מַה עַל הַמִּלְחָמָה שֶׁלָּנוּ?" שָׁאַל שִׁמְעוֹן.
פִּתְאֹם שָׁמַעְנוּ רַעַשׁ גָּדוֹל. "אֲנִי חוֹשֵׁב שֶׁבִּמְקוֹם[1] אֹכֶל

[1] instead of

בָּאִים טַנְקִים," עָנִיתִי.

35

"שֶׁלָּנוּ אוֹ שֶׁלָּהֶם?"

"כֻּלָּם לָרֶדֶת[1], לָרֶדֶת לַטַּנְק!" צָעַקְתִּי.

[1] to go down

פְּגָזִים[1] מִתְפּוֹצְצִים[2] מִסָּבִיב[3] לַטַּנְק.

[1] shells [2] explode [3] around

נָתַתִּי פְּקוּדוֹת[1]: "50 מַעֲלוֹת[2] יָמִין[3].

[1] orders [2] degrees [3] right

15 מַעֲלוֹת לְמַעְלָה[1]. זֶהוּ בְּדִיּוּק. אֵשׁ!"

40

[1] above

הִתְפּוֹצְצוּת. טַנְק מִצְרִי עוֹלֶה בָּאֵשׁ.

"בּוּל!" קָרָאתִי בְּשִׂמְחָה. "עַכְשָׁו 10 מַעֲלוֹת שְׂמֹאלָה[1]."

[1] to the left

הָיִינוּ שְׁנֵי טַנְקִים יִשְׂרְאֵלִיִּים נֶגֶד[1] תִּשְׁעָה
[1]against

טַנְקִים מִצְרִיִּים. מִסְפַּר הַטַּנְקִים הָלַךְ וְקָטַן[1].
[1]became smaller

בְּסוֹף שָׁעָה הָיוּ שְׁלוֹשָׁה. בְּכָל מָקוֹם שֶׁפָּנִיתִי[1]
45
[1]I turned

רָאִיתִי טַנְקִים בּוֹעֲרִים[1] בָּאֵשׁ. פִּתְאֹם רָאִיתִי אֵשׁ
[1]burning

עוֹלָה מִן הַטַּנְק הַשֵּׁנִי שֶׁלָּנוּ וְיָדַעְתִּי שֶׁאֲנַחְנוּ לְבַד

נֶגֶד שְׁלוֹשָׁה טַנְקִים מִצְרִיִּים.

"חַבְרֶ'ה, 20 מַעֲלוֹת שְׂמֹאלָה. 10 מַעֲלוֹת לְמַעְלָה.

בְּדִיּוּק. אֵשׁ!" עוֹד בּוּל, חָשַׁבְתִּי בְּלִבִּי, וּפִתְאֹם
50

שָׁמַעְתִּי רַעַשׁ גָּדוֹל וְהַכֹּל הָיָה שָׁחוֹר.

ג

"דָּנִי, דָּנִי, אַתָּה שָׁם?" שָׁאַל שִׁמְעוֹן. לְאַט לְאַט[1]
[1]slowly

פָּתַחְתִּי אֶת עֵינַי. רָאִיתִי פָּנִים שְׁחוֹרוֹת מֵחוֹל וְנֵפְט[1].
[1]oil

"מַה קָּרָה?" שָׁאַלְתִּי בְּלַחַשׁ.

"דָּנִי, אַתָּה בְּסֵדֶר? פָּגָז מִצְרִי פָּגַע[1] בַּטַּנְק."
55
[1]struck

"הַבֶּטֶן[1] כּוֹאֶבֶת[2] לִי."
[1]stomach [2]hurts

"דָּנִי, אַתָּה בְּסֵדֶר? חֵלֶק מֵהַפָּגָז הַמִּצְרִי פָּגַע בְּךָ קָשֶׁה."

רָאִיתִי מִסָּבִיב שֶׁהַחוֹל הָיָה מָלֵא דָּם. הַדָּם שֶׁלִּי, חָשַׁבְתִּי.

"תִּרְאֶה, שִׁמְעוֹן, כַּמָּה אָדֹם הַחוֹל. לֹא חָשׁוּב.

מַה קָּרָה לָאֲחֵרִים?"
60

"מֵתוּ, כֻּלָּם מֵתוּ," עָנָה שִׁמְעוֹן.

"שִׁמְעוֹן, אֲנִי צָמֵא, צָמֵא מְאֹד. יֵשׁ מַיִם?"

"עוֹד מְעַט דָּנִי, הִתְקַשַּׁרְתִּי[1] בָּרַדְיוֹ.
[1]I contacted

יֵשׁ הַרְבֵּה פְּצוּעִים[1]. הַהֶלִיקוֹפְּטֶר יָבוֹא בְּעוֹד
[1]wounded

שָׁלוֹשׁ שָׁעוֹת. תִּשְׁכַּב בְּשֶׁקֶט, הַכֹּל יִהְיֶה בְּסֵדֶר.
65

עוֹד כַּמָּה שָׁעוֹת יַגִּיעַ הַהֶלִיקוֹפְּטֶר."

"עוֹד שָׁלוֹשׁ שָׁעוֹת, רַק עוֹד שָׁלוֹשׁ שָׁעוֹת," חָשַׁבְתִּי וְנִרְדַּמְתִּי.

"עוֹד שָׁלוֹשׁ שָׁעוֹת..."

מִלּוֹן

blood	דָּם
tired	עָיֵף – עיף√
trembling	רוֹעֲדוֹת – רעד√
station	תַּחֲנָה
train	רַכֶּבֶת
sand	חוֹל, חוֹלוֹת
dozed off	נִרְדַּמְתִּי – רדם√
a few	כַּמָּה
something	מַשֶּׁהוּ
will bring	יָבִיא – בוא√
instead of	בִּמְקוֹם
explode	מִתְפּוֹצְצִים – פצץ√
around	מִסָּבִיב ל...
orders	פְּקוּדוֹת
struck	פָּגַע בּ... פגע√
stricken, wounded	פְּגוּעִים
wounded	פְּצוּעִים
against	נֶגֶד
stomach	בֶּטֶן
hurts	כּוֹאֶבֶת – כאב√
contacted	הִתְקַשַּׁרְתִּי – קשר√
Egyptian	מִצְרִי
oil	נֵפְט

בִּטּוּיִים

slowly	לְאַט לְאַט
very soon	עוֹד מְעַט
unimportant	לֹא חָשׁוּב
in other words	זֹאת אוֹמֶרֶת
on target	בּוּל
guys, gang	חֶבְרֶ'ה

כִּוּוּנִים Directions

לְמַעְלָה	up, above	מִזְרָח	east
לְמַטָּה	down, below	מַעֲרָב	west
יָמִין	right	צָפוֹן	north
שְׂמֹאל	left	דָּרוֹם	south

תַּרְגִּילִים בַּהֲבָנַת הַסִּפּוּר

א. תְּסַמְּנוּ (mark) אֶת הַמִּשְׁפָּט **הַלֹּא־נָכוֹן** בְּכָל קְבוּצָה.

1 בְּיוֹם כִּפּוּר דָּנִי צָם (fasted) וְהָיָה צָמֵא מְאֹד.
2 בְּיוֹם כִּפּוּר דָּנִי הִתְפַּלֵּל בְּמִדְבַּר סִינַי.
3 בְּיוֹם כִּפּוּר דָּנִי קִבֵּל מִבְרָק.
4 בְּיוֹם כִּפּוּר הִתְחִילָה הַמִּלְחָמָה.

1 דָּנִי אוֹהֵב לָשֶׁבֶת בַּמִּדְבָּר וְלִרְאוֹת אֶת אוֹר הַשֶּׁמֶשׁ.
2 דָּנִי שָׁמַר עַל הַטַּנְקִים בַּמִּדְבָּר.
3 דָּנִי נָסַע לְמִדְבַּר סִינַי לְחֹפֶשׁ.
4 דָּנִי חָשַׁב שֶׁאוֹר הַשֶּׁמֶשׁ נִרְאָה כְּדָם.

1 פְּגָזִים הִתְפּוֹצְצוּ מִסָּבִיב לַטַּנְק.
2 דָּנִי נָתַן פְּקוּדוֹת לַחַיָּלִים לִירוֹת (to shoot) עַל הַמִּצְרִים.
3 הָיוּ שְׁנֵי טַנְקִים מִצְרִיִּים נֶגֶד תִּשְׁעָה טַנְקִים יִשְׂרְאֵלִיִּים.
4 דָּנִי קָרָא "בּוּל", כַּאֲשֶׁר טַנְק מִצְרִי עָלָה בָּאֵשׁ.

1 פָּגָז מִצְרִי פָּגַע בַּטַּנְק שֶׁל דָּנִי.
2 הַהֶלִיקוֹפְּטֶר הִגִּיעַ מִיָּד.
3 דָּנִי הָיָה צָמֵא מְאֹד כִּי חֵלֶק מִן הַפָּגָז הַמִּצְרִי פָּגַע בּוֹ.
4 דָּנִי צָרִיךְ לְחַכּוֹת עוֹד שָׁלוֹשׁ שָׁעוֹת.

ב. Fill in the blank with the correct direction.

צָפוֹנָה דָּרוֹמָה מִזְרָחָה מַעֲרָבָה

The addition of ◻ָה means *in the direction of*.

0 קָנָדָה הִיא ___צָפוֹנָה___ לְאַרְצוֹת־הַבְּרִית.

1 מִדְבַּר סִינַי הוּא ________ לִבְאֵר־שֶׁבַע.

2 לְבָנוֹן הִיא ________ לְיִשְׂרָאֵל.

3 יַרְדֵּן הִיא ________ לְיִשְׂרָאֵל.

4 יִשְׂרָאֵל הִיא ________ לְיַרְדֵּן.

5 תֵּל־אָבִיב הִיא ________ לְחֵיפָה.

6 הַיָּם הַתִּיכוֹן הוּא ________ לְיִשְׂרָאֵל.

לְבָנוֹן
חֵיפָה
יָם כִּנֶּרֶת
הַיָּם הַתִּיכוֹן
תֵּל-אָבִיב
יְרוּשָׁלַיִם
יָם-הַמֶּלַח
בְּאֵר-שֶׁבַע
יִשְׂרָאֵל
מִדְבַּר סִינַי

צָפוֹן
מִזְרָח
מַעֲרָב
דָּרוֹם

ג.   תַּעֲנוּ עַל כָּל שְׁאֵלָה בְּמִשְׁפָּט שָׁלֵם.

0   מַה שֵׁם־הַמִּשְׁפָּחָה שֶׁל דָּנִי?

שֵׁם הַמִּשְׁפָּחָה שֶׁלּוֹ הוּא כֹּהֵן.
_____

1   אֵיפֹה גָּר דָּנִי?

_____

2   מַה קִבֵּל דָּנִי בְּבֵית־הַכְּנֶסֶת?

_____

3   מָתַי הִתְחִילָה הַמִּלְחָמָה?

_____

4   אֵיפֹה הָיְתָה הַמִּלְחָמָה?

_____

5   אֵיפֹה נִלְחַם (fought) דָּנִי?

_____

6   בַּקְּרָב (in the battle), כַּמָּה טַנְקִים הָיוּ יִשְׂרְאֵלִיִּים?

_____

7   בַּקְּרָב, כַּמָּה טַנְקִים הָיוּ מִצְרִיִּים?

_____

8   אֵיפֹה נִפְגַּע דָּנִי?

_____

9 בְּהַתְחָלַת הַסִּפּוּר כְּשֶׁדָּנִי אוֹמֵר: "עוֹד שָׁלוֹשׁ שָׁעוֹת..." לָמָּה הוּא חִכָּה?

---

10 וּבְסוֹף הַסִּפּוּר כְּשֶׁדָּנִי עוֹד פַּעַם אוֹמֵר: "עוֹד שָׁלוֹשׁ שָׁעוֹת..." לָמָּה הוּא חִכָּה?

The arid areas of Israel are now producing crops

Stative Verbs

In Hebrew, a number of **verbs** are **used as adjectives** when they appear in the **present tense**. They are called **stative** or descriptive verbs, and help define or describe the subject.

Stative verbs have their own **vowel pattern**.

□ְ□ֵ□וֹת	□ְ□ֵ□ִים	□ְ□ֵ□ָה	□ָ□ֵ□
רְעֵבוֹת	רְעֵבִים	רְעֵבָה	רָעֵב

Here are some common stative verbs.

old	זָקֵן	fat	שָׁמֵן	hungry	רָעֵב
full	מָלֵא	heavy	כָּבֵד	thirsty	צָמֵא
happy	שָׁמֵחַ	tired	עָיֵף	sleeping	יָשֵׁן

Note the **changed vowel pattern** of these two stative verbs.

עָיֵף עֲיֵפָה עֲיֵפִים עֲיֵפוֹת

שָׁמֵחַ שְׁמֵחָה שְׁמֵחִים שְׁמֵחוֹת

תַּרְגִּיל

Complete each sentence with the correct form of one of the stative verbs given below.

רָעֵב / צָמֵא / זָקֵן / שָׁמֵן / יָשֵׁן

1 כְּשֶׁאֵין אֹכֶל הַיֶּלֶד ________ וְגַם הַיַּלְדָּה ________.

2 כְּשֶׁאֵין אֹכֶל בָּעוֹלָם אֲנָשִׁים ________ וְלִפְעָמִים הֵם מֵתִים מֵרָעָב.

3 כְּשֶׁאֵין מַה לִשְׁתּוֹת הוּא ________ וְגַם הִיא ________.

4 בְּיוֹם־כִּפּוּר הַיְלָדוֹת ________, וּ________.

5 בַּלַּיְלָה הוּא ________ בַּמִּטָּה.

6 בַּלַּיְלָה גַּם אַתֶּם ________ בַּמִּטּוֹת?

7 הִיא ________ כִּי הִיא אוֹכֶלֶת הַרְבֵּה.

8 אִישׁ בֶּן 75, הוּא ________.

9 אִשָּׁה בַּת 75, הִיא ________.

10 אֲנָשִׁים בְּנֵי 90 הֵם ________ מְאֹד.

לִבִּי בְמִזְרָח, וַאֲנִי בְּסוֹף מַעֲרָב.

This is a line from a poem by Judah Halevi, a medieval Hebrew poet who lived in Spain. What is the poet saying?

בִּנְיַן הִתְפַּעֵל

בִּנְיַן הִתְפַּעֵל conveys the idea of reflexive or reciprocal action.

Reflexive action: The person is acting upon himself.

He dresses himself.	הוּא מִתְלַבֵּשׁ.
He washes himself.	הוּא מִתְרַחֵץ.

Reciprocal action: Two or more parties are inter-acting.

They kissed each other.	הֵם הִתְנַשְּׁקוּ.
They saw each other.	הֵם הִתְרָאוּ.
They wrote to each other. (corresponded)	הֵם הִתְכַּתְּבוּ.

The הִתְפַּעֵל can also act as the **passive of the פִּעֵל**.

He asked him to come.	הוּא בִּקֵּשׁ מִמֶּנּוּ לָבוֹא. (פִּעֵל)
He was asked to come.	הוּא הִתְבַּקֵּשׁ לָבוֹא. (הִתְפַּעֵל)

He educated his sons.	הוּא חִנֵּךְ אֶת בָּנָיו. (פִּעֵל)
They were educated in their father's home.	הֵם הִתְחַנְּכוּ בְּבֵית אֲבִיהֶם. (הִתְפַּעֵל)

Since the usual meaning of הִתְפַּעֵל is **reflexive**, a verb in this בִּנְיָן **cannot have an object**.

He washed the dog.	הוּא רָחַץ אֶת הַכֶּלֶב.
He washed himself.	הוּא הִתְרַחֵץ.

The **verb** in the הִתְפַּעֵל can be **followed by an adverb**.

He washed himself <u>today</u>.	הוּא הִתְרַחֵץ הַיּוֹם.

The **verb** in the הִתְפַּעֵל can be **followed by a prepositional phrase**.

He washed himself <u>with soap</u>.	הוּא הִתְרַחֵץ בְּסַבּוֹן.

When the **verb** in the הִתְפַּעֵל has a **reciprocal meaning** it is often **followed by the prepositional phrase beginning with עִם**.

He corresponded with the doctor. הוּא הִתְכַּתֵּב עִם הָרוֹפֵא.
He communicated with the family. הוּא הִתְקַשֵּׁר עִם הַמִּשְׁפָּחָה.
(got in touch with)

The הִתְפַּעֵל is formed by adding a prefix to the basic pattern ☐ ☐ֵּ ☐ַ.
The base form of בִּנְיַן הִתְפַּעֵל is הִתְ☐ַ☐ֵּ☐.

הוּא הִתְפַּלֵּל	☐ַ☐ֵּ☐	הִתְ	**עָבָר**
הוּא מִתְפַּלֵּל		מִתְ	**הֹוֶה**
הוּא יִתְפַּלֵּל		אֶתְ, תִּתְ, יִתְ, נִתְ	**עָתִיד**

Note: The second root letter always has a *dagesh* in הִתְפַּעֵל.

Conjugation of √לבשׁ **in** בִּנְיַן הִתְפַּעֵל.

עָתִיד		**הֹוֶה**	**עָבָר**
אֶתְלַבֵּשׁ		מִתְלַבֵּשׁ	הִתְלַבַּשְׁתִּי
תִּתְלַבֵּשׁ		מִתְלַבֶּשֶׁת	הִתְלַבַּשְׁתָּ
תִּתְלַבְּשִׁי		מִתְלַבְּשִׁים	הִתְלַבַּשְׁתְּ
יִתְלַבֵּשׁ		מִתְלַבְּשׁוֹת	הִתְלַבֵּשׁ
תִּתְלַבֵּשׁ			הִתְלַבְּשָׁה
נִתְלַבֵּשׁ			הִתְלַבַּשְׁנוּ
תִּתְלַבְּשׁוּ			הִתְלַבַּשְׁתֶּם
יִתְלַבְּשׁוּ			הִתְלַבַּשְׁתֶּן
			הִתְלַבְּשׁוּ
לְהִתְלַבֵּשׁ	**שֵׁם הַפֹּעַל**		הִתְלַבְּשׁוּ

Roots beginning with the consonants ז ס צ שׂ שׁ require a **modification of the consonants** in הִתְפַּעֵל.

הִסְתַּכֵּל	√סכל
הִשְׁתַּדֵּל	√שדל
הִשְׁתַּגֵּעַ	√שגע
הִזְדַּקֵּן	√זקן
הִצְטָרֵךְ	√צרך

Common הִתְפַּעֵל verbs

settled, sat down	הִתְיַשֵּׁב בּ	washed himself	הִתְרַחֵץ בּ
was asked	הִתְבַּקֵּשׁ ל	dried himself	הִתְנַגֵּב בּ
was accepted	הִתְקַבֵּל ל	became wet	הִתְרַטֵּב
assembled	הִתְכַּנֵּס בּ, עִם	prayed	הִתְפַּלֵּל
corresponded	הִתְכַּתֵּב עִם	came near	הִתְקָרֵב אֶל
dressed himself	הִתְלַבֵּשׁ בּ	divorced	הִתְגָּרֵשׁ מִן
undressed himself	הִתְפַּשֵּׁט	rolled	הִתְגַּלְגֵּל
behaved	הִתְנַהֵג כּ	yearned, longed for	הִתְגַּעְגֵּעַ אֶל
married	הִתְחַתֵּן עִם	woke up	הִתְעוֹרֵר
fell in love	הִתְאַהֵב בּ, עִם	became crazy	הִשְׁתַּגֵּעַ מִן
contacted	הִתְקַשֵּׁר עִם	tried	הִשְׁתַּדֵּל
attacked	הִתְנַפֵּל עַל	looked at	הִסְתַּכֵּל בּ
kissed each other	הִתְנַשֵּׁק עִם	grew old	הִזְדַּקֵּן
became angry	הִתְרַגֵּז עַל	had to, must	הִצְטָרֵךְ
kept at a distance	הִתְרַחֵק מִן		

תַּרְגִּילִים

א.   Remember the *dagesh* in the 2nd root-letter. תְּמַלְאוּ אֶת הַטַּבְלָה.

הֹוֶה

פלל√	כתב√	קשר√	לבש√
			מִתְלַבֵּשׁ
			מִתְלַבֶּשֶׁת
			מִתְלַבְּשִׁים
			מִתְלַבְּשׁוֹת

ב. תִּכְתְּבוּ כָּל פֹּעַל בְּהֹוֶה, הִתְפַּעֵל.

0 מָה עוֹשֶׂה יֶלֶד קָטָן כְּשֶׁהוּא כּוֹעֵס? הוּא רגז√ מִתְרַגֵּז.

1 מָה עוֹשִׂים יְהוּדִים בְּבֵית־הַכְּנֶסֶת? הֵם פלל√ ________.

2 מָה עוֹשָׂה יַלְדָּה בְּסַבּוֹן (soap) וּמַיִם? הִיא רחץ√ ________.

3 מָה עוֹשִׂים יְלָדִים בִּבְגָדִים? הֵם לבש√ ________.

4 מַה קוֹרֶה כַּאֲשֶׁר יוֹרֵד גֶּשֶׁם? אֲנַחְנוּ רטב√ ________.

5 מָה עוֹשֶׂה חַיָּל בְּטֶלֶפוֹן? הוּא קשר√ ________ הַבַּיְתָה.

6 מָה עוֹשׂוֹת חֲבֵרוֹת בְּמִכְתָּבִים? הֵן כתב√ ________.

Students at the Mount Scopus campus of the Hebrew University of Jerusalem

ג. Make up sentences orally, using a phrase from each column.

א	ב
1 הַיֶּלֶד לוֹבֵשׁ	לְבַד
2 הַיֶּלֶד מִתְלַבֵּשׁ	אֶת הַיָּדַיִם
3 הַיְלָדִים רָחֲצוּ	אֶת הַמְּעִיל
4 הַיְלָדִים הִתְרַחֲצוּ	בְּמַגֶּבֶת (towel)
5 אִמָּא נִגְּבָה	בְּמַיִם וּבְסַבּוֹן
6 אִמָּא מִתְנַגֶּבֶת	אֶת הַשֻּׁלְחָן

יוֹמָן[1] שֶׁל רָמִי – יֶלֶד בֶּן 8

[1]diary

יוֹם א׳

אַבָּא קָנָה לִי יוֹמָן לְיוֹם־הֻלֶּדֶת וְאָמַר לִי לִכְתֹּב כָּל מַה שֶּׁקּוֹרֶה לִי, וְלִכְתֹּב רַק אֶת הָאֱמֶת.

יוֹם ב׳

קַמְתִּי, הִתְרַחַצְתִּי, הִתְלַבַּשְׁתִּי, הָלַכְתִּי לְבֵית־הַסֵּפֶר, חָזַרְתִּי, אָכַלְתִּי, כָּתַבְתִּי שִׁעוּרִים, הִתְפַּשַּׁטְתִּי וְשָׁכַבְתִּי לִישׁוֹן[1]. הָיָה יוֹם מְעַנְיֵן.

[1]to sleep

יוֹם ג׳

קַמְתִּי, הִתְרַחַצְתִּי, הִתְלַבַּשְׁתִּי, הָלַכְתִּי לְבֵית־הַסֵּפֶר, חָזַרְתִּי, אָכַלְתִּי, כָּתַבְתִּי שִׁעוּרִים, שָׁכַבְתִּי לִישׁוֹן. דִּינָה יַלְדָּה יָפָה מְאֹד. שָׂרַפְתִּי לָהּ צַמָּה[1].

[1]braid

יוֹם ד׳

קַמְתִּי, הִתְרַחַצְתִּי, הִתְלַבַּשְׁתִּי, אָכַלְתִּי, הָלַכְתִּי לְבֵית־הַסֵּפֶר. הַיְלָדִים צָעֲקוּ לִי: ״רָמִי וְדִינָה חָתָן[1] וְכַלָּה[1].״ אַחַר־כָּךְ בָּא הַמּוֹרֶה וְהִתְחִיל לִשְׁאֹל אוֹתִי שְׁאֵלוֹת. הִתְרַגַּזְתִּי עָלָיו, הַטִּפֵּשׁ. אֲנִי שׂוֹנֵא אוֹתוֹ. שַׂמְתִּי גְּלִיל־נֶפֶץ[1] בְּשֻׁלְחָן שֶׁלּוֹ וְרַצְתִּי הַבַּיְתָה. אַבָּא יָשַׁב וְקָרָא עִתּוֹן. הוּא שָׁאַל אוֹתִי לָמָּה חָזַרְתִּי מִבֵּית־הַסֵּפֶר. סִפַּרְתִּי לוֹ עַל גְּלִיל־הַנֶּפֶץ. הוּא אָמַר: ״רוּץ לְבֵית־הַסֵּפֶר וּתְבַקֵּשׁ סְלִיחָה!״ אָמַרְתִּי לוֹ: ״אֵיפֹה בֵּית־הַסֵּפֶר?!״

[1]bridegroom

[1]bride

[1]firecracker

יוֹם ה׳

״אָהַבְתִּי גַּם אֹרֶז[1] אָהַבְתִּי גַּם פּוּל[2]
אֲבָל אָהַבְתִּי אֶת דִּינָה יוֹתֵר מִכֹּל.״
דָּחַפְתִּי אוֹתָהּ לַפִּנָּה[1] וְנָתַתִּי לָהּ מַכּוֹת[2] עַל הָרֹאשׁ.

[1]rice [2]beans

[1]corner [2]blows

יוֹם ו׳

קָרָאתִי אֶת הַסֵּפֶר שֶׁאִמָּא קָנְתָה לִי לְיוֹם־הֻלֶּדֶת. פוּיָה!

שַׁבָּת

אָסוּר לִכְתֹּב הַיּוֹם, יוֹפִי!

יוֹם רִאשׁוֹן

אַבָּא וְאִמָּא הָלְכוּ הָעֶרֶב לַקּוֹלְנוֹעַ. אֲחוֹתִי הַגְּדוֹלָה, חַיָּה, הָיְתָה בַּבַּיִת. אִשָּׁה זְקֵנָה. כְּבָר בַּת שְׁמוֹנֶה־עֶשְׂרֵה. חֲצִי שָׁעָה עָמְדָה עַל־יַד הָרְאִי[1]. רָחֲצָה אֲפִילוּ אֶת הָאָזְנַיִם. לָבְשָׁה סְוֶדֶר כָּזֶה...

[1] mirror

אִיצִיק הַצַּנְחָן[1] בָּא בְּתֵשַׁע. אָז שְׁנֵיהֶם הִתְיַשְּׁבוּ עַל הַסַּפָּה[1] וְאִיצִיק הִתְחִיל לְדַגְדֵּג[2] אוֹתָהּ, אֲבָל הִיא לֹא צָחֲקָה. אֲנִי מִשְׁתַּגֵּעַ כְּשֶׁמְּדַגְדְּגִים אוֹתִי כָּכָה.

[1] paratrooper

[1] sofa [2] to tickle

מִלּוֹן

יוֹמָן	diary	חָתָן	bridegroom
לִישׁוֹן – ישן√	to sleep	כַּלָּה	bride
פִּנָּה	corner	אֹרֶז	rice
מַכָּה	blow, slap	סַפָּה	sofa
		רְאִי	mirror

תַּעֲנוּ עַל הַשְּׁאֵלוֹת הָאֵלֶּה בְּעַל־פֶּה (orally).

1 מַה קִבֵּל רָמִי לְיוֹם־הֻלֶּדֶת?
2 לְפִי רָמִי, מַה זֶּה יוֹם מְעַנְיֵן?
3 מַה שָּׂם רָמִי בַּשֻּׁלְחָן שֶׁל הַמּוֹרֶה?
4 כְּשֶׁרָמִי אוֹהֵב יַלְדָּה, מָה הוּא עוֹשֶׂה לָהּ?
5 בַּת כַּמָּה הָאָחוֹת שֶׁל רָמִי?
6 מִי בָּא לְבַקֵּר אֵצֶל הָאָחוֹת?

What does this verse from the Book of Jeremiah mean?

קוֹל שָׂשׂוֹן וְקוֹל שִׂמְחָה, קוֹל חָתָן וְקוֹל כַּלָּה...

תַּרְגִּילִים

א. תַּשְׁלִימוּ אֶת הַטַּבְלָה בְּעָבָר.

גוף	לבש√	ישב√	נפל√	פלל√
אֲנִי	הִתְלַבַּשְׁתִּי			
אַתָּה	הִתְלַבַּשְׁתָּ			
אַתְּ	הִתְלַבַּשְׁתְּ			
הוּא	הִתְלַבֵּשׁ			
הִיא	הִתְלַבְּשָׁה			
אֲנַחְנוּ	הִתְלַבַּשְׁנוּ			
אַתֶּם	הִתְלַבַּשְׁתֶּם			
אַתֶּן	הִתְלַבַּשְׁתֶּן			
הֵם־הֵן	הִתְלַבְּשׁוּ			

A couple of Yemenite descent wearing traditional marriage costumes for their wedding, 1970s

ב. תַּשְׁלִימוּ כָּל מִשְׁפָּט בְּבִנְיָן הִתְפַּעֵל בְּעָבָר.

0 כְּשֶׁהוּא לָבַשׁ אֶת הַבְּגָדִים, הוּא <u>הִתְלַבֵּשׁ</u> _____ לְבַד.

1 כְּשֶׁהִיא רָחֲצָה אֶת הַפָּנִים שֶׁלָּהּ, הִיא _____ בְּמַיִם וּבְסַבּוֹן.

2 כְּשֶׁאֲנִי נִגַּבְתִּי אֶת הַיָּדַיִם, אֲנִי _____ בַּמַּגֶּבֶת שֶׁלוֹ.

3 הֵם יוֹשְׁבִים בַּקִּבּוּץ. הֵם _____ שָׁם לִפְנֵי הַרְבֵּה שָׁנִים.

4 כְּשֶׁאֲנַחְנוּ כָּתַבְנוּ מִכְתָּבִים לַמִּשְׁפָּחָה, אֲנַחְנוּ _____ אִתָּם.

5 כְּשֶׁאַתָּה בָּאתָ קָרוֹב לָעִיר, אַתָּה _____ אֵלֶיהָ.

6 כְּשֶׁאַתֶּם נְסַעְתֶּם רָחוֹק מֵהֶהָרִים, אַתֶּם _____ מֵהֶם.

7 הַמּוֹרִים כָּנְסוּ אֶת הַיְלָדִים לַתְּפִלּוֹת. הֵם _____ לַתְּפִלּוֹת.

ג. Find 6 verbs in בִּנְיָן הִתְפַּעֵל in the story יוֹמָן שֶׁל רָמִי.

פֹּעַל	שֹׁרֶשׁ	זְמָן	גּוּף
הִתְכַּתַּבְתִּי	כתב	עָבָר	אֲנִי

ד. תְּחַבְּרוּ מִשְׁפָּטִים מִקְּבוּצָה א וּקְבוּצָה ב. תְּתַרְגְּמוּ אֶת הַמִּשְׁפָּטִים.

א	ב
אִמָּא כָּתְבָה	עִם הַמּוֹרֶה (אִתּוֹ)
אֲנַחְנוּ הִתְכַּתַּבְנוּ	בְּבֵית־הַסֵּפֶר
הַמּוֹרֶה הִכְנִיס	אִתָּם אֶתְמוֹל
הַמּוֹרִים הִתְכַּנְּסוּ	אֶת הַמִּכְתָּב (אוֹתוֹ)
הוּא יוֹשֵׁב	אֶת הַכֶּלֶב
הוּא הִתְיַשֵּׁב	אֶת הַיְלָדִים לְבֵית־הַסֵּפֶר
הָאֵם קָשְׁרָה	שָׁם לִפְנֵי הַרְבֵּה שָׁנִים
הַמּוֹרָה הִתְקַשְּׁרָה	בַּקִּבּוּץ

1 ______

2 ______

3 ______

4 ______

5 ______

6 ______

7 ______

8 ______

בִּמְקוֹם שֶׁאֵין אֲנָשִׁים – הִשְׁתַּדֵּל לִהְיוֹת אִישׁ.

In a place where there are no men, try to be a man.

(פִּרְקֵי אָבוֹת ב,ה / Sayings of the Fathers 2:5)

ה. תַּשְׁלִימוּ אֶת הַטַּבְלָה בֶּעָתִיד.

גוּף	כתב√	לבש√	בקש√	כנס√
אֲנִי	אֶתְכַּתֵּב			
אַתָּה	תִּתְכַּתֵּב			
אַתְּ	תִּתְכַּתְּבִי			
הוּא	יִתְכַּתֵּב			
הִיא	תִּתְכַּתֵּב			
אֲנַחְנוּ	נִתְכַּתֵּב			
אַתֶּם־אַתֶּן	תִּתְכַּתְּבוּ			
הֵם־הֵן	יִתְכַּתְּבוּ			
שֵׁם־הַפֹּעַל	לְהִתְכַּתֵּב			

ו. תַּשְׁלִימוּ כָּל מִשְׁפָּט בְּשֵׁם־הַפֹּעַל.

0 קָשֶׁה לוֹ לבש√ להִתְלַבֵּשׁ לְבַד.

1 אֲנִי לֹא יְכוֹלָה אהב√ ____________ בּוֹ.

2 אַתָּה צָרִיךְ רחץ√ ____________ כָּל בֹּקֶר.

3 אֲנַחְנוּ אוֹהֲבִים פלל√ ____________ עַל־יַד הַכֹּתֶל־הַמַּעֲרָבִי.

4 הִיא צְרִיכָה קשר√ ____________ אִתּוֹ.

5 אָסוּר לָכֶם ישב√ ____________ בַּמָּקוֹם הַזֶּה.

ז.   Make up sentences using a verb in the עָתִיד, הִתְפַּעֵל or as a שֵׁם הַפֹּעַל.

1 אֲנִי לבש√ _____

2 דָּוִד, נגב√ _____

3 חַנָּה, אַל רגז√ _____

4 הוּא פלל√ _____

5 אֲנַחְנוּ רחק√ _____

6 יְלָדִים, אַל פשט√ _____

7 הֵם כתב√ _____

8 יְלָדוֹת, קשר√ _____

9 אֶפְשָׁר קרב√ _____

10 יְכוֹלִים שגע√ _____

Pants and skirts
— then and now;
exhibit at the Israel
Museum, Jerusalem

Complete each sentence any way you wish.   .ח

1   אָסוּר לְבַקֵּר _____

2   בַּחַג, הַיְּהוּדִים מִתְכַּנְּסִים _____

3   הָעֶרֶב אֲנַחְנוּ נִתְקַשֵּׁר _____

4   אִי־אֶפְשָׁר לְהִתְרַחֵץ _____

5   הוּא קָשַׁר _____

6   הֵם יִתְלַבְּשׁוּ _____

7   אֶפְשָׁר לִרְחֹץ _____

8   הִיא אוֹהֶבֶת _____

9   אֲנִי לֹא הִתְאַהַבְתִּי _____

10 בְּכָל בֹּקֶר אֲנִי מִתְלַבֶּשֶׁת _____

Bukharan Jew playing
a traditional musical
instrument, the *chang*

מֵעֵבֶר לַיָּם

מֵאֵת חַיִּים נַחְמָן בְּיַאלִיק

מֵעֵבֶר לַיָּם,
מֵעֵבֶר לַיָּם –
הֲתֵדְעוּ, צִפֳּרִים[1],
הַדֶּרֶךְ לְשָׁם?

[1]birds

מֵעֵבֶר לַיָּם,
בִּמְדִינוֹת הַיָּם,
שָׁם אִיֵּי[1] הַזָּהָב,
שָׁכַחְתִּי מַה שְּׁמָם.

[1]islands

וּבְאִיֵּי הַזָּהָב
מֵעֵבֶר לַיָּם,
מִתְהַלְּכִים[1] עֲנָקִים,[2]
עַם גָּדוֹל וָרָם[1].

[1]walk about [2]giants
[1]mighty

עַם גָּדוֹל וָרָם,
עַם יָשָׁר[1] וָתָם[2],
וּמֶלֶךְ עֲלֵיהֶם
כָּמוֹהוּ לֹא קָם.

[1]honest [2]innocent

וְגַנִּים לַמֶּלֶךְ
מֵעֵבֶר לַיָּם –
צִפֳּרֵי גַּן־עֵדֶן
מְקַנְּנוֹת[1] בָּם.

[1]nesting

מֵעֵבֶר לַיָּם,
מֵעֵבֶר לַיָּם –
הֲתֵדְעוּ, צִפֳּרִים,
הַדֶּרֶךְ לְשָׁם?

מִלּוֹן

bird(s)	צִפּוֹר, צִפֳּרִים
island	אִי
giant	עֲנָק
honest, straight	יָשָׁר
innocent	תָּם

תַּעֲנוּ עַל הַשְּׁאֵלוֹת.

1 מִי יוֹדֵעַ אֶת הַדֶּרֶךְ אֶל "מֵעֵבֶר לַיָּם"?
2 מָה הָיָה מֵעֵבֶר לַיָּם?
3 מִי גָּר שָׁם – "מֵעֵבֶר לַיָּם"?

From across the sea,
immigrants from Kurdistan
arrive in Israel, 1951

# הָעִקָּר[1], אַבָּא, שֶׁכְּבָר תָּשׁוּב	[1]most important

מֵאֵת מֵירַר

הָיָה יוֹם כִּפּוּרִים,	
יוֹם הַסְּלִיחָה,	
וּבְבֵית־הַכְּנֶסֶת	
עָמְדוּ בִּתְפִלָּה.	
אֲנָשִׁים רַבִּים	
הִתְפַּלְּלוּ עַל־יָדִי,	
וְלִי הָיְתָה תְּפִלָּה	
פְּרָטִית[1] מִשֶּׁלִּי:	[1]private
"אָנָא[1], אֱלֹהִים,	[1]please
הַיּוֹשֵׁב בַּשָּׁמַיִם,	
עֲשֵׂה שֶׁאַבָּא יַסְכִּים[1]	[1]will agree
לִקְנוֹת לִי אוֹפַנַּיִם[1].	[1]bicycle
כָּאֵלֶּה	
עִם גַּלְגַּלִּים[1] גְּדוֹלִים,	[1]wheels
לִנְסֹעַ אִתָּם לַמֶּרְחַקִּים[1].	[1]distances
עִם מַעֲצוֹר[1]	[1]brake
וְאוֹר אָדֹם,	
וּמוֹשָׁב[1] אֲחוֹרִי[2]	[1]seat [2]back
לְהַרְכִּיב[1] אֶת אָחִי."	[1]to give a ride
פִּתְאוֹם, וּלְפֶתַע[1]	[1]suddenly
נִכְנַס אִישׁ אֶחָד.	
הוּא מָסַר[1] לְאַבָּא	[1]handed over
פֶּתֶק[1] בַּיָּד.	[1]note
אַבָּא קָרָא	
פַּעַם וְעוֹד,	
הִסְתַּכֵּל וְהִבִּיט[1],	[1]looked
וְקִפֵּל[1] אֶת הַטַּלִּית.	[1]folded
"בּוֹא יוֹסִי" –	
וְעָזַב אֶת בֵּית־הַכְּנֶסֶת –	
"נִגְמֹר לְהִתְפַּלֵּל	
בְּפַעַם אַחֶרֶת."	

מַה קָּרָה אַחַר־כָּךְ
אֵינֶנִּי זוֹכֵר.
הַכֹּל חָלַף[1] עָבַר
כָּל־כָּךְ מַהֵר;
אַךְ אֶת קוֹלוֹ שֶׁל אַבָּא
אֲנִי שׁוֹמֵעַ עֲדַיִן:
"כְּשֶׁאֶחֱזוֹר, יוֹסִי,
יִהְיוּ לְךָ אוֹפַנַּיִם."
לֹא חָשׁוּב, אַבָּא;
בֶּאֱמֶת לֹא חָשׁוּב.
הָעִקָּר, אַבָּא,
שֶׁכְּבָר תָּשׁוּב.

[1] passed

מִלּוֹן

עִקָּר	most important, essence
גַּלְגַּל	wheel
מָסַר – √מסר	handed over
פֶּתֶק	note
הִבִּיט – √נבט	looked

תַּעֲנוּ עַל הַשְּׁאֵלוֹת.

1. מָה רָצָה יוֹסִי שֶׁאַבָּא יִקְנֶה לוֹ?
2. תָּאֲרוּ (describe) אֶת הַדָּבָר שֶׁיּוֹסִי רוֹצֶה.
3. בְּסוֹף הַשִּׁיר, מַה הוּא הַדָּבָר הָעִקָּרִי לְפִי יוֹסִי?

תַּרְגִּילִים לַחֲזָרָה

א. Find 6 examples of סְמִיכוּת in the story .דָּם וָמַיִם

1 ______ 4 ______

2 ______ 5 ______

3 ______ 6 ______

ב. תִּבְחֲרוּ בַּמִּלָּה הַנְּכוֹנָה.

1 הוּא רָצָה לַעֲזֹר לַעֲזֹב לַיְלָדִים הַקְּטַנִּים.
2 הִיא לֹא רָצְתָה לַעֲזֹב לַעֲזֹר לְמִשְׁפַּחְתָּהּ.
3 יְלָדִים, אַל יִקְחוּ תִּקְחוּ אֶת הַסְּפָרִים.
4 מָה קָרָא קָרָה אֶתְמוֹל בַּכִּתָּה?
5 הִיא קָרְעָה קָרְאָה אֶת הַחוּלְצָה כְּשֶׁהִיא נָפְלָה מֵהָעֵץ.

ג. תִּכְתְּבוּ בְּבִנְיָן פִּעֵל.

1 בְּעוֹד שָׁעָה אַתֶּם קבל√ ______ מִכְתָּבִים.

2 הַרְבֵּה שָׁנִים הֵם בקש√ ______ עֶזְרָה מִמֶּנּוּ וְלֹא קבל√ ______ דָּבָר.

3 הוּא כבד√ ______ אֶת הוֹרָיו.

4 מָה אַתְּ בקש√ ______, יַיִן לָבָן אוֹ יַיִן אָדוֹם?

5 קָשֶׁה למד√ ______ תַּלְמִידִים שֶׁאֵינָם רוֹצִים לִלְמֹד.

ד. תְּתַרְגְּמוּ לְעִבְרִית. תִּשְׁתַּמְּשׁוּ (use) בִּפְעָלִים בְּבִנְיָן פִּעֵל.

1 They received a beautiful gift from her that she sent from Jerusalem.

____

2 My mother will arrange the room for him.

____

3 The children composed songs in honor of the state.

____

4 The girls are hiking in the high mountains.

____

5 He likes to tell us stories about his childhood.

____

ה. הֲפָכִים (antonyms).

__ הִכְנִיסָה	1	אָהַב
__ עָצַרְנוּ	2	רָחָב
__ הִתְחַלְתִּי	3	לְמַעְלָה
__ כָּבֵד	4	הוֹצִיאָה
__ לָקוּם	5	גָּבֹהַּ
__ צַר	6	קַל
__ שְׂמֹאל	7	נָסַעְנוּ
__ שָׂנֵא	8	גָּמַרְתִּי
__ נָמוּךְ	9	יָמִין
__ לְמַטָּה	10	לָשֶׁבֶת

ו. תִּבְחֲרוּ בַּמִּלָּה הַנְּכוֹנָה.

1 לַחֲנֻכָּה הֵם נָתְנוּ ______ מַתָּנָה.
בִּי לִי אֲנִי

2 לָקַחְתִּי עִפָּרוֹן וְכָתַבְתִּי ______.
בּוֹ לוֹ שֶׁלּוֹ

3 רוּת הָלְכָה לַחֲנוּת וְנָעֳמִי הָלְכָה ______.
אִתָּהּ אוֹתָהּ עָלֶיהָ

4 בֹּעַז לֹא רוֹצֶה לָשֶׁבֶת ______.
אֵלָיו אוֹתוֹ עַל־יָדוֹ

5 הָאוֹת כ׳ בָּאָה ______ הָאוֹת ל׳.
אַחֲרֵי לִפְנֵי תַּחַת

6 הָיָה לִי אוֹרֵחַ וְהוּא הָיָה ______ לְשַׁבָּת.
אֶצְלֵךְ אֶצְלִי אֶצְלָהּ

7 הַיְלָדִים קִבְּלוּ סְפָרִים מֵהַמּוֹרָה. הֵם קִבְּלוּ אוֹתָם ______.
מִמֶּנִּי מִמֶּנּוּ מִמֶּנָּה

8 יוֹנָתָן, אֲנִי עוֹמֶדֶת בַּתּוֹר ______.
אַחֲרַיִךְ אַחֲרֶיךָ אַחֲרֵינוּ

9 כָּתַבְנוּ מִכְתָּב לַמִּשְׁפָּחָה וְשָׁלַחְנוּ ______.
אִתּוֹ לוֹ אוֹתוֹ

10 גִּילָה וְרוֹן רָאוּ אוֹתִי וְהֵם רָצוּ ______.
אֵלַי אֵלָיו אֵלֵינוּ

תַּשְׁבֵּץ

Down מִלְמַעְלָה לְמַטָּה	Across מִימִין לִשְׂמֹאל
1 give! _____	1 the train station _____
2 Pentateuch _____	5 on _____
3 (she is) hungry _____	6 evening prayer מַעֲרִיב _____
4 all _____	7 bitter _____
6 east _____	9 (he) moved _____
7 gender, kind _____	10 (he) arrived _____
8 bad _____	12 mountain _____
9 this _____	14 son _____
11 hero גִּבּוֹר _____	15 dream _____
13 there _____	19 south _____
16 his heart _____	20 north _____
17 (he is) thirsty _____	23 nation _____
18 tree _____	24 rabbi _____
19 blood _____	26 the past _____
21 hit (struck) _____	27 wounded (adj.) _____
22 a lad _____	
24 (he) ran _____	
25 in him _____	

דם ומיים

מאת יונתן בַּנְד

א

עמדתי על־יד ספסל בית־הכנסת. הייתי עייף ורעב מאוד. קול החזן הגיע לאוזנַי. כבר שמעתי את הקול שבע שעות. השעה היתה ארבע, ובעוד שלוש שעות יגיע הסוף.

"רק עוד שלוש שעות," חשבתי, "אבל מים... אני צריך מים... אני כל־כך צמא... רק עוד שלוש שעות."

"דָּנִי, דני יש לי מִברק בשבילךָ." ראיתי את חברי יוֹאָב עומד לפנַי ומברק בידו. "מה פתאום?" שאלתי בלחש, "מברק היום?"

"לא שמעתָ?" שאל יואב. "לפני שעתיים התחילה מלחמה בַּגּוֹלָן ובסִינַי." בידיים רועדות לקחתי את המברק מיואב וקראתי אותו:

לכהן דָּנִי, רחוב הָרַב בֶּרְלִין 52, ירושלים.
בשעה 17:00 בתחֲנת הרכבת.
פיקוּד הדרום. צבא הגנה לישראל. (צָה"ל)

ב

אתמול ישבתי בבית־הכנסת והתפללתי, ועכשיו אני יושב על הטנק שלי בחולות מִדבַּר סִינַי. ישבתי על הטנק ושתיתי כוס קפה. במערב היה חוֹשך. אבל במזרח ראיתי את אור השמש. היה נעים לשבת בשקט ולראות את אור הבוקר. שתיתי עוד קפה ונרדמתי לכמה דקות. כשקמתי ראיתי שהכוס נפלה על החול. לא חשוב, חשבתי, עוד מעט אקבל עוד משהו לשתות.

השמש עלתה בשמַיִם והחול מסביב היה אדום, כמו דם, חשבתי. שמעתי את החֶבְרֶ'ה בתוך הטנק.

"דני!" קרא שמעון, "מתי יביאו את האוכל? אני כל־כך רעב."

"אמרו שהאוכל יגיע בשש," עניתי לו.

"זאת אומרת שהאוכל יגיע בשבע," אמר רְאוּבֵן.

"לא," צחקתי ואמרתי, "האוכל יגיע בשמונה." כולנו צחקנו.

"נו, מה על המלחמה שלנו?" שאל שִׁמְעוֹן.

פתאום שמענו רעש גדול. ״אני חושב שבמקום אוכל באים טנקים,״ עניתי.

״שלנו או שלהם?״

״כולם לרדת, לרדת לטנק!״ צעקתי.

פְּגָזִים מתפוצצים מסביב לטנק. נתתי פקודות: ״50 מַעֲלות ימין. 15 מעלות למעלה. זהו בדיוק. אש!״

התפוצצות. טנק מצרי עולה באש. ״בּוּל!״ קראתי בשִׂמחה. ״עכשיו 10 מעלות שׂמאלה.״

היינו שני טנקים ישראליים נגד תשעה טנקים מצריים. מספר הטנקים הלך וקָטַן. בסוף שעה היו שלושה. בכל מקום שפָּניתי ראיתי טנקים בוערים באש. פתאום ראיתי אש עוֹלָה מן הטנק השני שלנו וידעתי שאנחנו לבד נגד שלושה טנקים מצריים.

״חֶבְרֶ׳ה, 20 מעלות שׂמאלה. 10 מעלות למעלה. בדיוק. אש!״ עוד בּוּל, חשבתי בלִבִּי, ופתאום שמעתי רעש גדול והכּוֹל היה שחור.

ג

״דני, דני אתה שָׁם?״ שאל שמעון. לאט לאט פתחתי את עֵינַי. ראיתי פנים שחורות מֵחוֹל ונֶפְט.

״מה קרה?״ שאלתי בלַחש.

״דני, אתה בסדר? פָּגָז מצרי פגע בטנק.״

״הבטן כואבת לי.״

״דני, אתה בסדר? חֵלק מהפגז המצרי פגע בך קשה.״

ראיתי מסביב שהחול היה מלא דם. הדם שלי, חשבתי.

״תראה, שמעון, כמה אדום החול. לא חשוב. מה קרה לאחרים?״

״מֵתו, כולם מתו,״ ענה שמעון.

״שמעון, אני צמא, צמא מאוד. יש מים?״

״עוד מעט דני, התקשרתי ברַדיו. יש הרבה פצועים, ההֶליקופטר יבוא בעוד שלוש שעות. תשכב בשקט, הכּוֹל יהיה בסדר. עוד כמה שעות יגיע ההֶליקופטר.״

״עוד שלוש שעות, רק עוד שלוש שעות,״ חשבתי ונרדמתי.

״עוד שלוש שעות...״

A Polish grandmother, photographed in the early twentieth century

יְחִידָה 5

תְּחִיַּת הַמֵּתִים[1]

¹resurrection of the dead

לְפִי דָוִד פְרִישְׁמַן

א

הָיִיתִי אָז יֶלֶד קָטָן. אַבָּא, אִמָּא וְסַבְתָּא – הָאֵם
שֶׁל אִמִּי – אָהֲבוּ אוֹתִי מְאֹד. מֵעוֹלָם לֹא[1] רָאִיתִי

¹never

אִשָּׁה חֲכָמָה כְּמוֹ סַבְתָּא שֶׁלִּי. מֵעוֹלָם לֹא שָׁמַעְתִּי דְּבָרִים
יָפִים וּמְתוּקִים כִּדְבָרֶיהָ. אָהַבְתִּי אוֹתָהּ בְּכָל לִבִּי
וּבְכָל נַפְשִׁי, וְעַד הַיּוֹם אֲנִי זוֹכֵר אֶת הַסִּפּוּרִים
הָרַבִּים שֶׁסִּפְּרָה לִי.

5

בֹּקֶר אֶחָד, אַחֲרֵי שֶׁקַּמְתִּי, בָּאָה אִמָּא וְאָמְרָה לִי
שֶׁסַּבְתָּא מֵתָה בַּלַּיְלָה שֶׁעָבַר. שָׁמַעְתִּי אֶת דִּבְרֵי אִמָּא –
וְהַדְּבָרִים[1] לֹא נָגְעוּ אֶל לִבִּי[2] אֲפִילוּ מְעַט.

¹words ²touched me

יֶלֶד קָטָן הָיִיתִי אָז וְלֹא הֵבַנְתִּי מַה זֶּה מָוֶת.
10
מֵתָה? – וּמַה בְּכָךְ[1]? מֵתָה!

¹so what

בַּיּוֹם הַהוּא קָבְרוּ אֶת סַבְתָּא – וְגַם הַדָּבָר הַזֶּה לֹא
נָגַע אֶל לִבִּי אֲפִילוּ מְעַט.

ב

שְׁלוֹשָׁה – אַרְבָּעָה יָמִים עָבְרוּ, וְהִנֵּה שְׁאֵלָה הִתְחִילָה
לַעֲלוֹת בְּלִבִּי[1]. "אֵיפֹה סַבְתָּא?" קָרָאתִי. "אֲנִי רוֹצֶה

¹enter my mind

15
לִרְאוֹת אֶת סַבְתָּא! תְּנוּ לִי אֶת סַבְתָּא שֶׁלִּי! מָתַי תָּשׁוּב
סַבְתָּא וּתְסַפֵּר לִי אֶת סִפּוּרֶיהָ הַיָּפִים?"

"כַּאֲשֶׁר תִּהְיֶה תְּחִיַּת הַמֵּתִים, תִּחְיֶה גַּם סַבְתָּא וְתוּכַל[1]

[1]you will be able

לִרְאוֹת אֶת פָּנֶיהָ," עָנְתָה לִי אִמָּא. שָׁמַעְתִּי אֶת דִּבְרֵי

אִמָּא וְנָפְלָה אֶבֶן כְּבֵדָה מֵעַל לִבִּי. "יֵשׁ לִי עֵצָה[1]!" אָמַרְתִּי.   20

[1]idea

"תִּהְיֶה תְּחִיַּת הַמֵּתִים – וְגַם סַבְתָּא תִּחְיֶה."

עָבְרוּ רְגָעִים אֲחָדִים, וְשָׁאַלְתִּי אֶת אִמָּא: "וּמָתַי תִּהְיֶה

תְּחִיַּת הַמֵּתִים?" "כַּאֲשֶׁר יָבוֹא הַמָּשִׁיחַ[1]," עָנְתָה לִי אִמָּא.

[1]Messiah

"אָז תִּהְיֶה תְּחִיַּת הַמֵּתִים וְאָז תִּחְיֶה גַּם סַבְתָּא.

תִּרְאֶה אוֹתָהּ יוֹם יוֹם וְהִיא תְּסַפֵּר לְךָ אֶת סִפּוּרֶיהָ הַיָּפִים."   25

"וּמָתַי, אִמָּא, מָתַי יָבוֹא הַמָּשִׁיחַ?" שָׁאַלְתִּי.

"כַּאֲשֶׁר יִשְׁמְרוּ בְּנֵי יִשְׂרָאֵל שַׁבָּת אַחַת כַּהֲלָכָה[1] –

[1]properly
(according to law)

אָז יָבוֹא הַמָּשִׁיחַ."

ג

הָיִיתִי מָלֵא שִׂמְחָה.

שַׁבָּת אַחַת כַּהֲלָכָה – דָּבָר קָטָן הוּא! אָמַרְתִּי בְּלִבִּי.   30

וְעוֹד אָמַרְתִּי: אֲנִי אֶהְיֶה הָרִאשׁוֹן! אֲנִי אֶשְׁמֹר שַׁבָּת

אַחַת כַּהֲלָכָה וְאַבָּא שֶׁלִּי בְּוַדַּאי יַעֲזֹר לִי. גַּם הוּא

יִשְׁמֹר אֶת הַשַּׁבָּת כָּמוֹנִי. וְגַם אִמָּא תַּעֲשֶׂה כָּמוֹנִי.

הִיא בְּוַדַּאי רוֹצָה שֶׁסַּבְתָּא תִּחְיֶה...

גַּם הָאַחִים, הַדּוֹדִים וְהַדּוֹדוֹת שֶׁלִּי – כֻּלָּם יִשְׁמְרוּ   35

אֶת יוֹם הַשַּׁבָּת הַהוּא. הֲלֹא[1] כֻּלָּם רוֹצִים שֶׁסַּבְתָּא תִּחְיֶה...

[1]indeed

גַּם בַּ"חֶדֶר" (בְּבֵית־הַסֵּפֶר הַיְּהוּדִי) אֲסַפֵּר אֶת הַדָּבָר

לַחֲבֵרַי וַאֲבַקֵּשׁ מֵהֶם לִשְׁמֹר אֶת יוֹם הַשַּׁבָּת הַהוּא.

הַאִם לֹא יַעֲשׂוּ אֶת הַדָּבָר הַזֶּה בִּשְׁבִיל סַבְתָּא שֶׁלִּי?

וְאֶל הַשְּׁכֵנִים[1] אָבוֹא וְאֶל הָאֲנָשִׁים בַּשּׁוּק, וַאֲבַקֵּשׁ מֵהֶם   40

[1]neighbors

לַעֲשׂוֹת אֶת הַדָּבָר. מִי לֹא יַעֲשֶׂה לִי אֶת הַחֶסֶד הַקָּטָן הַזֶּה?

וּמֵאַבָּא אֲבַקֵּשׁ שֶׁיִּסַּע[1] אִתִּי אֶל הֶעָרִים הַקְּרוֹבוֹת

[1]will travel

וְאַחַר־כָּךְ אֶל הֶעָרִים הָרְחוֹקוֹת – אֶל כָּל הֶעָרִים

אֲשֶׁר עַל פְּנֵי הָאֲדָמָה[1]...

[1]face of the earth

וּבְכָל מָקוֹם אֲבַקֵּשׁ מִן הָאֲנָשִׁים שֶׁיִּשְׁמְרוּ אֶת הַשַּׁבָּת   45

הָאַחַת כַּהֲלָכָה. הַאִם לֹא יַעֲשׂוּ דָּבָר קָטָן כָּזֶה בִּשְׁבִיל
סַבְתָּא שֶׁלִּי?

לְפִי חֶשְׁבּוֹנִי, יִשְׁמְרוּ כָּל הַיְּהוּדִים בָּעוֹלָם אֶת הַשַּׁבָּת
הַבָּאָה. לָכֵן יָבוֹא הַמָּשִׁיחַ בְּקָרוֹב, וְסַבְתָּא שֶׁלִּי תָּשׁוּב
50   אֵלֵינוּ בַּיָּמִים הַקְּרוֹבִים...

הוֹי, יַלְדוּת! יַלְדוּת!
יֶלֶד קָטָן הָיִיתִי אָז וְלֹא יָכֹלְתִּי לְהָבִין כִּי גְדוֹלָה
מְאֹד הָאָרֶץ וְכִי שׁוֹנִים הָאֲנָשִׁים זֶה מִזֶּה. אִי אֶפְשָׁר
שֶׁיִּשְׁמְרוּ בְּיַחַד[1] אֲפִילוּ שַׁבָּת אַחַת כַּהֲלָכָה.

¹together

55   בְּוַדַּאי תָּבִינוּ – הַשַּׁבָּת הָאַחַת כַּהֲלָכָה לֹא הָיְתָה.
לָכֵן לֹא בָּא הַמָּשִׁיחַ וְלֹא הָיְתָה תְּחִיַּת הַמֵּתִים. וְאֶת
סַבְתָּא שֶׁלִּי, אֶת סַבְתָּא הַיְקָרָה וְהָאֲהוּבָה, לֹא רָאִיתִי עוֹד.

מִלּוֹן

resurrection	תְּחִיַּת הַמֵּתִים
messiah	מָשִׁיחַ
will be able	תּוּכַל – יכל√
will observe, keep	יִשְׁמְרוּ – שמר√
properly (according to law)	כַּהֲלָכָה
certainly	בְּוַדַּאי
neighbors	שְׁכֵנִים
will travel	יִסַּע – נסע√
all together	בְּיַחַד

בִּטּוּיִים

according to my calculations	לְפִי חֶשְׁבּוֹנִי
report (noun)	דִּין וְחֶשְׁבּוֹן
moral self-examination	חֶשְׁבּוֹן הַנֶּפֶשׁ
on the face of the earth	עַל פְּנֵי הָאֲדָמָה (הָאָרֶץ)
so what	מַה בְּכָךְ
daily	יוֹם יוֹם

never (use with verb in future tense)	לְעוֹלָם לֹא
never (can be used with all tenses)	אַף פַּעַם לֹא
never (use with verb in past tense)	מֵעוֹלָם לֹא

אֲנִי מֵעוֹלָם לֹא רָאִיתִי אִשָּׁה חֲכָמָה כְּסַבְתָּא.
אֲנִי אַף פַּעַם לֹא רוֹאֶה אִשָּׁה חֲכָמָה כְּסַבְתָּא.
אֲנִי לְעוֹלָם לֹא אֶרְאֶה אִשָּׁה חֲכָמָה כְּסַבְתָּא.

תַּרְגִּילִים בַּהֲבָנַת הַסִּפּוּר

א. תַּשְׁלִימוּ אֶת הַמִּשְׁפָּטִים.

1 אִם הַיֶּלֶד סִפְּרָה לוֹ שֶׁ...
א. הָיְתָה תְּחִיַּת הַמֵּתִים.
ב. סַבְתָּא מֵתָה בַּלַּיְלָה שֶׁעָבַר.
ג. סַבְתָּא בָּאָה לְבַקֵּר.

2 כַּאֲשֶׁר תִּהְיֶה תְּחִיַּת הַמֵּתִים
א. כָּל הָאֲנָשִׁים שֶׁמֵּתוּ יִחְיוּ עוֹד פַּעַם.
ב. רַק הַסַּבְתָּא שֶׁל הַיֶּלֶד תִּחְיֶה.
ג. רַק הָאֲנָשִׁים שֶׁגָּרוּ בְּאֶרֶץ יִשְׂרָאֵל יִחְיוּ.

3 הַמָּשִׁיחַ יָבוֹא לָעוֹלָם כַּאֲשֶׁר כָּל הַיְהוּדִים
א. יִהְיוּ אֲנָשִׁים טוֹבִים.
ב. יִשְׁמְרוּ אֶת כָּל הַמִּצְווֹת.
ג. יִשְׁמְרוּ רַק שַׁבָּת אַחַת כַּהֲלָכָה.

4 הַיֶּלֶד רָצָה לְבַקֵּשׁ מִכָּל יְהוּדֵי הָעוֹלָם
א. לַעֲזוֹר לוֹ לִמְצֹא אֶת הַסַּבְתָּא שֶׁלּוֹ.
ב. לִשְׁמֹר שַׁבָּת אַחַת כַּהֲלָכָה.
ג. לָלֶכֶת לְבֵית־הַכְּנֶסֶת שַׁבָּת אַחַת.

5 לְפִי הַסִּפּוּר, הַמָּשִׁיחַ לֹא בָּא, וְלֹא הָיְתָה תְּחִיַּת הַמֵּתִים כִּי
א. כָּל הַיְהוּדִים לֹא רָצוּ לַעֲלוֹת לְאֶרֶץ יִשְׂרָאֵל.
ב. קָשֶׁה לָאֲנָשִׁים בָּעוֹלָם לַעֲשׂוֹת אֲפִילוּ דָּבָר אֶחָד בְּיַחַד.
ג. הַיְהוּדִים לֹא הִתְפַּלְּלוּ יוֹם יוֹם.

ב. Find the idiom or expression in the story that means the same as the underlined words. The section of the story in which each idiom appears is indicated.

1 אָהַבְתִּי אֶת סַבְתָּא _הַרְבֵּה מְאֹד_. (חֵלֶק א) ______________________

2 תִּרְאֶה אוֹתָהּ _בְּכָל יוֹם_. (חֵלֶק ב) ______________________

3 שָׁמַעְתִּי _מַה שֶׁאִמָּא אָמְרָה_. (חֵלֶק ב) ______________________

4 לִשְׁמֹר שַׁבָּת _כְּמוֹ שֶׁצְּרִיכִים_. (חֵלֶק ב) ______________________

5 כַּאֲשֶׁר יָבוֹא הַמָּשִׁיחַ _כָּל הַמֵּתִים יִחְיוּ_. (חֵלֶק ב) ______________________

ג. Each phrase can be expressed in one word found in the story.

1 אִמָּא שֶׁל אָבִי אוֹ אִמִּי ______

2 שָׁמוּ בָּאֲדָמָה ______

3 אִישׁ שֶׁגָּר קָרוֹב לְבֵיתְךָ ______

4 מָקוֹם שֶׁקּוֹנִים דְּבָרִים ______

5 הוּא יָבִיא שָׁלוֹם לְכָל הָעוֹלָם ______

ד. Here is a short summary of the story you have just read. In each sentence one word is missing. Fill in the missing word.

1 כַּאֲשֶׁר הָיִיתִי יֶלֶד קָטָן, הָיְתָה לִי סַבְתָּא שֶׁאָהַבְתִּי בְּכָל לִבִּי. שָׁמַעְתִּי מִמֶּנָּה הַרְבֵּה סִפּוּרִים וּ______ יָפִים.

				1

2 יוֹם אֶחָד אִמִּי סִפְּרָה לִי שֶׁסַּבְתָּא מֵתָה, אֲבָל אֲנִי עוֹד לֹא הֵבַנְתִּי מַה זֶה ______.

	2	

3 אַחֲרֵי יָמִים אֲחָדִים רָצִיתִי לִרְאוֹת אֶת סַבְתָּא. שָׁאַלְתִּי אֶת אִמָּא מָתַי תָּשׁוּב סַבְתָּא. הִיא עָנְתָה שֶׁסַּבְתָּא תָּשׁוּב כַּאֲשֶׁר תִּהְיֶה תְּחִיַּת הַמֵּתִים. אַחֲרֵי שֶׁשָּׁמַעְתִּי אֶת דִּבְרֵי אִמָּא, אֶבֶן ______ נָפְלָה מֵעַל לִבִּי.

	3		

4 שָׂמַחְתִּי מְאֹד לִשְׁמֹעַ שֶׁסַּבְתָּא תָּשׁוּב, כִּי רָצִיתִי עוֹד פַּעַם לִשְׁמֹעַ אֶת סִפּוּרֶיהָ ______.

		4		

5 אִמָּא גַּם סִפְּרָה לִי שֶׁהַמָּשִׁיחַ יָבוֹא וְתִהְיֶה תְּחִיַּת הַמֵּתִים כַּאֲשֶׁר בְּנֵי יִשְׂרָאֵל ______ שַׁבָּת אַחַת כַּהֲלָכָה.

	5			

6 חָשַׁבְתִּי שֶׁזֶּה דָּבָר קָטָן מְאֹד. אֲנִי אֶהְיֶה הָרִאשׁוֹן לִשְׁמֹר שַׁבָּת אַחַת כַּהֲלָכָה, וַאֲבַקֵּשׁ מֵאַבָּא וּמֵאִמָּא וּמִכָּל חֲבֵרַי לַעֲשׂוֹת ______________.

6				

7 וְגַם אֵלֵךְ אֶל כָּל הַשְּׁכֵנִים שֶׁלִּי וְאֶל כָּל הָאֲנָשִׁים בַּ______ וַאֲבַקֵּשׁ מֵהֶם לַעֲשׂוֹת אֶת הַדָּבָר הַקָּטָן הַזֶּה בִּשְׁבִיל סַבְתָּא שֶׁלִּי.

		7

8 חָשַׁבְתִּי שֶׁכָּל הַיְּהוּדִים יִשְׁמְרוּ אֶת הַשַּׁבָּת הַבָּאָה וְאָז הַ______ יָבוֹא וְאֶרְאֶה עוֹד פַּעַם אֶת סַבְתָּא.

			8

9 הַמָּשִׁיחַ לֹא בָּא, וְלֹא הָיְתָה תְּחִיַּת הַמֵּתִים וְלֹא רָאִיתִי אֶת סַבְתָּא. עַכְשָׁו, שֶׁאֲנִי גָּדוֹל, אֲנִי מֵבִין לָמָּה הוּא לֹא בָּא. מִפְּנֵי שֶׁהָעוֹלָם גָּדוֹל מְאֹד, וְהָאֲנָשִׁים __________ זֶה מִזֶּה, וְאִי־אֶפְשָׁר לָהֶם לִשְׁמֹר בְּיַחַד אֲפִילוּ שַׁבָּת אַחַת כַּהֲלָכָה.

		9		

Copy the letters in the numbered boxes here.

____	____	____	____	____	____		____	____	____
9	8	7	6	5	4		3	2	1

Whose name is spelled out?

ה. תִּכְתְּבוּ אֶת הַהֲפָכִים (antonyms).

שָׁאַל / מָתוֹק / מֵעוֹלָם / זָכַר / גָּדוֹל / שֶׁעָבַר
אַחֲרֵי / חַיִּים / סַבְתָּא / רָחוֹק / קַל

0	קָטָן	<u>גָּדוֹל</u>	

1	מָוֶת	_____	6	לְעוֹלָם	_____
2	קָרוֹב	_____	7	הַבָּא	_____
3	לִפְנֵי	_____	8	סַבָּא	_____
4	מַר	_____	9	עָנָה	_____
5	כָּבֵד	_____	10	שָׁכַח	_____

ו. תִּכְתְּבוּ סִכּוּם (summary) קָצָר שֶׁל הַסִּפּוּר.

_____

_____

_____

_____

_____

_____

_____

ז. Turn back to the story and look for verbs in בִּנְיָן קַל. Write the verb as it appears in the story, and then write its שֹׁרֶשׁ.

4 פְּעָלִים בְּגִזְרַת שְׁלֵמִים

__________ __________

__________ __________

__________ __________

__________ __________

4 פְּעָלִים בְּגִזְרַת ל"ה

__________ __________

__________ __________

__________ __________

__________ __________

3 פְּעָלִים בְּגִזְרַת ע"ו

__________ __________

__________ __________

__________ __________

2 פְּעָלִים בְּגִזְרַת פ"נ

__________ __________

__________ __________

פֹּעַל אֶחָד בְּגִזְרַת ל"א

__________ __________

פֹּעַל אֶחָד בְּגִזְרַת פ"א

__________ __________

ע"ו-ע"י Verbs, Future

You have already learned the ע"ו–ע"י verbs in the עָבָר and in the הֹוֶה tenses where the ו or י is dropped.

In the עָתִיד, the **complete three-letter root of these verbs is retained.**

שיר√	קום√
אָשִׁיר	אָקוּם
תָּשִׁיר	תָּקוּם
תָּשִׁירִי	תָּקוּמִי
יָשִׁיר	יָקוּם
תָּשִׁיר	תָּקוּם
נָשִׁיר	נָקוּם
תָּשִׁירוּ	תָּקוּמוּ
יָשִׁירוּ	יָקוּמוּ

Here are the most **common ע"ו–ע"י verbs.**

move (from place to place)	זוז	get up	קום
come	בוא	live (in a place)	גור
consider, judge	דון	return (to a place)	שוב
put	שׂים	run	רוץ
sing	שיר	fly (airplane)	טוס
quarrel	ריב	fly (birds)	עוף
rejoice	גיל	rest	נוח

אַל תָּדִין אֶת חֲבֵרְךָ עַד שֶׁתַּגִּיעַ לִמְקוֹמוֹ.

Do not judge your fellow until you have put yourself in his place.

(Sayings of the Fathers 2:4 / פִּרְקֵי אָבוֹת ב,ד)

עָבָר	**ע״ו** קום√	**ע״י** שיר√	**ע״ו–ל״א** בוא√	**ע״ו–ל׳ גְרוֹנִית** נוח√
	קַמְתִּי	שַׁרְתִּי	בָּאתִי	נַחְתִּי
	קַמְתָּ	שַׁרְתָּ	בָּאתָ	נַחְתָּ
	קַמְתְּ	שַׁרְתְּ	בָּאת	נַחְתְּ
	קָם	שָׁר	בָּא	נָח
	קָמָה	שָׁרָה	בָּאָה	נָחָה
	קַמְנוּ	שַׁרְנוּ	בָּאנוּ	נַחְנוּ
	קַמְתֶּם	שַׁרְתֶּם	בָּאתֶם	נַחְתֶּם
	קַמְתֶּן	שַׁרְתֶּן	בָּאתֶן	נַחְתֶּן
	קָמוּ	שָׁרוּ	בָּאוּ	נָחוּ
הוֶֹה	קָם	שָׁר	בָּא	נָח
	קָמָה	שָׁרָה	בָּאָה	נָחָה
	קָמִים	שָׁרִים	בָּאִים	נָחִים
	קָמוֹת	שָׁרוֹת	בָּאוֹת	נָחוֹת
עָתִיד	אָקוּם	אָשִׁיר	אָבוֹא	אָנוּחַ
	תָּקוּם	תָּשִׁיר	תָּבוֹא	תָּנוּחַ
	תָּקוּמִי	תָּשִׁירִי	תָּבוֹאִי	תָּנוּחִי
	יָקוּם	יָשִׁיר	יָבוֹא	יָנוּחַ
	תָּקוּם	תָּשִׁיר	תָּבוֹא	תָּנוּחַ
	נָקוּם	נָשִׁיר	נָבוֹא	נָנוּחַ
	תָּקוּמוּ	תָּשִׁירוּ	תָּבוֹאוּ	תָּנוּחוּ
	יָקוּמוּ	יָשִׁירוּ	יָבוֹאוּ	יָנוּחוּ
שֵׁם הַפֹּעַל	לָקוּם	לָשִׁיר	לָבוֹא	לָנוּחַ

תַּרְגִּילִים לַחֲזָרָה

א. תַּשְׁלִימוּ כָּל מִשְׁפָּט בַּהֹוֶה.

1 אֲנַחְנוּ גור√ ______ בְּאַרְצוֹת־הַבְּרִית.

2 יוֹם יוֹם הַיֶּלֶד קום√ ______ בְּשֶׁבַע.

3 הַתַּלְמִידוֹת שוב√ ______ הַבַּיְתָה בְּשָׁעָה שָׁלוֹשׁ.

4 אֲנִי שיר√ ______ יָפֶה.

5 הַיְהוּדִים נוח√ ______ בְּיוֹם שַׁבָּת.

6 הַכֶּלֶב שֶׁלִּי אַף פַּעַם לֹא רוץ√ ______ מַהֵר.

7 הַחֲבֵרִים ריב√ ______ בַּבַּיִת.

8 הָאֵם שים√ ______ אֶת הָאֹכֶל עַל הַשֻּׁלְחָן.

9 הַצִּפֳּרִים הַקְּטַנּוֹת עוף√ ______ דָּרוֹמָה בַּחֹרֶף.

10 הַבַּחוּרוֹת טוס√ ______ לְנְיוּ־יוֹרְק הַיּוֹם.

ב. תַּשְׁלִימוּ כָּל מִשְׁפָּט בְּשֵׁם הַפֹּעַל.

0 אֲנִי רוֹצָה שוב√ לָשׁוּב לְבֵית־הַסֵּפֶר הַתִּיכוֹן.

1 אֲנַחְנוּ צְרִיכִים קום√ ______ בְּשֶׁבַע.

2 הַיְלָדִים אוֹהֲבִים שיר√ ______ בְּעִבְרִית.

3 הֵם רוֹצִים גור√ ________ בְּיִשְׂרָאֵל.

4 יְלָדִים, בְּבַקָּשָׁה בוא√ ________!

5 הוּא יָכֹל רוץ√ ________ בַּשָּׂדֶה.

ג. תִּכְתְּבוּ כָּל מִשְׁפָּט בֶּעָבָר.

1 אֲנַחְנוּ שוב√ ________ הַבַּיְתָה בַּשָּׁבוּעַ שֶׁעָבַר.

2 הִיא שיר√ ________ הַרְבֵּה שִׁירִים.

3 הַכֶּלֶב רוץ√ ________ אֶל הָעֵץ.

4 מֵעוֹלָם לֹא טוס√ ________ לְאֵילַת.

5 לִפְנֵי שָׁנָה אַתֶּם לֹא גור√ ________ פֹּה.

6 מַדּוּעַ אַתָּה לֹא שים√ ________ אֶת הַכּוֹבַע עַל הָרֹאשׁ?

7 מָתַי אַתֶּן קום√ ________ אֶתְמוֹל?

8 אֲנִי בוא√ ________ מִיִּשְׂרָאֵל לִפְנֵי חֹדֶשׁ.

9 הַתַּלְמִידוֹת נוח√ ________ אַחֲרֵי יוֹם לִמּוּדִים אָרֹךְ.

10 לָמָּה אַתְּ זוז√ ________ מִפֹּה?

ד.　תַּשְׁלִימוּ אֶת הַטַּבְלָה בֶּעָתִיד.

	שוב√	רוץ√	טוס√	בוא√
אֲנִי	אָשׁוּב			
אַתָּה	תָּשׁוּב			
אַתְּ	תָּשׁוּבִי			
הוּא	יָשׁוּב			
הִיא	תָּשׁוּב			
אֲנַחְנוּ	נָשׁוּב			
אַתֶּם־אַתֶּן	תָּשׁוּבוּ			
הֵם־הֵן	יָשׁוּבוּ			

	שוב√	קום√	זוז√	שיר√
שֵׁם הַפֹּעַל	לָשׁוּב			

	שים√	בוא√	נוח√
שֵׁם הַפֹּעַל	לָשִׂים	לָבוֹא	לָנוּחַ

ה. תִּכְתְּבוּ אֶת שֵׁם־הַגּוּף וְהַשֹּׁרֶשׁ שֶׁל כָּל פֹּעַל.

1 ______ נָנוּחַ	√	6 ______ רַצְתְּ	√
2 ______ תָּקוּמוּ	√	7 ______ תָּשִׁירוּ	√
3 ______ יָשִׁירוּ	√	8 ______ נָגִיל	√
4 ______ תָּבוֹאִי	√	9 ______ יָגוּרוּ	√
5 ______ אָשִׂים	√	10 ______ יָרִיב	√

ו. תִּכְתְּבוּ כָּל מִשְׁפָּט בֶּעָתִיד.

1 אֲנִי קום√ ______ בְּשֵׁשׁ.

2 הַאִם אַתֶּן שים√ ______ אֶת הַסְּפָרִים בָּאָרוֹן?

3 בְּעוֹד חֹדֶשׁ אֲנַחְנוּ גור√ ______ בַּבַּיִת הֶחָדָשׁ.

4 דָּנִי רוץ√ ______ עִם הַכֶּלֶב שֶׁלּוֹ אֵלֵינוּ.

5 הַבַּחוּרָה שיר√ ______ הַרְבֵּה שִׁירִים יָפִים.

6 דָּוִד, אַל ריב√ ______ עִם הָאָחוֹת שֶׁלְּךָ!

7 הַצִּפֳּרִים עוף√ ______ לְקַפִּיסְטְרָנוֹ בָּאָבִיב.

8 לְעוֹלָם הוּא לֹא שוב√ ______!

9 הַחֲבֵרוֹת טוס√ ______ לְיִשְׂרָאֵל בַּקַּיִץ הַבָּא.

10 נָעֳמִי, אַל זוז√ ______ מֵהַחֶדֶר!

ז. Make all necessary changes and rewrite each sentence in the עָבָר.

0 מָחָר אֲנִי אָשׁוּב בַּצָּהֳרַיִם.

אֶתְמוֹל אֲנִי שַׁבְתִּי בַּצָּהֳרַיִם.

1 אֲנַחְנוּ נָשִׁיר הַרְבֵּה שִׁירִים מָחָר.

2 מָחָר הֵם יָקוּמוּ בְּחָמֵשׁ.

3 אֲנַחְנוּ לְעוֹלָם לֹא נָגוּר בִּנְיוּ־יוֹרְק.

4 הַבַּחוּרָה תָּבוֹא אֵלֶיהָ בַּשָּׁבוּעַ הַבָּא.

5 מָתַי תָּשִׁירִי אֶת הַשִּׁיר הֶחָדָשׁ?

6 הֵם יָרוּצוּ הַבַּיְתָה מִבֵּית־הַסֵּפֶר.

7 מָתַי אַתָּה תָּשׁוּב לָעִיר?

8 הוּא לְעוֹלָם לֹא יָרִיב עִם דָּוִד.

9 מָחָר אָשִׂים אֶת הַטֶּלֶוִיזְיָה שֶׁלִּי עַל הַשֻּׁלְחָן.

ח. Translate the following עו–ע"י verbs and fill in the squares. When you finish, the outlined column will spell out a well-known phrase and song.

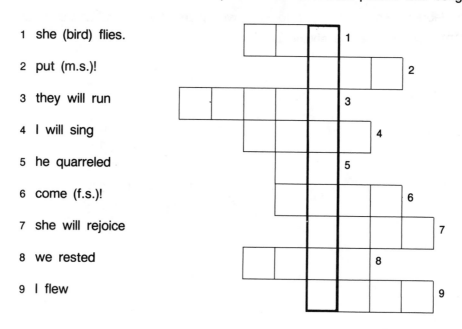

1 she (bird) flies.

2 put (m.s.)!

3 they will run

4 I will sing

5 he quarreled

6 come (f.s.)!

7 she will rejoice

8 we rested

9 I flew

ט. Write a short paragraph using the following verbs.

יכל / בוא / שוב / טוס / נוח

Dual-Plural, רִיבּוּי־זוּגִי

In Hebrew, when we want to say two hours, two days, שְׁתֵּי שָׁעוֹת, שְׁנֵי יָמִים, we use the ending ☐ַיִם.

2 שָׁעוֹת ← שְׁעָתַיִם
2 יָמִים ← יוֹמַיִם
2 שְׁבוּעוֹת ← שְׁבוּעַיִם
2 חֳדָשִׁים ← חָדְשַׁיִם
2 שָׁנִים ← שְׁנָתַיִם
2 מֵאוֹת ← מָאתַיִם
2 אֲלָפִים ← אַלְפַּיִם

Add ☐ַיִם to each underlined word, to indicate two years, two days... and read the story.

לִפְנֵי שְׁנָת______ דָּנִי נָסַע מִיִּשְׂרָאֵל לְלוֹס־אַנְגֶ'לֶס, כְּדֵי לִלְמֹד הַנְדָּסָה (engineering) בָּאוּנִיבֶרְסִיטָה. כְּשֶׁהוּא גָּמַר אֶת לִמּוּדָיו הוּא חָזַר הַבַּיְתָה. בְּיִשְׂרָאֵל הוּא בָּנָה מְטוֹסִים (planes). לִפְנֵי יוֹמ______ דָּנִי קִבֵּל חֹפֶשׁ. הוּא יִהְיֶה בְּחֹפֶשׁ לְחָדְשׁ______. לִפְנֵי שְׁעָת______ דָּנִי טִלְפֵּן לְכָל הַחֶבְרֶ'ה שֶׁלּוֹ וְהִזְמִין אוֹתָם לִמְסִבָּה. הַמְּסִבָּה תִּהְיֶה בְּבֵיתוֹ בְּעוֹד שְׁבוּע______. דָּנִי חוֹשֵׁב שֶׁמְּסִבָּה גְּדוֹלָה וְיָפָה תַּעֲלֶה לוֹ אַלְפּ______ שֶׁקֶל. הוּא מוּכָן (prepared) לְשַׁלֵּם הַרְבֵּה כֶּסֶף כִּי הַחֶבְרֶ'ה עָזְרוּ לוֹ לִמְצֹא עֲבוֹדָה בְּיִשְׂרָאֵל.

¹travel agency בַּחוּרָה בָּאָה אֶל מִשְׂרַד־נְסִיעוֹת¹

¹dialogue (דו־שִׂיחַ¹)

‏- שָׁלוֹם אֲדוֹנִי, אֲנִי רוֹצָה לִנְסֹעַ לְיִשְׂרָאֵל דֶּרֶךְ אֵירוֹפָּה.
‏- לְאָן אַתְּ רוֹצָה לִנְסֹעַ בְּאֵירוֹפָּה?
‏- אֵינֶנִּי יוֹדַעַת.
‏- אוּלַי אַתְּ רוֹצָה לָטוּס לְאַנְגְּלִיָּה?
‏- לֹא אֲדוֹנִי, אֲנִי בִּקַּרְתִּי בְּאַנְגְּלִיָּה לִפְנֵי שְׁנָתַיִם, 5
‏   וַאֲנִי לֹא רוֹצָה לָשׁוּב לְשָׁם הַשָּׁנָה.

¹France ‏- אִם־כֵּן, אוּלַי תִּרְצִי לִנְסֹעַ לְצָרְפַת¹?
‏- לֹא, אֲנִי לֹא מְדַבֶּרֶת צָרְפָתִית. אֲנִי רַק יוֹדַעַת
‏   לָשִׁיר שִׁירִים צָרְפָתִיִּים.
‏- אוּלַי אַתְּ רוֹצָה לִנְסֹעַ לְאִיטַלְיָה לִשְׁבוּעַיִם וּמִשָּׁם 10
‏   תָּטוּסִי לְיִשְׂרָאֵל?

¹wonderful ‏- מְצֻיָּן¹. אֲנִי אוֹהֶבֶת אֹכֶל אִיטַלְקִי.
¹plane ‏- בְּשֶׁבַע בַּבֹּקֶר תָּטוּסִי מִנְּיוּ־יוֹרק בַּמָּטוֹס¹ "אֶל־עַל",
‏   וְתָבוֹאִי לְאִיטַלְיָה בְּעֶשֶׂר בַּלַּיְלָה.
‏- בְּאֵיזוֹ שָׁעָה יֵשׁ מָטוֹס לְיִשְׂרָאֵל? 15
‏- בְּשֶׁבַע בַּבֹּקֶר.
‏- אֲבָל אֲנִי לֹא קָמָה לִפְנֵי שְׁמוֹנֶה בַּבֹּקֶר.
‏- אִם לֹא תָּקוּמִי לֹא תָּטוּסִי!

מִלּוֹן

agency, office	מִשְׂרָד
wonderful, excellent	מְצֻיָּן
airplane	מָטוֹס

תַּרְגִּילִים לַחֲזָרָה

א. תִּבְחֲרוּ בְּמִלַּת־הַיַּחַס (preposition) הַנְּכוֹנָה.

1 הוּא הוֹלֵךְ לַגַּן ______ רְאוּבֵן. בְּ אֶל עִם

2 אֲנִי גָּר ______ רְחוֹב הֶרְצֶל. מִ בְּ עַל

3 יוֹסֵף כָּתַב מִכְתָּב ______ רוּסְיָה. כְּמוֹ בִּשְׁבִיל לְ

4 אַבְרָהָם יָצָא ______ הָאֹהֶל. מִן עִם אַחֲרֵי

5 הַמּוֹרָה עָמְדָה ______ הַלּוּחַ. עַל עַל־יַד כְּמוֹ

6 הַכֶּלֶב אוֹהֵב לִשְׁכַּב ______ הַגַּג. אֶל עַל מִן

7 רִבְקָה הָיְתָה הָאִשָּׁה ______ יִצְחָק. לִפְנֵי מִן שֶׁל

8 הָאֲנָשִׁים הוֹלְכִים לְבֵית־הַכְּנֶסֶת ______ שַׁבָּת. בְּ עַל כְּ

9 הַמּוֹרֶה שֶׁלִּי חָכָם ______ שְׁלֹמֹה הַמֶּלֶךְ. בִּשְׁבִיל כְּמוֹ אֵצֶל

10 חַנָּה בָּאָה לַכִּתָּה בְּשָׁעָה תֵּשַׁע. רָחֵל בָּאָה בְּשָׁעָה עֶשֶׂר.
חַנָּה בָּאָה ______ רָחֵל. לִפְנֵי אַחֲרֵי עִם

ב. תִּבְחֲרוּ בַּמִּלָּה הַנְּכוֹנָה.

1 עָלָיו אֵלָיו לָלֶכֶת לַחֲנוּת לִקְנוֹת אֹכֶל.

2 הַיַּלְדָּה הִתְקָרְבָה לָנוּ אֵלֵינוּ .

3 אֲנִי שָׁרָה מִמֶּנָּה כָּמוֹהָ .

4 הַאִם עוּגַת־הַשּׁוֹקוֹלָד בִּשְׁבִילִי לִי ?

5 אֵיפֹה הַסֵּפֶר? בִּשְׁבִילוֹ אֶצְלוֹ .

6 בִּשְׁבִיל מִי הָעִפָּרוֹן הַזֶּה? אֶצְלָהּ בִּשְׁבִילָהּ .

7 בְּקוֹשִׁי הִיא רָצָה עָלֶיהָ אֵלֶיהָ .

8 יוֹם יוֹם הִיא חוֹשֶׁבֶת עָלָיו אֵלָיו .

9 בֶּחֳדָשִׁים הָאַחֲרוֹנִים הִתְרַחַקְנוּ מֵהֶם אֲלֵיהֶם .

10 הַסַּבְתָּא שָׁלְחָה אוֹתִי לִי יוֹמָן.

ג. Substitute the correct declined preposition or direct object for the words in the parenthesis.

ל ב עִם אֶת (direct object)

0 אֲנִי דָּאַגְתִּי (לְמֹשֶׁה) ___לוֹ___ .

1 עָנִיתִי (לַחֲבֵרְתִּי) ________ שֶׁאֲנִי אָבוֹא הָעֶרֶב.

2 הוּא הִבְטִיחַ (לַיְלָדוֹת) ________ שֶׁהוּא יָבוֹא בִּזְמַן.

3 אֲנִי אוֹהֶבֶת לְנַגֵּן (בֶּחָלִיל) ________.

4 הֵם גָּרִים (בַּדִּירָה) ________.

5 הִיא כּוֹתֶבֶת (בַּמַּחְבָּרוֹת) ________.

6 הוּא דִּבֵּר (עִם הַיַּלְדָּה) ________.

7 הֵם נָסְעוּ (עִם רוּת וְעָמִי) ________.

8 הוּא לָקַח (אֶת הַיֶּלֶד) ________ לְסֶרֶט.

9 הוּא לֹא הֵבִין (אֶת הַשִּׁעוּרִים) ________.

10 הִיא קָנְתָה לִי (אֶת הַמַּתָּנָה) ________.

ד. Circle the word which correctly completes the sentence. Each sentence involves a special use of one of the בִּנְיָנִים.

1 הַיְלָדִים ________ מִמֶּנּוּ בְּפַחַד.
הִתְרַחֲקוּ רִחֲקוּ רָחוֹק

2 הַשְּׁכֵנִים ________ אֵלֵינוּ בְּשִׂמְחָה.
קָרוֹב הִתְקָרְבוּ קֵרְבוּ

3 אֲנִי לֹא יְכוֹלָה ________ אֶת הַמְּכוֹנִית.
לִנְהֹג לִדְאֹג לְהִתְנַהֵג

4 הִיא שָׁכְחָה ________ לוֹ אֶת הַמִּכְתָּב.
לְהִתְכַּתֵּב לִכְתֹּב כָּתְבָה

5 הָאָב ________ אֶת הָאֵם.
נִגֵּן הִתְנַשֵּׁק נִשֵּׁק

6 כְּשֶׁהָיִינוּ בַּשָּׂדֶה ________.
נִגְּנוּ הִתְנַשַּׁקְנוּ נִשַּׁקְנוּ

7 אֲנַחְנוּ ________ לֶאֱכֹל תַּרְנְגוֹל־הוֹדוּ.
הִתְאַהַבְנוּ מִתְאַהֲבִים אוֹהֲבִים

8 הַצָּעִיר ________ עִם הַבַּחוּרָה כְּשֶׁהֵם הָיוּ בְּחֹפֶשׁ.
הִתְאַהֵב אוֹהֵב מִתְאַהֲבִים

9 הוּא ________ אֶת הַמִּכְנָסַיִם הַצָּרִים.
הִתְלַבֵּשׁ לָבַשׁ הִתְרַחֵץ

10 אֲנִי אוֹהֶבֶת ________ לִפְנֵי הָרְאִי.
לְקַבֵּל לִלְבֹּשׁ לְהִתְלַבֵּשׁ

ה. תִּכְתְּבוּ שֵׁמוֹת נִרְדָּפִים (synonyms).

____	דַּי	1	רִיב
____	הִבִּיט	2	נִרְדַּם
____	הִגִּיעַ	3	כַּמָּה
____	לָשׁוּב	4	נָתַן
____	וִכּוּחַ	5	עַם
____	מְעַט	6	הִסְתַּכֵּל
____	מָסַר	7	בָּא
____	סְעוּדָה	8	מַסְפִּיק
____	בְּיַחַד	9	לַחֲזוֹר
____	יָשֵׁן	10	אֲרוּחָה

ו. תִּכְתְּבוּ אֶת הַהֲפָכִים.

____	הִתְעוֹרַרְתִּי	1	הִתְנַגֵּב
____	בְּקוֹשִׁי	2	שָׂמֵחַ
____	הִתְקָרֵב	3	רֵיק
____	אֲנָשִׁים	4	נִרְדַּמְתִּי
____	מָוֶת	5	מֵעוֹלָם לֹא
____	הִתְרַטֵּב	6	עָזַב
____	מָלֵא	7	נֶגֶד
____	נִשְׁאַר	8	בְּקַלּוּת
____	חָזָק	9	נָשִׁים
____	בְּעַד	10	הִתְרַחֵק
____	עָצוּב	11	חַלָּשׁ
____	תָּמִיד	12	חַיִּים

עֲנָת בּוֹכָה וְלֹא יוֹדַעַת לָמָּה

מֵאֵת יוֹנָתָן גֶּפֶן

לִפְעָמִים[1], — [1]sometimes
בְּעִקָּר[1] בַּחֹרֶף, — [1]especially
אֲנִי מַרְגִּישָׁה[1] עָצוּב. — [1]feel
אוּלַי זֶה בִּגְלַל הֶעָנָן וְהַגֶּשֶׁם
וְאוּלַי זֶה בִּגְלַל...
וְאוּלַי...
לֹא חָשׁוּב.

דִּמְעָה[1] מֵעֵינַי אָז נוֹפֶלֶת, — [1]a tear
וְהַחֶדֶר נִרְאֶה[1] כֹּה קָטָן וְצָפוּף[2]. — [1]seems [2]crowded
וְכָל הָעוֹלָם שֶׁאָהַבְתִּי
נִרְאֶה לִי לְפֶתַע[1] — [1]suddenly
קָטָן וְשָׁקוּף[1]. — [1]transparent
וַאֲנִי מְנַסָּה לְהַפְסִיק[1] אֶת הַבֶּכִי... — [1]try to stop
וַאֲנִי...
וַאֲנִי...
לֹא חָשׁוּב.

הַלְוַאי שֶׁיִּפָּסֵק[1] כְּבָר הַגֶּשֶׁם, — [1]would stop
וְהַחֹרֶף הַזֶּה יוֹתֵר לֹא יָשׁוּב...
אֲנִי מַרְגִּישָׁה, וַאֲנִי אוֹהֶבֶת...
אוֹהֶבֶת אֶת...
בֶּאֱמֶת...
לֹא חָשׁוּב...

מִלּוֹן

לִפְעָמִים	sometimes
בְּעִקָּר	especially
מַרְגִּישָׁה	feel
דִּמְעָה	tear (n.)

תַּעֲנוּ עַל הַשְּׁאֵלוֹת.

1 מָתַי מַרְגִּישָׁה עֲנָת עֲצוּבָה?
2 מַהֵן הַסִּבּוֹת שֶׁהִיא בּוֹכָה?

לְאַבָּא שָׁלוֹם

מֵאֵת זְרֻבָּבֶל גִּלְעַד

חֲסִידָה[1] יָרְדָה אֶל שָׂדֵנוּ.	[1]stork
חֲסִידָה לְבָנָה לַשָּׂדֶה הַיָּרֹק.	
נִגַּשְׁתִּי[1] אֵלֶיהָ מִקָּרוֹב־קָרוֹב,	[1]approached
וְנָתְנָה בִּי מַבָּט[1] עָמוֹק[2].	[1]look [2]deep
וּבְעֵינַיִם שֶׁלָּהּ – צְחוֹק,	
כְּמוֹ אֵצֶל אַבָּא שֶׁלִּי,	
כְּשֶׁהוּא מְחַבְּקֵנִי[1]	[1]embraces me
וְלוֹחֵשׁ לִי: "טוֹב."	
פִּתְאֹם פָּרְשָׂה[1] הַחֲסִידָה כְּנָפַיִם[2]	[1]spread [2]wings
וְעָלְתָה לַמָּרוֹם.	
חֲסִידָה, חֲסִידָה, מַלְכַּת־שָׁמַיִם.	
אִם תִּרְאִי אֶת אַבָּא שֶׁלִּי	
בַּדְּרָכִים,	
בֶּהָרִים,	
בַּמֶּרְחָק[1] הַכָּחוֹל,	[1]in the distance
אֶת אַבָּא שֶׁלִּי הַצּוֹחֵק בְּקוֹל –	
שְׂאִי[1] לוֹ שָׁלוֹם!	[1]carry (bring)

מִלּוֹן

נִגַּשְׁתִּי – נגש√	I approached
כָּנָף, כְּנָפַיִם	wing (f.)

תַּעֲנוּ עַל הַשְּׁאֵלוֹת.

1 מִי הָיְתָה מַלְכַּת־הַשָּׁמַיִם?
2 מָה זוֹכֵר הַיֶּלֶד עַל אַבָּא שֶׁלּוֹ?
3 לְאָן עָפָה הַחֲסִידָה?
4 אֵיפֹה הָאַבָּא שֶׁל הַיֶּלֶד?

Verb Analysis

Using the information given, write the correct form of each verb.

	שֹׁרֶשׁ	בִּנְיָן	גּוּף	זְמַן		
0	שים	קַל	הוּא	הֹוֶה	=	שָׂם
1	בקר	פִּעֵל	הֵן	הֹוֶה	=	________
2	נגב	הִתְפַּעֵל	אַתֶּם	עָתִיד	=	________
3	דבר	פִּעֵל	אַתְּ	עָבָר	=	________
4	הלך	קַל	(שֵׁם הַפֹּעַל)		=	________
5	ירד	קַל	אַתָּה	עָתִיד	=	________
6	פלל	הִתְפַּעֵל	הוּא	עָבָר	=	________
7	יצא	קַל	(שֵׁם הַפֹּעַל)		=	________
8	ספר	פִּעֵל	(שֵׁם הַפֹּעַל)		=	________
9	לבש	הִתְפַּעֵל	הוּא	עָתִיד	=	________
10	שבר	פִּעֵל	אֲנַחְנוּ	עָבָר	=	________
11	למד	קַל	(שֵׁם הַפֹּעַל)		=	________
12	למד	פִּעֵל	(שֵׁם הַפֹּעַל)		=	________
13	קשר	הִתְפַּעֵל	(שֵׁם הַפֹּעַל)		=	________
14	יצא	קַל	אַתְּ	הֹוֶה	=	________
15	בכה	קַל	אֲנִי	עָבָר	=	________
16	שתה	קַל	(שֵׁם הַפֹּעַל)		=	________
17	מצא	קַל	אֲנִי	עָבָר	=	________
18	ישב	הִתְפַּעֵל	הוּא	הֹוֶה	=	________
19	שלם	פִּעֵל	אֲנִי	עָתִיד	=	________
20	קרב	הִתְפַּעֵל	אֲנַחְנוּ	עָבָר	=	________

תְּחִיַּת המתים

לפי דָוִד פְרִישמן

א

הייתי אז ילד קטן. אבא, אמא, וסבתא – האֵם של אִמי – אהבו אותי מאוד. מעולם לא ראיתי אשה חכמה כמו סבתא שלי. מעולם לא שמעתי דברים יפים ומתוקים כדבריהָ. אהבתי אותה בכל לִבִּי ובכל נפשי, ועד היום אני זוכר את הסיפורים הרבים שסיפרה לי.

בוקר אחד, אחרי שקמתי, באה אמא ואמרה לי שסבתא מֵתה בלילה שעבר. שמעתי את דבְרֵי אמא – והדברים לא נגעו אל לִבִּי אפילו מעט. ילד קטן הייתי אז ולא הֵבנתי מה זה מוות.

מתה? – ומה בכך? מתה!

ביום ההוא קברו את סבתא – וגם הדבר הזה לא נגע אל לִבִּי אפילו מעט.

ב

שלושה – ארבעה ימים עברו, והִנה שאלה התחילה לעלות בלִבִּי.

"איפה סבתא?" קראתי. "אני רוצה לראות את סבתא! תנו לי את סבתא שלי! מתַי תשוב סבתא ותסַפר לי את סיפוּרֶיהָ היפים?"

"כאשר תהיה תחיית המתים, תחיה גם סבתא ותוכל לראות את פנֶיהָ," ענתה לי אמא. שמעתי את דברי אמא ואבן כבדה נפלה מעל לִבִּי.

"יש לי עֵצָה!" אמרתי. "תהיה תחיית המתים – וגם סבתא תחיה."

עברו רגעים אחדים, ושאלתי את אמא: "ומתי תהיה תחיית המתים?"

"כאשר יבוא המשיחַ," ענתה לי אמא. "אז תהיה תחיית המתים ואז תחיה גם סבתא. תראה אותה יום יום והיא תספר לך את סיפוריה היפים."

"ומתי, אמא, מתי יבוא המשיח?" שאלתי.

"כאשר ישמרו בני ישראל שבת אחת כַּהֲלָכָה - אז יבוא המשיח."

ג

הייתי מלא שִׂמחה. שבת אחת כהלכה – דבר קטן הוא! אמרתי בלִבִּי. ועוד אמרתי: אני אהיה הראשון! אני אשמור שבת אחת כהלכה ואבא שלי בוודאי יעזור לי. גם הוא ישמור את השבת כמוני. וגם אמא תעשה כמוני. היא בוודאי רוצה שסבתא תחיה...

גם האחים, הדודים והדודות שלי – כולם ישמרו את יום השבת ההוא. הֲלוֹא כולם רוצים שסבתא תחיה...

גם ב"חדר" (בבית־הספר היהודי) אסַפר את הדבר לחברַי ואבקש מהם לשמור את יום השבת ההוא. האם לא יעשו את הדבר הזה בשביל סבתא שלי?

ואל השכנים אבוא ואל האנשים בשוק, ואבקש מהם לעשות את הדבר. מי לא יעשה לי את החסד הקטן הזה?

ומאבא אבקש שייסע אִתִּי אל הֶעָרים הקרובות ואחר־כך אל הערים הרחוקות – אל כל הערים אשר על פני האדמה...

ובכל מקום אבקש מן האנשים שישמרו את השבת האחת כהלכה. האם לא יעשו דבר קטן כזה בשביל סבתא שלי?

לפי חשבוני יִשמרו כל היהודים בעולם את השבת הבאה. לכן יבוא המשיח בקרוב וסבתא שלי תשוב אלינו בימים הקרובים...

הוי, ילדות! ילדות!

ילד קטן הייתי אז ולא יכולתי להבין כי גדולה מאוד הארץ, וכי שונים האנשים זה מזה. אי אפשר שישמרו ביחד אפילו שבת אחת כהלכה.

בוודאי תבינו – השבת האחת כהלכה לא היתה. לכן לא בא המשיח ולא היתה תחיית המתים. ואת סבתא שלי, את סבתא היקרה והאהובה, לא ראיתי עוד.

6 יְחִידָה

עַבְד־אֶל־הָאדִי

א

הַכְּפָר הַקָּטָן שֶׁל עַבְד־אֶל־הָאדִי הָיָה בְּהָרֵי יְהוּדָה. מִסָּבִיב לַכְּפָר הָעַרְבִי הָיוּ הָרִים גְּבוֹהִים שֶׁסָּגְרוּ אֶת הַכְּפָר מֵעֵינֵי הָעוֹלָם. שָׁנִים הָיוּ עוֹבְרוֹת וְאָדָם זָר[1] לֹא הָיָה בָּא אֶל הַכְּפָר, כִּי הוּא הָיָה רָחוֹק מִדֶּרֶךְ הַמֶּלֶךְ[1].

[1] stranger
[1] highway

בַּכְּפָר לֹא יָדְעוּ מַה קּוֹרֶה בָּעוֹלָם. בַּכְּפָר הֵם דִּבְּרוּ וְסִפְּרוּ עַל אִיבְּרָהִים פֶּחָה[1], גִּבּוֹר[2] הַמִּלְחָמָה. הַזְּקֵנִים הָיוּ מְסַפְּרִים עַל הַגְּבוּרוֹת[1] שֶׁל אִיבְּרָהִים פֶּחָה, וְכָל יֶלֶד וְנַעַר הָיָה יוֹשֵׁב וְלוֹמֵד אֶת הַסִּפּוּרִים.

[1] pasha [2] hero
[1] heroism

בְּרֹאשׁ הַמְסַפְּרִים הָיָה הָאָב שֶׁל עַבְד־אֶל־הָאדִי. שֵׁם הָאָב הָיָה סָלִיחַ. הוּא הָיָה חַיָּל שֶׁל אִיבְּרָהִים פֶּחָה, וְהָלַךְ אִתּוֹ לִמְקוֹמוֹת רְחוֹקִים: עַד עַכּוֹ, עַד הַר חֶרְמוֹן[1], וַאֲפִילוּ עַד דַּמֶּשֶׂק[1].

[1] Mt. Hermon
[1] Damascus

סָלִיחַ הָיָה מְסַפֵּר עַל הַסּוּסָה[1] שֶׁל אִיבְּרָהִים פֶּחָה, שֶׁהָיְתָה בְּכָל הַמִּלְחָמוֹת. "אֲפִילוּ כַּדּוּר[1] אֶחָד לֹא פָּגַע בָּהּ," אָמַר סָלִיחַ. "הַסּוּסָה הַזֹּאת הָיְתָה פֶּלֶא[1]." וְסָלִיחַ הָיָה מְסַפֵּר גַּם עַל הָרוֹבֶה[1] שֶׁל אִיבְּרָהִים פֶּחָה. "הָרוֹבֶה הַזֶּה יָרָה[1] כַּדּוּרִים בְּלִי סוֹף, וְהַכַּדּוּרִים תָּמִיד פָּגְעוּ בַּמַּטָּרָה[1]."

[1] mare
[1] bullet
[1] wonder
[1] rifle
[1] shot
[1] target

גַּם לְסָלִיחַ הָיָה רוֹבֶה, שֶׁהוּא קִבֵּל כְּשֶׁהָיָה חַיָּל שֶׁל אִיבְּרָהִים פֶּחָה. סָלִיחַ הָיָה אוֹמֵר, "גַּם הָרוֹבֶה שֶׁלִּי טוֹב, כְּמוֹ הָרוֹבֶה שֶׁל אִיבְּרָהִים פֶּחָה."

כָּל אַנְשֵׁי הַכְּפָר, צְעִירִים וּזְקֵנִים, שָׁמְעוּ אֶת סִפּוּרֵי סָלִיחַ, אֲבָל כָּל פַּעַם הָיוּ הַסִּפּוּרִים כְּמוֹ חֲדָשִׁים. וְגַם עַבְד־אֶל־הָאדִי, בְּנוֹ שֶׁל סָלִיחַ, הָיָה שׁוֹמֵעַ וְחוֹלֵם עַל אִיבְּרָהִים פֶּחָה.

ב

כַּאֲשֶׁר מֵת סָלִיחַ, קִבֵּל עַבְד־אֶל־הָאדִי אֶת הָרוֹבֶה שֶׁלּוֹ. כָּל הַצְּעִירִים קִנְּאוּ[1] בּוֹ, כִּי לֹא הָיָה רוֹבֶה כָּמוֹהוּ בְּכָל הַכְּפָרִים. עַבְד־אֶל־הָאדִי גָּדַל, לָקַח אִשָּׁה, וְהָיְתָה לוֹ מִשְׁפָּחָה. אֲבָל כֻּלָּם יָדְעוּ שֶׁעַבְד־אֶל־הָאדִי אָהַב אֶת הָרוֹבֶה שֶׁלּוֹ יוֹתֵר מֵאִשְׁתּוֹ, יוֹתֵר מִבָּנָיו.

[1] envied

בִּשְׂדוֹת הַכְּפָר הָיְתָה דַּבָּה[1], וְכֻלָּם פָּחֲדוּ מִמֶּנָּה. הַרְבֵּה אֲנָשִׁים יָרוּ בָּהּ, אֲבָל לֹא פָּגְעוּ בָּהּ. בַּכְּפָר סִפְּרוּ שֶׁהַדַּבָּה הִיא לֹא חַיָּה; הַדַּבָּה הִיא רוּחַ רָעָה[1]. אַנְשֵׁי הַכְּפָר פָּחֲדוּ לָצֵאת בַּלַּיְלָה.

[1] hyena (Arabic)

[1] evil spirit

לַיְלָה אֶחָד לָקַח עַבְד־אֶל־הָאדִי אֶת הָרוֹבֶה שֶׁלּוֹ וְיָצָא עִם חֲבֵרָיו לַשָּׂדֶה. הַדַּבָּה בָּאָה וְעַבְד־אֶל־הָאדִי יָרָה כַּדּוּר אֶחָד, וְהַכַּדּוּר פָּגַע! אָז יָדְעוּ כֻּלָּם שֶׁהָרוֹבֶה שֶׁל עַבְד־אֶל־הָאדִי הוּא רוֹבֶה פֶּלֶא.

ג

בִּכְפָר אֶחָד לֹא רָחוֹק גָּר שֵׁיךְ[1] עָשִׁיר. הוּא קָרָא לְעַבְד־אֶל־הָאדִי וְאָמַר לוֹ, "מְכֹר לִי אֶת הָרוֹבֶה שֶׁלְּךָ!" עַבְד־אֶל־הָאדִי לֹא עָנָה דָּבָר, אֲבָל צָחַק לַשֵּׁיךְ בְּלִבּוֹ. "אֶתֵּן לְךָ עֶשֶׂר לִירוֹת זָהָב!"

[1] sheik

עַבְד־אֶל־הָאדִי נִבְהַל[1]. עֶשֶׂר לִירוֹת זָהָב! כָּל־כָּךְ הַרְבֵּה כֶּסֶף לֹא רָאָה בְּחַיָּיו! אַחֲרֵי כַּמָּה רְגָעִים אָמַר,

[1] frightened

"לֹא אֶמְכֹּר אֶת הָרוֹבֶה בְּאֶלֶף לִירוֹת זָהָב! הָרוֹבֶה הוּא הַכָּבוֹד[1] שֶׁלִּי." הוּא עָזַב אֶת הַשֵּׁיךְ בְּכַעַס. הָרוֹבֶה הֵבִיא לוֹ כָּבוֹד גָּדוֹל. אֵיךְ יִמְכֹּר אוֹתוֹ בְּכֶסֶף? אִם הוּא יִמְכֹּר אֶת הָרוֹבֶה, יִמְכֹּר אֶת כְּבוֹדוֹ.

[1] honor

אֲבָל הַשֵּׁיךְ לֹא שָׁכַח אֶת הָרוֹבֶה. עָבְרוּ שָׁנִים וּבְנֵי עַבְד־אֶל־הָאדִי גָּדְלוּ. בְּנוֹ הַגָּדוֹל הָיָה צָרִיךְ לִהְיוֹת חַיָּל בַּצָּבָא. הַשֵּׁיךְ קָרָא לְעַבְד־אֶל־הָאדִי וְאָמַר לוֹ, "מְכֹר לִי אֶת הָרוֹבֶה שֶׁלְּךָ, וַאֲנִי אֶשְׁלַח אִישׁ אַחֵר לַצָּבָא. בִּנְךָ לֹא יִהְיֶה חַיָּל."

עַבְד־אֶל־הָאדִי עָמַד בְּשֶׁקֶט. הוּא חָשַׁב עַל בְּנוֹ, עַל אִשְׁתּוֹ, וּפָתַח אֶת פִּיו לוֹמַר "כֵּן". פִּתְאוֹם הִרְגִּישׁ כְּאֵב[1] גָּדוֹל בְּלִבּוֹ וְאָמַר, "לֹא! לֹא אֶתֵּן!"

[1] pain

פְּנֵי הַשֵּׁיךְ הָיוּ אֲדוּמּוֹת. אַחַר־כָּךְ צָחַק וְאָמַר, "לֵךְ לְשָׁלוֹם." הַכְּאֵב שֶׁל עַבְד־אֶל־הָאדִי הָיָה נוֹרָא[1]. אִשְׁתּוֹ בָּכְתָה, בְּנוֹ לֹא אָמַר דָּבָר, אֲבָל בְּעֵינָיו הָיוּ בַּקָּשָׁה וְתִקְוָה. אַךְ עַבְד־אֶל־הָאדִי לֹא מָכַר אֶת כְּבוֹדוֹ. הוּא לֹא נָתַן אֶת הָרוֹבֶה. הַבֵּן הָלַךְ לַצָּבָא.

[1] terrible

בַּלֵּילוֹת לֹא יָכוֹל הָיָה עַבְד־אֶל־הָאדִי לִישׁוֹן, כִּי חָשַׁב עַל בְּנוֹ. הָיָה יוֹצֵא אֶל הַשָּׂדֶה וְיוֹרֶה בָּרוֹבֶה שֶׁלּוֹ אֶל הַלַּיְלָה. כָּךְ שָׁלַח אֶת בִּרְכָתוֹ לִבְנוֹ.

ד

עָבְרוּ שְׁמוֹנֶה שָׁנִים, וְהַבֵּן חָזַר אֶל הַכְּפָר. כָּל הַכְּפָר יָצָא לִרְאוֹת אוֹתוֹ וְלִשְׁמֹעַ אֶת סִפּוּרָיו עַל הַצָּבָא. הוּא רָאָה אֶת הָעוֹלָם הַגָּדוֹל: הוּא הָיָה בְּיָפוֹ, בִּירוּשָׁלַיִם, בְּבֵירוּת, וּבְדַמֶּשֶׂק. הוּא סִפֵּר עַל אֳנִיּוֹת[1] גְּדוֹלוֹת, רַכָּבוֹת[2] נוֹסְעוֹת בְּלִי סוּסִים, תּוֹתָחִים[1] גְּדוֹלִים, וְרוֹבִים חֲדָשִׁים.

[1] boats [2] trains
[1] cannons

עַבְד־אֶל־הָאדִי צָחַק. "הָאֳנִיּוֹת וְהָרַכָּבוֹת הֵן שְׁטוּיוֹת[1], וְהַתּוֹתָחִים

[1] nonsense

וְהָרוֹבִים הַחֲדָשִׁים לֹא טוֹבִים כְּמוֹ הָרוֹבֶה הָאֶחָד שֶׁלִּי."

הַבֵּן שֶׁלּוֹ חִיֵּךְ וְאָמַר, "כַּאֲשֶׁר תִּקַּח בְּיָדְךָ

אֶת הָרוֹבֶה הֶחָדָשׁ שֶׁלִּי, תִּרְאֶה שֶׁהָרוֹבֶה שֶׁלְּךָ 75

אֵינוֹ שָׁוֶה כְּלוּם[1]."   [1]is not worth anything

כַּאֲשֶׁר יָצְאוּ הַדְּבָרִים מִפִּי הַבֵּן, נָתַן עַבְּד-אֶל-הָאָדִי

מַכָּה חֲזָקָה עַל פָּנָיו.

ה

כָּל הַלַּיְלָה לֹא יָכוֹל הָיָה עַבְּד-אֶל-הָאָדִי לִישׁוֹן.

דִּבְרֵי הַבֵּן הָיוּ כְּאֵב נוֹרָא בְּלִבּוֹ. 80

בַּחֲצִי הַלַּיְלָה[1] קָם, לָקַח אֶת הָרוֹבֶה שֶׁלּוֹ   [1]in the middle of the night

וְגַם אֶת הָרוֹבֶה שֶׁל בְּנוֹ, וְיָצָא אֶל הַשָּׂדֶה.

עַבְּד-אֶל-הָאָדִי עָמַד מוּל עֵץ גָּדוֹל. יָרָה בָּרוֹבֶה שֶׁלּוֹ

אֶל הָעֵץ וְאַחַר-כָּךְ יָרָה בָּרוֹבֶה שֶׁל הַבֵּן. הָלַךְ אֶל הָעֵץ

וְהִסְתַּכֵּל בּוֹ זְמַן רַב. אַחַר-כָּךְ עָמַד שׁוּב[1] מוּל הָעֵץ   [1]again 85

וְיָרָה בִּשְׁנֵי הָרוֹבִים. וְשׁוּב הָלַךְ אֶל הָעֵץ וְהִבִּיט בּוֹ זְמַן רַב מְאֹד.

בַּסּוֹף הָלַךְ אֶל רֹאשׁ הָהָר, בְּיָדוֹ הָרוֹבֶה, הָרוֹבֶה

הַנִּפְלָא שֶׁלּוֹ, אֲשֶׁר הִקְרִיב[1] בִּשְׁבִילוֹ עֶשֶׂר לִירוֹת זָהָב,   [1]sacrificed

וְגַם אֶת בְּנוֹ הִקְרִיב בִּשְׁבִילוֹ, הָרוֹבֶה שֶׁהָיָה כְּבוֹדוֹ –

וְזָרַק אֶת הָרוֹבֶה מֵרֹאשׁ הָהָר אֶל הָעֵמֶק[1].   [1]valley 90

עַבְּד-אֶל-הָאָדִי שָׁב אֶל בֵּיתוֹ עִם הָרוֹבֶה הֶחָדָשׁ שֶׁל בְּנוֹ.

אִישׁ לֹא רָאָה כַּאֲשֶׁר יָצָא, וְאִישׁ לֹא רָאָה כַּאֲשֶׁר חָזַר.

אוֹתוֹ יוֹם חָלָה[1] עַבְּד-אֶל-הָאָדִי, וּמֵת אַחֲרֵי   [1]fell sick

שָׁבוּעַ יָמִים. כִּי נִשְׁבַּר[1] לִבּוֹ.   [1]was broken

בִּטּוּי

אֵינוֹ שָׁוֶה כְּלוּם   is not worth anything

מִלּוֹן

א

זָר	stranger
דֶּרֶךְ־הַמֶּלֶךְ	main highway
גִּבּוֹר	hero
פֶּלֶא	wonder
רוֹבֶה	rifle
יָרָה בְּ... — ירה√	he shot
מַטָּרָה	target, goal

ב

קִנְּאוּ בְּ... — קנא√	they envied, were jealous

ג

כָּבוֹד	honor (n.)
כְּאֵב	pain
נוֹרָא	terrible

ד

אֳנִיָּה, אֳנִיּוֹת	boat, ship
שְׁטוּיוֹת	nonsense

ה

שׁוּב	again
הִקְרִיב — קרב√	he sacrificed
עֵמֶק	valley
חָלָה — חלה√	he became sick
מַחֲלָה	sickness

Jewish soldiers serving in the Turkish army under a Turkish officer (r.), early twentieth century

תַּרְגִּילִים בַּהֲבָנַת הַסִּפּוּר

א. תַּעֲנוּ עַל הַשְּׁאֵלוֹת הָאֵלֶּה.

1 מִי הָיָה אִיבְּרָהִים? ______

2 מִי הָיָה סָלִיחַ? ______

3 אֵיפֹה נוֹלַד עַבְּד־אֶל־הָאדִי?

______

4 מִי נָתַן לְעַבְּד־אֶל־הָאדִי אֶת הָרוֹבֶה?

______

5 לָמָּה חָשַׁב עַבְּד־אֶל־הָאדִי שֶׁהָרוֹבֶה שֶׁלּוֹ רוֹבֶה פֶּלֶא?

______

6 מָה רָצָה הַשֵּׁיךְ לָתֵת לְעַבְּד־אֶל־הָאדִי?

______

7 אֵיךְ יָכֹל הָיָה עַבְּד־אֶל־הָאדִי לְהַצִּיל (save) אֶת בְּנוֹ מֵהַצָּבָא?

______

8 לָמָּה לֹא רָצָה עַבְּד־אֶל־הָאדִי לִמְכֹּר אֶת הָרוֹבֶה שֶׁלּוֹ?

______

9 עַל מָה סִפֵּר הַבֵּן כְּשֶׁהוּא חָזַר מֵהַצָּבָא?

______

10 לָמָּה זָרַק עַבְּד־אֶל־הָאדִי אֶת הָרוֹבֶה שֶׁלּוֹ?

______

ב. In the following sentences, one word is used incorrectly. Replace it with one of the words from the story.

1 עַבְד־אֶל־הָאדִי יָרָה בְּעִפָּרוֹן וְהָרַג אֶת הַדֻּבָּה.

2 הַשֵּׁיךְ שָׂמַח מְאֹד וְלָכֵן בָּכָה.

3 עַבְד־אֶל־הָאדִי יָרָה וְלָמַד בָּעֵץ.

4 אַנְשֵׁי הַכְּפָר רָצוּ אֶת הָרוֹבֶה הַפֶּלֶא וְהֵם פָּגְעוּ בְּעַבְד־אֶל־הָאדִי.

5 עַבְד־אֶל־הָאדִי אָהַב אֶת הָרוֹבֶה יוֹתֵר מִמִּשְׁפַּחְתּוֹ; לָכֵן הוּא קֵרֵב אֶת בְּנוֹ לָרוֹבֶה.

6 כְּשֶׁעַבְד־אֶל־הָאדִי יָרָה בָּרוֹבֶה שֶׁלּוֹ הוּא תָּמִיד פָּגַע בַּמִּטָּה.

7 כָּל הַסִּפּוּרִים עַל רוֹבֶה־הַפֶּלֶא הָיוּ בָּאֳנִיָּה.

8 הַחַיָּלִים הַזָּרִים נָסְעוּ בַּכַּדּוּר.

9 הַכְּפָר שֶׁל עַבְדְ־אֶל־הָאדִי הָיָה רָחוֹק מֵהַכְּאֵב.

10 כְּשֶׁעַבְדְ־אֶל־הָאדִי יָדַע אֶת הָאֱמֶת עַל הָרוֹבֶה שֶׁלּוֹ, הוּא חָלַם וּמֵת.

יְהִי כְבוֹד חֲבֵרְךָ חָבִיב עָלֶיךָ כְּשֶׁלְּךָ.

Let your friend's honor be as dear to you as your own. (Mishna)

ג. תִּמְצְאוּ בַּסִּפּוּר.

8 סְמִיכוּת

10 שְׁמוֹת עֶצֶם עִם כִּנּוּיִים 10 declined nouns; write them in two words

בְּנוֹ	הַבֵּן	שֶׁלּוֹ

15 פְּעָלִים בְּבִנְיָן פָּעַל (קַל)

5 בְּגִזְרַת ל״ה ______

______

______

______

______

2 בְּגִזְרַת פ״א ______

______

2 בְּגִזְרַת פ״נ ______

______

1 בְּגִזְרַת ל״א ______

4 בְּגִזְרַת פ״י ______

______

______

______

1 בְּגִזְרַת ע״ו ______

4 פְּעָלִים בְּבִנְיָן פִּעֵל ______

______

______

______

10 מִלּוֹת־יַחַס (prepositions or declined prepositions)

______ ______

______ ______

______ ______

______ ______

______ ______

Sound Class גִּזְרַת פ"נ

When the sound classes, גְּזָרוֹת, were first introduced, you learned that **one group of Hebrew consonants often cause changes in the vowel pattern of the verb.** These were א. ה ו ח י נ ע

In גִּזְרַת פ"נ, the **נ influences the vowel pattern** of the verb **when it appears as the first consonant of the שֹׁרֶשׁ.**

In the past and present tenses, גִּזְרַת פ"נ follows the שְׁלֵמִים pattern. The **change** occurs only in the **future tense**, where **the נ disappears.**

present	נוֹפֵל	שׁוֹמֵר
past	נָפַל	שָׁמַר
future	יִפֹּל	יִשְׁמֹר

The "n" sound is relatively weak. Similar examples are found in English, where the "n" often adopts the sound of the consonant which follows it, particularly when the prefix *in* is added to a word.

active	not-active	= inactive
<u>but</u>		
legal	not-legal	= illegal
regular	not-regular	= irregular
moral	not-moral	= immoral

Future Tense גִּזְרַת פ"נ

In the future tense of שְׁלֵמִים, the base form is יִ◻◻ֹ◻.
In the future tense of גִּזְרַת פ"נ, the **weak נ of the שֹׁרֶשׁ is assimilated into the consonant that follows it.**

נפל√ (יִנְפֹּל ← יִפְ־פֹּל ←) יִפֹּל

The *dagesh* in the פ indicates that the פ is doubled.

עָתִיד נפל√	אֶפֹּל	נִפֹּל
	תִּפֹּל	תִּפְּלוּ
	תִּפְּלִי	
	יִפֹּל	יִפְּלוּ
	תִּפֹּל	
שֵׁם הַפֹּעַל	לִנְפֹּל	

Here are some common פ״נ verbs.

שֹׁרֶשׁ		**base form**	**שֵׁם הַפֹּעַל**
נפל	fall	יִפֹּל	לִנְפֹּל מ
נתן	give	יִתֵּן	לָתֵת
נסע[1]	ride (travel)	יִסַּע	לִנְסֹעַ ב, עִם
נגע[1]	touch	יִגַּע	לִנְגֹּעַ ב
נשא[2]	lift, carry	יִשָּׂא	לָשֵׂאת

Notes

1 Verbs like נסע נגע are both פ״נ and ל׳ גְּרוֹנִית (the 3rd letter of the שֹׁרֶשׁ is a ח or ע). In the future tense they are conjugated like אֶפְעַל verbs.
The vowel under the 2nd letter of the שֹׁרֶשׁ in the singular and 1st person plural is □ַ.
In the שֵׁם הַפֹּעַל the vowel under the 3rd letter of the שֹׁרֶשׁ is □ַ.

עָתִיד נסע√	אֶסַּע	נִסַּע
	תִּסַּע	תִּסְעוּ
	תִּסְעִי	
	יִסַּע	יִסְעוּ
	תִּסַּע	
שֵׁם הַפֹּעַל	לִנְסֹעַ	

2 נשא is both פ״נ and ל״א, and requires an additional adjustment in the vowels.

The Verb נתן

The verb **נתן** follows none of these rules. In the **present tense** it is **conjugated as שְׁלֵמִים**.

הֹוֶה נוֹתֵן נוֹתֶנֶת נוֹתְנִים נוֹתְנוֹת

In the **past tense** when a suffix is added, **the נ**, the **third letter** of the root **is dropped.**

עָבָר	נָתַתִּי	נָתַנּוּ
	נָתַתָּ	נְתַתֶּם
	נָתַתְּ	נְתַתֶּן
	נָתַן	נָתְנוּ
	נָתְנָה	

In the **future tense** when the personal prefix is added, **the נ**, the **first letter** of the root **is dropped.**

עָתִיד	אֶתֵּן	נִתֵּן
	תִּתֵּן	תִּתְּנוּ
	תִּתְּנִי	
	יִתֵּן	יִתְּנוּ
	תִּתֵּן	

שֵׁם הַפֹּעַל לָתֵת

The Verb לקח

Although the root **לקח** has ל and not נ for its first consonant, it **follows the pattern of the פ״נ verbs in the future tense.**

עָתִיד	אֶקַּח	נִקַּח
	תִּקַּח	תִּקְחוּ
	תִּקְחִי	
	יִקַּח	יִקְחוּ
	תִּקַּח	

שֵׁם הַפֹּעַל לָקַחַת

תַּרְגִּילִים

א.   תִּכְתְּבוּ אֶת שֵׁם הַפֹּעַל בְּכָל מִשְׁפָּט.

1   אֶפְשָׁר   נפל√   _____   מֵהַגַּג.

2   אֲנַחְנוּ צְרִיכִים   נסע√   _____   מָחָר.

3   אָסוּר   נגע√   _____ !

4   הִיא צְרִיכָה   לקח√   _____   אוֹתִי.

5   הוּא אוֹהֵב   נתן√   _____   מַתָּנוֹת.

6   אֲנִי רָצִיתִי   הלך√   _____   לְבֵית־הַסֵּפֶר.

7   הֵם מְפַחֲדִים   ירד√   _____   מֵהָעֵץ.

8   הֵם אוֹהֲבִים   ישב√   _____   בַּבַּיִת.

9   הוּא רוֹצֶה   ידע√   _____   אֶת הָאֱמֶת.

10   הֵם לֹא יְכוֹלִים   יצא√   _____   מֵהַבַּיִת.

What does this biblical verse mean?   מַה פֵּרוּשׁ הַפָּסוּק הַזֶּה?

אֶשָּׂא עֵינַי אֶל הֶהָרִים
מֵאַיִן יָבֹא עֶזְרִי.

(Psalms 121:1 / תְּהִלִּים קכא, א)

ב.   תְּתַרְגְּמוּ לְעִבְרִית.

1   Shira, don't touch! _____

2   It is madness to give her all that money.

_____

3   The thin and weak man is unable to carry a heavy bag.

_____

4   According to my calculations, in another two months we will travel (ride) to the Far East.

_____

5   The cat and dog will come down from the tree when it rains.

_____

6   We will ride in his new blue car to see the snow on the mountain.

_____

7   They will travel (ride) to her family in the morning.

_____

8   We will take our books with us when we will go on the hike.

_____

9   He forgot to take the agreement to the mayor.

_____

Negative Phrases בִּטּוּיִים שְׁלִילִיִּים

These three phrases always **require the negative לֹא before the verb.**

never	אַף־פַּעַם
no one	אַף־אֶחָד
nothing	שׁוּם דָּבָר

אֲנִי אַף־פַּעַם לֹא הָיִיתִי שָׁם. / לֹא הָיִיתִי שָׁם אַף־פַּעַם...
אַף אֶחָד לֹא אָמַר לִי "שָׁלוֹם".
לֹא רָאִיתִי שׁוּם דָּבָר.

תַּרְגִּילִים

א. תִּכְתְּבוּ אֶת הַמִּשְׁפָּטִים בִּשְׁלִילָה, וְתִשְׁתַּמְּשׁוּ בְּאַף־פַּעַם, אַף־אֶחָד, שׁוּם דָּבָר.

1 הָלַכְתִּי לַמְּסִבָּה וְאָכַלְתִּי אֶת הַכֹּל. ________________________

2 כֻּלָּם בָּאוּ לַחֲתוּנָּה. ________________________

3 הֵם נוֹסְעִים לְאֵירוֹפָּה כָּל קַיִץ. ________________________

4 הִיא לָמְדָה עִבְרִית וַעֲרָבִית בְּבֵית־הַסֵּפֶר. ________________________

5 הַסּוֹחֲרִים קָנוּ הַרְבֵּה סְחוֹרָה. ________________________

ב. תִּכְתְּבוּ אֶחָד מֵהַבִּטּוּיִים הָאֵלֶּה בְּכָל מִשְׁפָּט.

1 דָּנִי, עַל מִי אַתָּה חוֹשֵׁב? אֲנִי לֹא חוֹשֵׁב עַל __________.

2 שָׂרָה, עַל מָה אַתְּ חוֹשֶׁבֶת? אֲנִי לֹא חוֹשֶׁבֶת עַל __________.

3 יְלָדִים, מָה אַתֶּם עוֹשִׂים? __________!

4 מִי בָּא לַחֶדֶר? __________ בָּא.

5 מִי עָזַר לְךָ בַּשִּׁעוּרִים? __________ עָזַר לִי.

6 אֲנִי __________ עָזַרְתִּי לָהּ.

7 אֲנִי __________ לָמַדְתִּי עֲרָבִית.

8 הוּא דִּבֵּר בְּלַחַשׁ וַאֲנִי לֹא שָׁמַעְתִּי __________.

9 __________ הִתְחַתַּנְתִּי.

10 מָה הוּא הֵבִיא לְךָ? __________.

Going shopping in an Arab village in Galilee

מַחֲשָׁבוֹת שֶׁאֵינָן רוֹצוֹת לִישׁוֹן

מֵאֵת שְׁלוֹמִית כֹּהֵן

מִי נִרְדָּם[1] בַּלַּיְלָה רִאשׁוֹן: — [1] falls asleep
הָעֵינַיִם, הָרַגְלַיִם,
הַבֶּטֶן, אוֹ הַלָּשׁוֹן?

אִמָּא אוֹמֶרֶת:
"קֹדֶם[1] נִרְדָּמוֹת הָעֵינַיִם, — [1] first
אַחַר־כָּךְ הַיָּדַיִם וְהָרַגְלַיִם,
אַחַר־כָּךְ הַבֶּטֶן וְהַגַּב[1], — [1] back
בַּסּוֹף נִרְדָּם הָאַף[1]." — [1] nose

אַבָּא אוֹמֵר:
"קֹדֶם נִרְדֶּמֶת הַלָּשׁוֹן,
רַק כָּךְ אֶפְשָׁר לִישׁוֹן.
אַחֶרֶת[1], הַלָּשׁוֹן תֵּצֵא, — [1] otherwise
תְּפַטְפֵּט[1] מַה שֶּׁתִּרְצֶה — [1] will chatter
וְתָעִיר[1] אֶת כָּל הַגּוּף[2]." — [1] will wake up [2] body

אֲנִי מְכַבֶּה[1] אֶת הַמְּנוֹרָה — [1] put out
אֲנִי מִתְכַּסֶּה[1] בַּשְּׂמִיכָה[2], — [1] cover oneself [2] blanket
וְשׁוּב מַדְלִיק אֶת הַמְּנוֹרָה
לִרְאוֹת אֵיךְ הִתְכַּסֵּיתִי בַּשְּׂמִיכָה.

בַּחֹשֶׁךְ הַזֶּה, הַמַּחֲשָׁבוֹת אֵינָן רוֹצוֹת לִישׁוֹן,
הֵן רוֹצוֹת לְפַטְפֵּט עִם הַלָּשׁוֹן.
פִּתְאֹם הַבֶּטֶן מִתְהַפֶּכֶת[1] עַל הַגַּב. — [1] turns over
יַד יָמִין מִתְעוֹרֶרֶת[1] — [1] wakes up
לְגָרֵד[1] לִי אֶת הָאַף. — [1] to scratch
מִתְעוֹרֶרֶת גַּם יַד שְׂמֹאל
לְהוֹצִיא מִכִּיס הַפִּיגָ'מָה
חֲצִי מַסְטִיק[1] שֶׁשָּׁמַרְתִּי אֶתְמוֹל. — [1] chewing gum
בַּחֹשֶׁךְ הַזֶּה אֲנִי לוֹעֵס[1] וְלוֹעֵס — [1] chew
גַּם מַסְטִיק
וְגַם מַחֲשָׁבוֹת שֶׁאֵינָן רוֹצוֹת לִישׁוֹן.

מִלּוֹן

קֹדֶם	first
גַּב	back (part of body)
אַף	nose
תָּעִיר – עור√	will wake up, arouse
גּוּף	body
מִתְכַּסֶּה – כסה√	covers oneself
שְׂמִיכָה	blanket
מַסְטִיק	chewing gum

תַּעֲנוּ עַל הַשְּׁאֵלוֹת

1 מִי לֹא רוֹצֶה לִישׁוֹן?
2 לְפִי אִמָּא, מִי נִרְדָּם רִאשׁוֹן?
3 לְפִי אַבָּא, מִי נִרְדָּם רִאשׁוֹן?
4 מָה עוֹשֶׂה הָ"אֲנִי" בַּחֹשֶׁךְ?

יָפֶה שָׁעָה אַחַת קֹדֶם. The sooner the better.

תַּרְגִּילִים לַחֲזָרָה

א. תִּכְתְּבוּ אֶת שֵׁם־הַגּוּף (pronoun).

_______ שָׁבָה　　_______ עָלִיתִי

_______ מְקָרֵב　　_______ חוֹזְרוֹת

_______ יִמְצָא　　_______ הִתְקַבַּלְתְּ

_______ נֵלֵךְ　　_______ אֶקַּח

_______ בָּאנוּ　　_______ תִּסְעוּ

ב. תְּסַמְּנוּ אֶת הַמִּלָּה שֶׁלֹּא שַׁיֶּכֶת (belongs) וְתַסְבִּירוּ.

1 מְצָאָה אָמְרָה תֹּאכַל אוֹהֶבֶת
2 אֵלֵךְ יָשַׁבְנוּ יוֹצֵאת אוֹכְלִים
3 מִתְרַחֵץ אַתְחִיל הִתְיַשֵּׁב אֶתְכַּתֵּב
4 שְׁמִירָה שִׁירָה נְסִיעוֹת סִדּוּר
5 קָדוֹשׁ דִּבַּרְתִּי מְקַבְּלִים לְשַׁלֵּם

ג. תִּבְדְּקוּ אֶת פֵּרוּשׁ הַמִּלִּים בַּמִּלּוֹן. What do these words mean?

1 חִידוֹן ____________
2 בַּדְחָן ____________
3 אֶגְרוֹף ____________
4 יְפֵה־כּוֹחַ ____________
5 מִשְׁאָל ____________
6 רֵעוּת ____________
7 שַׁלְגִּיָּה ____________
8 תּוֹסֶפְתָּן ____________
9 מְשׁוּלָּשׁ ____________
10 אוֹלָר ____________

ד. תְּתַרְגְּמוּ לְעִבְרִית.

1 I will walk to school with my little brother.

____

2 Children, don't sit on the new couch!

____

3 They will go out of the house in two hours.

____

4 We will go to his house this evening.

____

5 Channa, if by chance they arrive, don't come down to the street.

____

ה. תִּבְחֲרוּ בְּמִלַּת־הַיַּחַס הַנְּכוֹנָה. אֶל עַל בּ

1 הוּא הָלַךְ ______ הַבַּיִת.

2 הִיא נָסְעָה ______ יִשְׂרָאֵל.

3 הַסֵּפֶר ______ אָרוֹן.

4 הַסְּפָרִים ______ הָאָרוֹן הַגָּדוֹל.

5 הַיֶּלֶד יוֹשֵׁב ______ הַכִּסֵּא.

6 הַנְּיָר ______ הַסֵּפֶר.

7 הֵם גָּרִים ______ רְחוֹב הַגָּדוֹל.

8 הוּא עָזַב ______ שָׁעָה שֶׁבַע.

9 אֲנַחְנוּ רַצְנוּ ______ הַמָּטוֹס.

10 הַיַּלְדָּה נוֹסַעַת ______ מָטוֹס.

11 אֲנַחְנוּ כּוֹתְבִים ______ עֶפְרוֹנוֹת.

12 הֵם נוֹסְעִים ______ יִשְׂרָאֵל ______ אֳנִיָּה.

Translate these adages. portions = חֲלָקִים; measures = קַבִּים

עֲשָׂרָה קַבִּים יֹפִי יָרְדוּ לָעוֹלָם –
תִּשְׁעָה לִירוּשָׁלַיִם וְאֶחָד לְכָל הָעוֹלָם כֻּלּוֹ.

עֲשָׂרָה חֲלָקִים שֶׁל תּוֹרָה בָּעוֹלָם –
תִּשְׁעָה בִּירוּשָׁלַיִם וְאֶחָד בְּכָל הָעוֹלָם.

ו. תִּכְתְּבוּ אֶת הַצּוּרָה (form) הַנְּכוֹנָה שֶׁל אוֹת־הַיַּחַס לְ . לִי, לְךָ, לָךְ ...

1 הַמּוֹרֶה נוֹתֵן ________ אֶת הַגִּיר. her

2 אֲנִי אוֹמֶרֶת ________: שָׁלוֹם. him

3 הַמּוֹרֶה כָּתַב ________ אֶת הַמִּכְתָּב. you (f.s.)

4 הַתַּלְמִידָה נָתְנָה ________ אֶת הַסֵּפֶר. us

5 יֵשׁ ________ סֵפֶר עִבְרִי? you (m.s.)

עַבְד־אֶל־הָאדִי

א

הכפר הקטן של עַבְד־אֶל־הָאדִי היה בהרֵי יהודה. מסביב לכפר הָעַרבי היו הרים גבוהים שסגרו את הכפר מעינֵי העולם. שנִים היו עוברות ואדם זר לא היה בא אל הכפר, כי הוא היה רחוק מדרך המלך.

בכפר לא ידעו מה קורה בעולם. בכפר הם דיברו וסיפרו על אִיבְּרָהִים פֶּחָה, גיבור המלחמה. הזקנים היו מספרים על הגבורות של אִיבְּרָהִים פֶּחָה. וכל ילד ונער היה יושב ולומד את הסיפורים.

בראש המְסַפְּרים היה האב של עַבְד־אֶל־הָאדִי. שם האב היה סָלִיחַ. הוא היה חייל של איברהים פחה, והלך אִתּוֹ למקומות רחוקים: עד עַכּוֹ, עד הַר חֶרְמוֹן, ואפילו עד דַּמֶּשֶׂק.

סָלִיחַ היה מספר על הסוסה של אִיבְּרָהִים פֶּחָה, שהיתה בכל המלחמות. "אפילו כדור אחד לא פגע בה," אמר סָלִיח. "הסוסה הזאת היתה פלא." וסליח היה מספר גם על הרובה של אִיבְּרָהִים פֶּחָה. "הרובה הזה ירה כדורים בלי סוף, והכדורים תמיד פגעו במטרה."

גם לסליח היה רובה, שהוא קיבל כשהיה חייל של אִיבְּרָהִים פֶּחָה. סליח היה אומר, "גם הרובה שלי טוב, כמו הרובה של אִיבְּרָהִים פֶּחָה."

כל אנשי הכפר, צעירים וזקנים, שמעו את סיפּוּרֵי סליח, אבל כל פעם היו הסיפּוּרים כמו חדשים. וגם עַבְּד־אֶל־הָאדִי, בנו של סליח, היה שומע וחולם על אִיבְּרָהִים פֶּחָה.

ב

כאשר מת סליח קיבל עַבְּד־אֶל־הָאדִי את הרובה שלו. כל הצעירים קינאו בו, כי לא היה רובה כמוהו בכל הכפרים. עַבְּד־אֶל־הָאדִי גדל, לקח אשה, והיתה לו משפחה. אבל, כולם ידעו שעבּד־אל־האדי אהב את הרובה שלו יותר מאשתו, יותר מבניו.

בשדות הכפר היתה דֶבָּה, וכולם פחדו ממנה. הרבה אנשים ירו בה, אבל מעולם לא פגעו בה. בכפר סיפרו שהדבּה היא לא חיה; הדבּה היתה רוח רעה. אנשי הכפר פחדו לצאת בלילה.

לילה אחד לקח עַבְּד־אֶל־הָאדִי את הרובה שלו ויצא עם חבריו לשדה. הדבּה באה ועַבְּד־אֶל־הָאדִי ירה כדור אחד, והכדור פגע! אז ידעו כולם שהרובה של עַבְּד־אֶל־הָאדִי הוא רובה פלא.

ג

בכפר אחד לא רחוק גר שֵׁיךְ עשיר. הוא קרא לעַבְּד־אֶל־הָאדִי ואמר לו, "מכור לי את הרובה שלך!" עַבְּד־אֶל־הָאדִי לא ענה דבר, אבל צחק לַשֵּׁיךְ בלִבּוֹ.
"אתן לך עשר לירות זהב!"

עַבְּד־אֶל־הָאדִי נבהל. עשר לירות זהב! כל־כך הרבה כסף לא ראה

The Arab village of Baqa al-Gharbiyya in central Israel

בחייו! אחרי כמה רגעים אמר, "לא אמכּוֹר את הרובה באלף לירות זהב! הרובה הוא הכבוד שלי."

והוא עזב את השֵיךְ בכעס. הרובה הביא לו כבוד גדול. איך ימכּוֹר אותו בכסף? אם הוא ימכּוֹר את הרובה, ימכּוֹר את כבודו.

אבל השֵיךְ לא שכח את הרובה. עברו שנים ובני עַבְּד־אֶל־הָאדִי גדלו. בְּנוֹ הגדול היה צריך להיות חייל בצבא. השיך קרא לעַבְּד־אֶל־הָאדִי ואמר לו, "מכּוֹר לי את הרובה שלך, ואני אשלח איש אחר לצבא. בִּנְךָ לא יהיה חייל."

עַבְּד־אֶל־הָאדִי עמד בשקט. הוא חשב על בנו, על אשתו, ופתח את פיו לומר "כן". פתאום הרגיש כאֵב גדול בלִבּוֹ ואמר, "לא! לא אֶתֵּן!"

פני השֵיךְ היו אדומות. אחר־כך צחק ואמר, "לך לשלום."

הכאֵב של עַבְּד־אֶל־הָאדִי היה נורא. אשתו בכתה, בנו לא אמר דבר, אבל בעיניו היו בקשה ותקווה. אך עַבְּד־אֶל־הָאדִי לא מכר את כבודו. הוא לא נתן את הרובה. הבן הלך לצבא.

בלילות לא יכול היה עַבְּד־אֶל־הָאדִי לישון, כי חשב על בנו. היה יוצא אל השדה ויורה ברובה שלו אל הלילה. כך שלח את בִּרכתו לבנו.

ד

עברו שמוֹנֶה שנים, והבן חזר אל הכפר. כל הכפר יצא לראות אותו ולשמוע את סיפוריו על הצבא. הוא ראה את העולם הגדול: הוא היה בְּיָפוֹ, בירושלים, בבֵּירות, וּבְדַמֶּשֶׂק. הוא סיפר על אוניות גדולות, רַכָּבוֹת נוסעות בלי סוסים, תּוֹתָחים גדולים ורובים חדשים.

עַבְד־אֶל־הָאדִי צחק. "האוניות והרכבות הן שטויות, והתותחים והרובים החדשים לא טובים כמו הרובה האחד שלי."
הבן שלו חִייך ואמר, "כאשר תיקח בידך את הרובה החדש שלי, תראה שהרובה שלך אינו שווה כלום."
כאשר יצאו הדברים מפי הבן, נתן עַבְד־אֶל־הָאדִי מַכה חזקה על פניו.

ה

כל הלילה לא יכול היה עַבְד־אֶל־הָאדִי לישון. דִברי הבן היו כאֵב נורא בלִבּוֹ. בחֲצי הלילה קם, לקח את הרובה שלו וגם את הרובה של בנו, ויצא אל השדה.

עַבְד־אֶל־הָאדִי עמד מול עץ גדול. ירה ברובה שלו אל העץ ואחר־כך ירה ברובה של הבן. הלך אל העץ והסתכל בו זמן רב. אחר־כך עמד שוב מול העץ וירה בשני הרובים. ושוב הלך אל העץ והביט בו זמן רב מאוד.

בסוף הלך אל ראש ההר, בידו הרובה, הרובה הנפלא שלו, אשר הקריב בשבילו עשר לירות זהב, וגם את בנו הקריב בשבילו, הרובה שהיה כבודו – וזרק את הרובה מראש ההר אל העֵמֶק.
עַבְד־אֶל־הָאדִי שב אל ביתו עם הרובה החדש של בנו. איש לא ראה כאשר יצא, ואיש לא ראה כאשר חזר.

אותו יום חָלה עַבְד־אֶל־הָאדִי, ומת אחרי שבוע ימים. כי נשבר לִבּוֹ.

יְחִידָה 7

זְמַן חֵרוּתֵנוּ¹   ¹time of our freedom

א

בְּאָבִיב 1947, קִבַּלְתִּי מִכְתָּב מֵחֲבֶרְתִּי אִילָנָה דְּרוֹרִי.
הִכַּרְתִּי¹ אֶת אִילָנָה וְיוֹרָם לִפְנֵי שֶׁגָּרוּ בַּקִּבּוּץ,   ¹I knew
בִּזְמַן שֶׁהָיִיתִי סְטוּדֶנְטִית לִרְפוּאָה¹ בִּירוּשָׁלַיִם.   ¹medicine

לִיעַל הַיְקָרָה, שָׁלוֹם!

כִּמְעַט שָׁנָה וָחֵצִי לֹא רָאִינוּ אוֹתָךְ. הִנֵּה חַג הַפֶּסַח   5
מִתְקָרֵב וַאֲנַחְנוּ שְׂמֵחִים לְהַזְמִין אוֹתָךְ לִהְיוֹת הָאוֹרַחַת
שֶׁלָּנוּ לַסֵּדֶר בַּקִּבּוּץ. אַתְּ זוֹכֶרֶת שֶׁלִּפְנֵי חֲצִי שָׁנָה אִמַּצְנוּ¹   ¹adopted
יַלְדָּה קְטַנָּה שֶׁעָלְתָה לָאָרֶץ מֵהוֹלַנְד אַחֲרֵי הַמִּלְחָמָה.
אֲנַחְנוּ אוֹהֲבִים אֶת בַּתְיָה, אֲבָל דּוֹאֲגִים לָהּ מְאֹד.
בַּחֹדֶשׁ הָאַחֲרוֹן הִיא בּוֹכָה הַרְבֵּה וְלֹא אוֹכֶלֶת. אַתְּ מְבִינָה   10
בַּדְּבָרִים הָאֵלֶּה, וְאוּלַי תּוּכְלִי לַעֲזֹר לָהּ.
דְּרִישַׁת שָׁלוֹם לְכָל יְדִידֵינוּ, וּלְהִתְרָאוֹת בְּקָרוֹב¹.   ¹shortly

אִילָנָה וְיוֹרָם

ב

יוֹרָם וְאִילָנָה גָּרִים בְּבַיִת קָטָן לָבָן וְנָקִי¹.   ¹clean
הֵם קִבְּלוּ אוֹתִי בִּנְשִׁיקוֹת, וְיוֹרָם רָץ לְהָבִיא אֶת
בַּתְיָה מִן הַחֶדֶר הַשֵּׁנִי. הוּא יָצָא עִם יַלְדָּה שְׁחוֹרַת   15
עֵינַיִם, אוּלַי בַּת עֶשֶׂר אוֹ בַּת אַחַת־עֶשְׂרֵה.
לָקַחְתִּי אֶת יָדָהּ הַקְּטַנָּה וְאָמַרְתִּי לָהּ שָׁלוֹם.
וְהִיא לֹא עָנְתָה שׁוּם דָּבָר.

"מַה שְּׁלוֹמֵךְ, בַּתְיָה?" שָׁאַלְתִּי.
שׁוּב לֹא עָנְתָה, וְדִמְעָה נָפְלָה מֵעֵינֶיהָ הַשְּׁחוֹרוֹת.
פִּתְאֹם הִיא רָצָה לַחֶדֶר הַשֵּׁנִי וְסָגְרָה אֶת הַדֶּלֶת.

"לָמָּה הִיא לֹא עָנְתָה לִי?" שָׁאַלְתִּי אֶת אִילָנָה וְיוֹרָם.
"בַּתְיָה יַלְדָּה אִלֶּמֶת[1]," עָנָה יוֹרָם בְּשֶׁקֶט. — [1]mute
"אִלֶּמֶת?"
"כֵּן, יָעֵל," הוּא אָמַר. "הִיא הִפְסִיקָה[1] לְדַבֵּר לִפְנֵי — [1]stopped
שָׁלוֹשׁ שָׁנִים. אֲפִילוּ בּוֹכָה בְּשֶׁקֶט. בּוֹכָה הַרְבֵּה בַּחֹדֶשׁ הָאַחֲרוֹן."
"אֵיךְ זֶה קָרָה?" שָׁאַלְתִּי.

ג

"הַמַּדְרִיךְ[1] שֶׁהֵבִיא אֶת בַּתְיָה לָאָרֶץ סִפֵּר לָנוּ אֶת — [1]counsellor
הַסִּפּוּר," הִסְבִּירָה[1] אִילָנָה. בִּזְמַן הַמִּלְחָמָה הַנָּאצִים — [1]explained
חִפְּשׂוּ יְהוּדִים וְשָׁלְחוּ אוֹתָם לְמַחֲנוֹת הַמָּוֶת[1]. — [1]death camps
לָכֵן, בַּתְיָה גָּרָה עִם אָבִיהָ וְאִמָּהּ בַּעֲלִיַּת־גַּג[1]. — [1]attic
יוֹם וָלַיְלָה יָשְׁבָה שָׁם וְלֹא יָכְלָה לָצֵאת.
לֹא יָכְלָה לְשַׂחֵק וְלָשִׁיר. הִיא וְהוֹרֶיהָ יָשְׁבוּ בְּשֶׁקֶט
וְדִבְּרוּ בְּלַחַשׁ. אָבִיהָ לִמֵּד אוֹתָהּ: "אִם הַגֶּרְמָנִים
יָבוֹאוּ, לְכִי לַאֲרוֹן־הַבְּגָדִים וְאַל תֹּאמְרִי מִלָּה."

יוֹרָם הִמְשִׁיךְ[1] לְסַפֵּר, "חֳדָשִׁים עָבְרוּ בְּלִי חֲבֵרִים, — [1]continued
בְּלִי מִשְׂחָקִים, בְּלִי שִׂמְחָה. לִפְנֵי חַג הַפֶּסַח, הַשִּׂמְחָה
הָאַחַת הָיְתָה שֶׁבַּתְיָה לָמְדָה אֶת אַרְבַּע הַקּוּשְׁיוֹת
וְיָדְעָה לָשִׁיר אֶת כֻּלָּן – בְּשֶׁקֶט."

ד

"בְּלֵיל הַסֵּדֶר בַּתְיָה לֹא שָׁרָה אֶת הַקּוּשְׁיוֹת," הִמְשִׁיךְ יוֹרָם לְסַפֵּר.
"לִפְנֵי הַסֵּדֶר הוֹרֶיהָ שָׁמְעוּ רַעַשׁ גָּדוֹל וְאָמְרוּ לְבַתְיָה
לָרוּץ מַהֵר לַאֲרוֹן־הַבְּגָדִים וְלָשֶׁבֶת בְּשֶׁקֶט.
הַגֶּרְמָנִים שָׁבְרוּ אֶת הַדֶּלֶת וְלָקְחוּ אֶת הוֹרֶיהָ לְמַחֲנוֹת הַמָּוֶת.
הִיא בְּוַדַּאי רָצְתָה לִצְעֹק וְלִבְכּוֹת בְּקוֹל מַר,
אֲבָל הִיא זָכְרָה אֶת דִּבְרֵי אָבִיהָ וְשָׁתְקָה[1]. — [1]was silent

שָׁכֵן מָצָא אוֹתָהּ אַחֲרֵי שְׁלוֹשָׁה יָמִים יוֹשֶׁבֶת
בְּשֶׁקֶט בַּאֲרוֹן־הַבְּגָדִים. הוּא הִצִּיל אוֹתָהּ מֵהַנָּאצִים.
מִלֵּיל הַפֶּסַח הַהוּא בַּתְיָה שׁוֹתֶקֶת, אִלֶּמֶת."

ה

50 אִילָנָה וְיוֹרָם סִפְּרוּ לִי שֶׁבַּתְיָה אוֹהֶבֶת אֶת הַקִּבּוּץ,
וְאֶת הוֹרֶיהָ הַחֲדָשִׁים. הִיא תָּמִיד שְׂמֵחָה, מְשַׂחֶקֶת עִם
יַלְדֵי הַקִּבּוּץ וְלוֹמֶדֶת בְּבֵית־הַסֵּפֶר. יוֹרָם וְאִילָנָה
מְסַפְּרִים לָהּ סִפּוּרִים וְיוֹצְאִים אִתָּהּ לְטִיּוּלִים.
אֲבָל בַּתְיָה אַף פַּעַם לֹא מְדַבֶּרֶת.

55 לִפְנֵי חֹדֶשׁ יָמִים הִתְחִילָה בַּתְיָה לִבְכּוֹת, לָשֶׁבֶת בְּשֶׁקֶט
בַּחֶדֶר הַשֵּׁנִי. הִיא לֹא רָצְתָה לְשַׂחֵק עִם חֲבֵרֶיהָ,
לָצֵאת לְטִיּוּלִים, לִלְמֹד בְּבֵית־הַסֵּפֶר.
חַג הַפֶּסַח מִתְקָרֵב, וְכָל הַיְלָדִים בַּקִּבּוּץ לוֹמְדִים אֶת
אַרְבַּע הַקֻּשְׁיוֹת, שִׁירִים, סִפּוּרִים וְרִקּוּדִים לְלֵיל הַסֵּדֶר.
60 אֲבָל בַּתְיָה יוֹשֶׁבֶת וּבוֹכָה בְּשֶׁקֶט.

ו

בְּלֵיל הַסֵּדֶר, אִילָנָה הִלְבִּישָׁה[1] אֶת בַּתְיָה שִׂמְלָה חֲדָשָׁה
¹dressed
וְיָפָה. אֲנִי יָשַׁבְתִּי עִם שְׁלוֹשְׁתָּם בַּחֲדַר־הָאֹכֶל הַגָּדוֹל.
¹shone
לְפָנֵינוּ נוֹצְצוּ[1] נֵרוֹת לְבָנִים.
אָמַר יוֹרָם, "אַתְּ רוֹאָה אֶת הַנֵּרוֹת וְאֶת
¹napkin
65 שָׁלוֹשׁ הַמַּצּוֹת תַּחַת הַמַּפִּית[1]?"
חָבֵר אֶחָד קָם וְקִדֵּשׁ עַל הַיַּיִן, וְכֻלָּנוּ אָכַלְנוּ מַצָּה.
¹stage
אַחֲרֵי הַבְּרָכָה הָרִאשׁוֹנָה, כָּל הַיְלָדִים עָלוּ עַל הַבָּמָה[1]
לָשִׁיר אֶת אַרְבַּע הַקֻּשְׁיוֹת.

בַּתְיָה יָשְׁבָה בֵּין יוֹרָם וְאִילָנָה, וְלָקְחָה אֶת יְדֵיהֶם בְּיָדֶיהָ.
70 עֵינֶיהָ נוֹצְצוּ כְּמוֹ הַנֵּרוֹת, וְסֵפֶר הַהַגָּדָה פָּתוּחַ לְפָנֶיהָ.
"מַה נִּשְׁתַּנָּה," שָׁרוּ כָּל הַיְלָדִים עַל הַבָּמָה, וּפִתְאֹם
הִתְחִילָה בַּתְיָה לָשִׁיר אִתָּם: "מַה נִּשְׁתַּנָּה הַלַּיְלָה הַזֶּה
מִכָּל הַלֵּילוֹת!"

מִלּוֹן

א

חֵרוּתֵנוּ	our freedom
הִכַּרְתִּי — נכר√	knew, recognized
רְפוּאָה	medicine
אוֹרַחַת	guest
הַכְנָסַת אוֹרְחִים	hospitality
בְּקָרוֹב	shortly, soon
אֶלֶף תְּשַׁע מֵאוֹת אַרְבָּעִים וְשֶׁבַע	1947

ב

נָקִי, נְקִיָּה	clean (adj.)
אִלֶּמֶת	mute
הִפְסִיקָה — פסק√	stopped

ג

מַדְרִיךְ	counsellor, guide
הִסְבִּיר — סבר√	explained
אֲרוֹן־בְּגָדִים	clothes closet
הִמְשִׁיךְ — משך√	continued

ו

הִלְבִּישׁ — לבש√	dressed
מַפִּית	napkin
בָּמָה	stage, platform

תַּרְגִּילִים בַּהֲבָנַת הַסִּפּוּר

א. תְּסַמְּנוּ אֶת הַמִּשְׁפָּט **הַלֹּא־נָכוֹן** בְּכָל קְבוּצָה.

1 א. יָעֵל קִבְּלָה מִכְתָּב מֵאִילָנָה.
ב. יָעֵל לָמְדָה רְפוּאָה בִּירוּשָׁלַיִם.
ג. יוֹרָם וְאִילָנָה גָּרִים בְּקִבּוּץ.
ד. גַּם יָעֵל גָּרָה בַּקִּבּוּץ.

2 א. יוֹרָם וְאִילָנָה אִמְּצוּ יַלְדָּה קְטַנָּה.
ב. בַּתְיָה הִגִּיעָה לְיִשְׂרָאֵל לִפְנֵי הַמִּלְחָמָה.
ג. בַּתְיָה עָלְתָה לְיִשְׂרָאֵל מֵהוֹלַנְד.
ד. יוֹרָם וְאִילָנָה אוֹהֲבִים אֶת בַּתְיָה מְאֹד.

3 א. בַּתְיָה יַלְדָּה אִלֶּמֶת.
ב. הִיא הִפְסִיקָה לְדַבֵּר לִפְנֵי שָׁלוֹשׁ שָׁנִים.
ג. הִיא לֹא הִפְסִיקָה לְדַבֵּר עִם אִילָנָה.
ד. הִיא לֹא מְדַבֶּרֶת עִם אַף אֶחָד.

4 א. בִּזְמַן הַמִּלְחָמָה בַּתְיָה גָּרָה עִם הוֹרֶיהָ.
ב. בַּתְיָה וְהוֹרֶיהָ גָּרוּ בַּעֲלִיַּת־גַּג.
ג. הֵם פָּחֲדוּ מֵהַגֶּרְמָנִים.
ד. הֵם יָשְׁבוּ כָּל הַזְּמַן בַּאֲרוֹן־בְּגָדִים.

5 א. בַּעֲלִיַּת־הַגַּג בַּתְיָה שִׂחֲקָה עִם חֲבֵרֶיהָ.
ב. בַּעֲלִיַּת־הַגַּג בַּתְיָה לֹא יָכְלָה לָשִׁיר אוֹ לְשַׂחֵק.
ג. בַּתְיָה לָמְדָה לָשִׁיר אֶת אַרְבַּע הַקּוּשְׁיוֹת.
ד. לְבַתְיָה הָיְתָה רַק שִׂמְחָה אַחַת.

6 א. בְּלֵיל הַסֵּדֶר לָקְחוּ הַגֶּרְמָנִים אֶת הוֹרֵי בַּתְיָה לַמַּחֲנֶה.
ב. בְּלֵיל הַסֵּדֶר בַּעֲלִיַּת־הַגַּג הָיְתָה שִׂמְחָה גְּדוֹלָה.
ג. בְּלֵיל הַסֵּדֶר בַּעֲלִיַּת־הַגַּג בַּתְיָה לֹא שָׁרָה אֶת הַקּוּשְׁיוֹת.
ד. בְּלֵיל הַסֵּדֶר בַּעֲלִיַּת־הַגַּג בַּתְיָה יָשְׁבָה בָּאֲרוֹן.

7 א. שָׁכֵן הִצִּיל אֶת בַּתְיָה מֵהַנָּאצִים.
ב. בַּתְיָה יָשְׁבָה בָּאֲרוֹן־בְּגָדִים שְׁלוֹשָׁה יָמִים.
ג. הַנָּאצִים לָקְחוּ אֶת בַּתְיָה וְהוֹרֶיהָ לַמַּחֲנֶה.
ד. מִלֵּיל הַפֶּסַח הַהוּא בַּתְיָה שׁוֹתֶקֶת.

8 א. בַּקִּבּוּץ, לִפְנֵי פֶּסַח, בַּתְיָה הָיְתָה עֲצוּבָה מְאֹד.
ב. לִפְנֵי פֶּסַח כָּל יַלְדֵי הַקִּבּוּץ לָמְדוּ אֶת הַקּוּשְׁיוֹת.
ג. בַּקִּבּוּץ גַּם בַּתְיָה לָמְדָה אֶת הַקּוּשְׁיוֹת.
ד. אִילָנָה וְיוֹרָם לֹא מְבִינִים לָמָּה בַּתְיָה בּוֹכָה כָּל הַזְּמַן.

9 א. בְּלֵיל הַסֵּדֶר אִילָנָה הִלְבִּישָׁה אֶת בַּתְיָה בְּשִׂמְלָה חֲדָשָׁה.
ב. בְּלֵיל הַסֵּדֶר יָעֵל, אִילָנָה וּבַתְיָה יָשְׁבוּ יַחַד בַּבַּיִת.
ג. בְּלֵיל הַסֵּדֶר כָּל חַבְרֵי הַקִּבּוּץ יָשְׁבוּ יַחַד בַּחֲדַר־הָאֹכֶל הַגָּדוֹל.
ד. בְּלֵיל הַסֵּדֶר גַּם יָעֵל הָיְתָה בַּקִּבּוּץ.

10 א. בַּתְיָה הִמְשִׁיכָה לִהְיוֹת אִלֶּמֶת אַחֲרֵי הַסֵּדֶר.
ב. בַּחֲדַר־הָאֹכֶל חָבֵר אֶחָד קִדֵּשׁ עַל הַיַּיִן.
ג. כָּל יַלְדֵי הַקִּבּוּץ שָׁרוּ אֶת אַרְבַּע הַקּוּשְׁיוֹת.
ד. גַּם בַּתְיָה שָׁרָה אֶת אַרְבַּע הַקּוּשְׁיוֹת.

ב. תִּכְתְּבוּ סִכּוּם (summary) שֶׁל הַסִּפּוּר.

___

___

___

___

___

___

___

___

___

___

ג. תַּעֲנוּ עַל הַשְּׁאֵלוֹת הָאֵלֶּה.

1 אֵיפֹה נוֹלְדָה בַּתְיָה?

2 מִי אִמֵּץ אֶת בַּתְיָה?

3 אֵיפֹה גָּרָה מִשְׁפַּחַת דְּרוֹרִי?

4 מָה עוֹשָׂה יָעֵל?

5 לָמָּה הִזְמִינוּ אֶת יָעֵל לַקִּבּוּץ?

6 מַה זֹּאת אִלֶּמֶת?

7 מִמָּתַי (since when) בַּתְיָה אִלֶּמֶת?

8 בִּזְמַן הַמִּלְחָמָה, אֵיפֹה גָּרָה בַּתְיָה עִם מִשְׁפַּחְתָּהּ?

9 מִי הִצִּיל אֶת בַּתְיָה מִן הַגֶּרְמָנִים?

10 מָתַי הִתְחִילָה בַּתְיָה לְדַבֵּר שׁוּב?

ד. תִּבְחֲרוּ בַּמִּלָּה הַנְּכוֹנָה.

הִכַּרְתִּי / כִּמְעַט / לְהַזְמִין / הִפְסִיקָה / לְפָנֵינוּ / הִתְחִילוּ
לְהַמְשִׁיךְ / הִסְבִּיר / לְהַצִּיל / לְהָבִין / לְהָכִין

1 הֵם רָצוּ __________ אוֹרְחִים לְשַׁבָּת.

2 הַיֶּלֶד לֹא יָכֹל __________ אֶת הַכֶּלֶב שֶׁלּוֹ.

3 אֲנִי __________ אוֹתָם לִפְנֵי הַרְבֵּה שָׁנִים.

4 הַתַּלְמִיד לֹא הֵבִין, וְהַמּוֹרֶה __________ לוֹ אֶת הַשִּׁעוּר.

5 הוּא לֹא רָצָה __________ לִקְרֹא אֶת הַסִּפּוּר.

6 הִיא __________ גָּמְרָה לֶאֱכֹל.

7 הִיא __________ לְדַבֵּר כִּי הָרַעַשׁ הָיָה גָּדוֹל.

8 הַהוֹרִים עָמְדוּ __________ בַּתּוֹר.

9 קָשֶׁה לוֹ __________ מַה שֶּׁקָּרָה בַּמִּלְחָמָה.

10 הֵם __________ לִלְמֹד כְּשֶׁהֵם הָיוּ צְעִירִים.

Here are two comments about הַכְנָסַת אוֹרְחִים found in the Talmud.

יוֹסֵי בֶּן יוֹחָנָן אִישׁ יְרוּשָׁלַיִם אוֹמֵר: יְהִי בֵיתְךָ פָּתוּחַ לִרְוָחָה, וְיִהְיוּ עֲנִיִּים בְּנֵי־בֵיתֶךָ.

רַב הוּנָא כְּשֶׁהָיָה אוֹכֵל לֶחֶם הָיָה פּוֹתֵחַ דַּלְתוֹתָיו וְאָמַר: כָּל שֶׁצָּרִיךְ יָבוֹא וְיֹאכַל.

בִּנְיָן הִפְעִיל

You have learned three **meaning classes**, בִּנְיָנִים: פָּעַל־קַל פִּעֵל הִתְפַּעֵל

Here is the **base form** of each בִּנְיָן.

קַל	כָּתַב
פִּעֵל	כִּתֵּב
הִתְפַּעֵל	הִתְכַּתֵּב

Here is the **base form** of **בִּנְיָן הִפְעִיל**.

ה□ְ□ִי□ הִדְלִיק

Each בִּנְיָן conveys a **basic meaning**, although sometimes it is not evident.

קַל	**simple** or **regular** action
פִּעֵל	**intensive**, **causative**, or **repetitive** action
הִתְפַּעֵל	**reflexive** or **reciprocal** action

The basic meaning conveyed by **בִּנְיָן הִפְעִיל** is **causative** action.

he dressed (caused the child to be dressed)	הוּא הִלְבִּישׁ אֶת הַיֶּלֶד.
he dictated (caused the letter to be written)	מֹשֶׁה הִכְתִּיב מִכְתָּב.
he brought in (caused the dog to enter)	הַיֶּלֶד הִכְנִיס אֶת הַכֶּלֶב לַבַּיִת.
he completed (caused the sentence to be completed)	הַתַּלְמִיד הִשְׁלִים אֶת הַמִּשְׁפָּט.
he enlarged (caused the house to grow)	הָאָב הִגְדִּיל אֶת הַבַּיִת.
he frightened (caused the boy to be afraid)	הַכֶּלֶב הִפְחִיד אֶת הַיֶּלֶד.
he kindled (caused the candles to burn)	הַיֶּלֶד הִדְלִיק נֵרוֹת חֲנֻכָּה.

It is somewhat more difficult to see the causative action in these הִפְעִיל verbs.

he felt	הִרְגִּישׁ	he began	הִתְחִיל
he threw	הִשְׁלִיךְ	he continued	הִמְשִׁיךְ
he stopped	הִפְסִיק	he decided	הֶחְלִיט
he succeeded	הִצְלִיחַ	he agreed	הִסְכִּים

Conjugation of בִּנְיָן הִפְעִיל – שְׁלֵמִים

עָבָר – דלק√	אֲנִי	הִדְלַקְתִּי	אֲנַחְנוּ	הִדְלַקְנוּ
	אַתָּה	הִדְלַקְתָּ	אַתֶּם	הִדְלַקְתֶּם
	אַתְּ	הִדְלַקְתְּ	אַתֶּן	הִדְלַקְתֶּן
	הוּא	הִדְלִיק	הֵם	הִדְלִיקוּ
	הִיא	הִדְלִיקָה	הֵן	הִדְלִיקוּ

Base Form הִדְלִיק

שֵׁם הַפֹּעַל לְהַדְלִיק

Note the prefix ה, and the י between the 2nd and 3rd letters of the שֹׁרֶשׁ in the 3rd person singular and plural.

הֹוֶה – דלק√	מַדְלִיק	מַדְלִיקִים
	מַדְלִיקָה	מַדְלִיקוֹת

Note the prefix מ and the י inserted between the 2nd and 3rd letters of the שֹׁרֶשׁ.

עָתִיד – דלק√	אַדְלִיק	נַדְלִיק
	תַּדְלִיק	תַּדְלִיקוּ
	תַּדְלִיקִי	
	יַדְלִיק	יַדְלִיקוּ
	תַּדְלִיק	

Note the י between the 2nd and 3rd letters of the שֹׁרֶשׁ.

בִּנְיַן הִפְעִיל in other גְּזָרוֹת

בִּנְיַן הִפְעִיל verbs belonging to גְּזָרוֹת other than שְׁלֵמִים are more difficult to recognize.

Here are the **הִפְעִיל base forms of verbs belonging to various גְּזָרוֹת** you have learned.

Conjugation of גִּזְרַת ל"ה

	ראה√	עלה√	פנה√	
עָבָר	הֶרְאָה	הֶעֱלָה	הִפְנָה	(referred)
הֹוֶה	מַרְאֶה	מַעֲלֶה	מַפְנֶה	
עָתִיד	יַרְאֶה	יַעֲלֶה	יַפְנֶה	

Conjugation of גִּזְרַת ע"ו-ע"י

	בוא√	קום√	שוב√	כון√	זוז√	בין√
עָבָר	הֵבִיא	הֵקִים	הֵשִׁיב	הֵכִין	הֵזִיז	הֵבִין
הֹוֶה	מֵבִיא	מֵקִים	מֵשִׁיב	מֵכִין	מֵזִיז	מֵבִין
עָתִיד	יָבִיא	יָקִים	יָשִׁיב	יָכִין	יָזִיז	יָבִין

Note: In גִּזְרַת ע"ו a י is substituted for the ו of the 2nd root-letter.

Conjugation of גִּזְרַת פ"י

	ירד√	ישב√	יצא√
עָבָר	הוֹרִיד	הוֹשִׁיב	הוֹצִיא
הֹוֶה	מוֹרִיד	מוֹשִׁיב	מוֹצִיא
עָתִיד	יוֹרִיד	יוֹשִׁיב	יוֹצִיא

Note: In גִּזְרַת פ"י a ו is substituted for the י of the first root-letter.

Common verbs in הִפְעִיל

לְהַזְמִין	to invite, to order
לְהַדְלִיק	to kindle
לְהַלְבִּישׁ	to dress (someone)
לְהַכְנִיס	to bring in
לְהַסְכִּים ל	to agree
לְהַכְתִּיב	to dictate
לְהַחְלִיט	to decide
לְהַתְחִיל	to begin
לְהַפְסִיק	to stop
לְהַשְׁפִּיעַ עַל	to influence
לְהַפְרִיעַ לְ	to disturb
לְהַצְלִיחַ בְּ	to succeed
לְהַשְׁגִּיחַ עַל	to supervise
לְהַבְטִיחַ	to promise
לְהַרְגִּישׁ	to feel
לְהַמְשִׁיךְ	to continue
לְהַגְדִּיל	to enlarge

לְהַסְבִּיר	to explain
לְהַזְכִּיר	to remind
לְהַשְׁלִים	to complete
לְהַדְרִיךְ	to guide
לְהַעֲלוֹת עלה√	to raise
לְהַרְאוֹת ראה√	to show
לְהוֹצִיא יצא√	to take out
לְהוֹרִיד ירד√	to lower
לְהָקִים קום√	to establish
לְהָזִיז זוז√	to move
לְהָבִיא בוא√	to bring
לְהָשִׁיב שוב√	to reply, to return
לְהָכִין כון√	to prepare
לְהָבִין בין√	to understand
לְהַצִּיל נצל√	to save
לְהַכִּיר נכר√	to know, to recognize

תַּרְגִּילִים

א. תַּשְׁלִימוּ אֶת הַטַּבְלָה בַּהֹוֶה.

	כנס√	לבש√	דלק√
יֶלֶד	מַכְנִיס		
יַלְדָּה	מַכְנִיסָה		
יְלָדִים	מַכְנִיסִים		
יְלָדוֹת	מַכְנִיסוֹת		

ב. תִּכְתְּבוּ אֶת הַפֹּעַל בַּהֹוֶה.

1 הַתַּלְמִיד תָּמִיד צלח√ ________ בַּבְּחִינָה.

2 הַמּוֹרֶה דלק√ ________ נֵר חֲנֻכָּה.

3 הַבַּחוּרִים סכם√ ________ לָבוֹא לַמְּסִבָּה.

4 אָחִי לֹא רגש√ ________ טוֹב.

5 הַבַּחוּרוֹת תחל√ ________ לַעֲבֹד.

ג. תַּשְׁלִימוּ אֶת הַטַּבְלָה בֶּעָבָר.

	לבש√	זמן√	כתב√
אֲנִי	הִלְבַּשְׁתִּי		
אַתָּה	הִלְבַּשְׁתָּ		
אַתְּ	הִלְבַּשְׁתְּ		
הוּא	הִלְבִּישׁ		
הִיא	הִלְבִּישָׁה		
אֲנַחְנוּ	הִלְבַּשְׁנוּ		
אַתֶּם	הִלְבַּשְׁתֶּם		
אַתֶּן	הִלְבַּשְׁתֶּן		
הֵם־הֵן	הִלְבִּישׁוּ		

ד. תִּכְתְּבוּ אֶת הַפֹּעַל בְּהִפְעִיל, עָבָר.

1 יְהוּדָה, הַאִם כנס√ ________ אֶת הָאוֹרְחִים?

2 שָׂרָה, לָמָּה פחד√ ________ אוֹתִי?

3 אִמָּא כְּבָר דלק√ ________ נֵרוֹת שַׁבָּת.

4 אֲנַחְנוּ לֹא סכם√ ________ לִנְסֹעַ אִתּוֹ.

5 אֲנִי תחל√ ________ לִקְרֹא אֶת הַסֵּפֶר אֶתְמוֹל.

6 הַמּוֹרֶה זמן√ ________ אֶת תַּלְמִידָיו לְבֵיתוֹ.

7 יְלָדִים, צלח√ ________ בַּבְּחִינָה?

8 שִׁמְעוֹן וְדָלְיָה פרע√ ________ לַכִּתָּה.

9 הַמַּדְרִיכָה דרך√ ________ אֶת הַיְלָדוֹת בַּמַּחֲנֶה.

10 דִּינָה, סבר√ ________ לוֹ אֶת הַשִּׁעוּר?

A Passover seder in kibbutz Na'an

ה. תִּבְחֲרוּ בַּמִּלָּה הַנְּכוֹנָה. **אוֹתוֹ מִמֶּנּוּ אִתּוֹ**

Remember: The verb in הִתְפַּעֵל *rarely* takes an object.

0 הָאֵם כְּבָר הִלְבִּישָׁה ___אוֹתוֹ___

1 הַתִּינוֹק הִתְלַבֵּשׁ ________

2 הַכֶּלֶב מְפַחֵד ________

3 הַכֶּלֶב הִפְחִיד ________

4 הַסּוֹפֵר מַכְתִּיב ________

5 הַסּוֹפֵר הִתְכַּתֵּב ________

6 הַהוֹרִים הִכְנִיסוּ ________

7 הַהוֹרִים הִתְכַּנְּסוּ ________

8 הָאָב הִגְדִּיל ________

9 הָאָב גִּדֵּל ________

10 הַחַיָּל בָּרַח ________

11 הֵם הִבְרִיחוּ (smuggled) ________

לְהַלֵּךְ אַחֲרֵי מִדּוֹתָיו שֶׁל הַקָּדוֹשׁ־בָּרוּךְ־הוּא; מַה הוּא הִלְבִּישׁ עֲרוּמִים... אַף אַתָּה הַלְבֵּשׁ עֲרוּמִים....

Follow the attributes of the Lord; just as He clothed the naked ... so shall you too clothe the naked.... (Talmud)

ו. תַּשְׁלִימוּ אֶת הַטַּבְלָה בֶּעָתִיד.

	חלט√	תחל√	רגש√
אֲנִי	אַחְלִיט		
אַתָּה	תַּחְלִיט		
אַתְּ	תַּחְלִיטִי		
הוּא	יַחְלִיט		
הִיא	תַּחְלִיט		
אֲנַחְנוּ	נַחְלִיט		
אַתֶּם־אַתֶּן	תַּחְלִיטוּ		
הֵם־הֵן	יַחְלִיטוּ		
שֵׁם הַפֹּעַל	לְהַחְלִיט		

ז. תִּכְתְּבוּ אֶת שֵׁם־הַגּוּף.

0 ___אֲנִי___ הִתְחַלְתִּי

1 ________ הִסְכַּמְנוּ

2 ________ מוֹרִידָה

3 ________ תַּפְרִיעִי

4 ________ הִלְבַּשְׁתֶּן

5 ________ מַכְתִּיבוֹת

6 ________ תַּגְדִּילוּ

7 ________ הִדְלִיקוּ

8 ________ הוֹצִיאָה

9 ________ הִצְלַחְתְּ

10 ________ יַרְגִּישׁ

ח. תְּחַבְּרוּ מִשְׁפָּטִים בַּפְּעָלִים הָאֵלֶּה בְּבִנְיָן הִפְעִיל בֶּעָתִיד.

1 דרך√ ________________________________.

2 רגש√ ________________________________.

3 חלט√ ________________________________.

4 פסק√ אַל ________________________________.

5 שפע√ ________________________________.

Gerunds שֵׁם הַפְּעוּלָה

Many nouns can be formed from הִפְעִיל verbs.

dictation	הַכְתָּבָה, הַכְתָּבוֹת	to dictate	לְהַכְתִּיב
intermission	הַפְסָקָה	to stop	לְהַפְסִיק
influence	הַשְׁפָּעָה	to influence	לְהַשְׁפִּיעַ
disturbance	הַפְרָעָה	to disturb	לְהַפְרִיעַ
invitation	הַזְמָנָה	to invite	לְהַזְמִין
kindling	הַדְלָקָה	to kindle	לְהַדְלִיק
decision	הַחְלָטָה	to decide	לְהַחְלִיט
success	הַצְלָחָה	to succeed	לְהַצְלִיחַ
beginning	הַתְחָלָה	to begin	לְהַתְחִיל
agreement	הַסְכָּמָה	to agree	לְהַסְכִּים
dedication	הַקְדָּשָׁה	to dedicate	לְהַקְדִּישׁ

What does this adage mean?

כָּל הַתְחָלוֹת קָשׁוֹת.

תַּרְגִּילִים

א. Form a noun from the underlined word.

0 הַמַּדְרִיכִים נָתְנוּ ___הַדְרָכָה___ טוֹבָה לַיְלָדִים.

1 רָצִיתִי לְהַזְמִין אֶת הָאוֹרְחִים וְשָׁלַחְתִּי לָהֶם __________.

2 הַמּוֹרֶה הִפְסִיק אֶת הַשִּׁעוּר וְהָיְתָה לָנוּ __________ אֲרֻכָּה.

3 קָשֶׁה הָיָה לְהַחְלִיט אֶת __________ הַזֹּאת.

4 הֵם לֹא רָצוּ לְהַסְכִּים עַל __________ הָאֵלֶּה.

5 הוּא הִשְׁפִּיעַ עָלֶיהָ וְ__________ שֶׁלּוֹ הָיְתָה רָעָה.

ב. Match column א with column ב to form a correct Hebrew sentence. There are several possibilities for each item. Do them orally and then write them down.

א	ב
רָצִינוּ לְהַפְסִיק	עֲלֵיהֶם
הַמַּדְרִיכָה הִשְׁגִּיחָה	עִמָּהֶם
הָאֶבֶן נָפְלָה	אִתּוֹ
אֲנִי הִתְקַשַּׁרְתִּי	אוֹתָהּ
אָסוּר לִנְסֹעַ	בְּשֶׁקֶט
כְּבָר הֶחְלַטְנוּ	

1 __________ 6 __________

2 __________ 7 __________

3 __________ 8 __________

4 __________ 9 __________

5 __________ 10 __________

דּוּ־שִׂיחַ

שָׂרָה: שָׁלוֹם רִנָּה! אֵיךְ אַתְּ מַרְגִּישָׁה?

רִנָּה: מְצֻיָּן! אֲנִי לֹא עוֹבֶדֶת – יֵשׁ שְׁבִיתָה[1]! [1]strike

שָׂרָה: שְׁבִיתָה? מָתַי הִפְסַקְתְּ לַעֲבֹד?

רִנָּה: אֶתְמוֹל. הַשְּׁבִיתָה הִתְחִילָה אֶתְמוֹל בַּבֹּקֶר.

שָׂרָה: כַּמָּה זְמַן תִּשְׁבְּתוּ?

רִנָּה: אֲנִי לֹא יוֹדַעַת. אִם הַבְּעָלִים יַסְכִּימוּ לַדְּרִישׁוֹת[1] [1]demands
שֶׁלָּנוּ נַחֲזֹר לַעֲבוֹדָה.

שָׂרָה: מַה דְּרַשְׁתֶּם?

רִנָּה: אֲנַחְנוּ דּוֹרְשִׁים מִסְפָּר דְּבָרִים:

א. שֶׁנַּתְחִיל לַעֲבֹד בְּתֵשַׁע בַּבֹּקֶר וְנַפְסִיק בְּאַרְבַּע,
עִם שְׁתֵּי הַפְסָקוֹת.

ב. שֶׁיּוֹסִיפוּ[1] לָנוּ מֵאָה שְׁקָלִים לְשָׁעָה. [1]add

ג. שֶׁיּוֹרִידוּ אֶת הַמְּחִיר[1] שֶׁל הָאֲרוּחוֹת בַּמִּסְעָדָה. [1]price

שָׂרָה: אַתֶּם מְבַקְשִׁים לְהוֹסִיף הַרְבֵּה וּלְהוֹרִיד הַרְבֵּה.

רִנָּה: נָכוֹן. אֲנַחְנוּ מְבַקְשִׁים רַק מִסְפָּר דְּבָרִים.

שָׂרָה: וְאִם תַּצְלִיחוּ, מָתַי תַּתְחִילוּ לַעֲבֹד?

רִנָּה: הֶחְלַטְנוּ לְהַתְחִיל בָּרֶגַע שֶׁיִּהְיֶה הַסְכֵּם[1]. [1]agreement

שָׂרָה: בְּהַצְלָחָה, וּלְהִתְרָאוֹת!

A strike of women garment-workers during the Depression

הַכֶּבֶשׂ[1] הַשִּׁשָּׁה־עָשָׂר

[1]sheep

מֵאֵת יוֹנָתָן גֶּפֶן

כְּשֶׁאֲנִי לֹא מַצְלִיחַ לְהֵרָדֵם
וּמַחֲשָׁבוֹת יוֹצְאוֹת וְנִכְנָסוֹת,
אֲנִי יוֹשֵׁב עַל הַמִּטָּה שֶׁלִּי
וְסוֹפֵר[1] כְּבָשִׂים (וְלִפְעָמִים גַּם כְּבָשׂוֹת).

[1]count

הָעֵדֶר[1] עוֹבֵר מֵעַל[2] לְרֹאשִׁי
וְנֶעֱלָם[1] לִי מֵאֲחוֹרֵי הַגַּב
וְכָל כֶּבֶשׂ שֶׁעוֹבֵר דּוֹמֶה[1] בְּדִיּוּק
לַכֶּבֶשׂ שֶׁעָבַר פֹּה לְפָנָיו.

[1]flock [2]above
[1]disappears
[1]looks like

כֶּבֶשׂ רִאשׁוֹן וְכֶבֶשׂ שֵׁנִי,
כֶּבֶשׂ שְׁלִישִׁי וּרְבִיעִי,
כַּדּוּרִים שֶׁל צֶמֶר[1],
כֻּלָּם דּוֹמִים,
עוֹבְרִים כֶּבֶשׂ שְׁמִינִי
וְכֶבֶשׂ תְּשִׁיעִי.

[1]wool

אַךְ[1] כְּשֶׁמַּגִּיעַ הַכֶּבֶשׂ הַשִּׁשָּׁה־עָשָׂר,
אֲנִי יוֹדֵעַ שֶׁהוּא יֵעָצֵר וְיִסְתּוֹבֵב[1] לִי בַּחֶדֶר,
וַאֲנִי מֵבִין שֶׁהַכֶּבֶשׂ הַזֶּה יִשָּׁאֵר[1]
וְאֵין לוֹ עִנְיָן[1] לְהַמְשִׁיךְ עִם הָעֵדֶר.
אֲנִי לוֹחֵשׁ לוֹ: "נוּ, כֶּבֶשׂ! תָּזוּז!
תֵּן פַּעַם לִסְפֹּר אֶת כֻּלָּם!"
אֲבָל הוּא לֹא זָז.
וְהַכֶּבֶשׂ הַשִּׁשָּׁה־עָשָׂר
הוּא בְּדֶרֶךְ כְּלָל[1]
הַכֶּבֶשׂ שֶׁאִתּוֹ אֲנִי
נִרְדָּם.

[1]but
[1]move about
[1]will remain
[1]interest
[1]in general

מִלּוֹן

סוֹפֵר – ספר√	count
מֵעַל	above
יִסְתּוֹבֵב – סבב√	will move about
עִנְיָן	interest, concern
בְּדֶרֶךְ כְּלָל	in general

תַּעֲנוּ עַל הַשְּׁאֵלוֹת.

1 מָה עוֹשֶׂה הָ"אֲנִי" כְּשֶׁהוּא לֹא יָכוֹל לְהֵרָדֵם?
2 כַּמָּה כְּבָשִׂים בָּאִים?
3 אֵיפֹה הֵם עוֹבְרִים?
4 עִם מִי נִרְדָּם הָ"אֲנִי"?

תַּרְגִּילִים לַחֲזָרָה

א. תְּסַמְּנוּ אֶת הַמִּלָּה שֶׁלֹּא שַׁיֶּכֶת (belongs) וְתַסְבִּירוּ.

0	שׁוֹמֵר	שָׁמַרְתִּי	שְׁמִירָה	נִשְׁמֹר
1	הַמְחַבֵּר	חִבּוּרִים	נְחַבֵּר	מַחְבֶּרֶת
2	מִכְתָּבֵךְ	הִתְכַּתַּבְתֶּם	מִכְתָּבָהּ	הַכְתָּבָה
3	שִׁגָּעוֹן	גָּשׁוּם	מִשְׁתַּגַּעַת	מְשֻׁגָּעִים
4	מָצָאנוּ	הִמְצֵאתֶם	מַמְצִיאִים	מוֹצִיא
5	הַזְמָנָה	הַחְלָטָה	הִתְנַהֲגוּת	הַכְתָּבוֹת
6	חִדּוּשׁ	סִפּוּרִים	חִבּוּר	הַשְׁפָּעוֹת
7	שִׂמְלָה	שִׁלֵּם	הִשְׁתַּלְּמוּת	מַשְׁלִים
8	בִּטָּחוֹן	בָּטוּחַ	הַבְטָחָה	הִבְטַחְתִּי
9	מַכְנִיסוֹת	תַּכְנִיסוּ	כִּנַּסְנוּ	הִכְנַסְנוּ
10	קִדַּשְׁתִּי	מְקַדֵּשׁ	מַקְדִּישׁ	תִּקַּדְּשׁוּ

ב. For each Hebrew phrase in column א, choose any שֹׁרֶשׁ from column
ב and add a phrase of your own to form a correct Hebrew sentence.

ב		א	
קום√	6 הַתַּלְמִידִים רוֹצִים	1 אֶתְמוֹל הוּא	
טוס√	7 בַּשָּׁבוּעַ שֶׁעָבַר, אֲנִי	2 אֵינֶנִּי יָכוֹל	
שים√	8 בַּשָּׁנָה הַבָּאָה, אֲנַחְנוּ	3 מָתַי אַתְּ	
שיר√	9 הַיּוֹם אַתֶּם	4 דִּינָה, אַל	
גור√	10 לִפְנֵי שָׁנָה, שָׂרָה	5 מָחָר הַבַּחוּרִים	

0 אֵינֶנִּי יָכוֹל _____ לָקוּם בַּבֹּקֶר.

_____ 1

_____ 2

_____ 3

_____ 4

_____ 5

_____ 6

_____ 7

_____ 8

_____ 9

_____ 10

ג. תִּמְצְאוּ בַּסִּפּוּר 10 פְּעָלִים בְּבִנְיָן הִפְעִיל.

	שֹׁרֶשׁ	גִּזְרָה
הִתְחַלְנוּ	תחל	שְׁלֵמִים

What do these verses from Psalm 126 mean?

... אָז יֹאמְרוּ בַגּוֹיִם, הִגְדִּיל ה׳ לַעֲשׂוֹת עִם אֵלֶּה;
הִגְדִּיל ה׳ לַעֲשׂוֹת עִמָּנוּ, הָיִינוּ שְׂמֵחִים.

ד. תִּמְצְאוּ בְּסִפּוּר זְמַן חֵרוּתֵנוּ:

2 פְּעָלִים בְּבִנְיָן הִתְפַּעֵל	**שֹׁרֶשׁ**	**גִּזְרָה**

7 פְּעָלִים בְּבִנְיָן פִּעֵל	**שֹׁרֶשׁ**	**גִּזְרָה**

5 פְּעָלִים בְּגִזְרַת ל"ה	**שֹׁרֶשׁ**	**בִּנְיָן**

5 פְּעָלִים בִּגְזֶרֶת ע"ו–ע"י	שֹׁרֶשׁ	בִּנְיָן
______	______	______
______	______	______
______	______	______
______	______	______
______	______	______

ה. תִּכְתְּבוּ אֶת הַהֵפֶךְ.

לְהַפְשִׁיט / לְהַמְשִׁיךְ / לָקַחַת
לְהוֹצִיא / לִגְמֹר / לְהַעֲלוֹת
לְהַקְטִין

לְהוֹרִיד ______

לְהַגְדִּיל ______

לְהַתְחִיל ______

לְהַפְסִיק ______

לְהַכְנִיס ______

לְהָבִיא ______

לְהַלְבִּישׁ ______

ו. תִּכְתְּבוּ אֶת הַהֵפֶךְ.

לִשְׁכַּב / לְהִתְגָּרֵשׁ / לַעֲזֹב
לְהִתְרַחֵק / לִשְׁכֹּחַ / לְהָזִיז
לְהִתְנַגֵּב

לְהִתְרַחֵץ ______

לָבוֹא ______

לִזְכֹּר ______

לָקוּם ______

לְהָנִיחַ ______

לְהִתְקָרֵב ______

לְהִתְחַתֵּן ______

If you are not sure of a word's meaning, look it up in the dictionary.

ז. תִּבְחֲרוּ בַּפֹּעַל הַנָּכוֹן.

Read each sentence carefully and decide whether, in the *context* of the sentence, the verb should be in the הִתְפַּעֵל ,פִּעֵל or הִפְעִיל.

1 הוּא רָצָה לְקָרֵב לְהִתְקָרֵב אֶת הַיֶּלֶד לְהוֹרָיו.
2 הִיא כְּבָר הִלְבִּישָׁה הִתְלַבְּשָׁה בַּמְּעִיל.
3 הֵם הִכְנִיסוּ הִתְכַּנְּסוּ אֶת הָאוֹרְחִים לַחֶדֶר.
4 אָסוּר לְהִתְכַּנֵּס לְהַכְנִיס בְּבֵית־הַסֵּפֶר.
5 מֻתָּר לְכַנֵּס לְהִתְכַּנֵּס כֶּסֶף לִצְדָקָה.
6 הַסּוֹפֵר שָׁכַח לְהַכְתִּיב לְהִתְכַּתֵּב אֶת הַמִּכְתָּב.
7 הָאוֹרְחִים מִתְכַּתְּבִים מַכְתִּיבִים עִם מִשְׁפְּחוֹתֵיהֶם.
8 הַסּוֹחֵר יְגַדֵּל יַגְדִּיל אֶת הַחֲנוּת.
9 הַבַּחוּרָה נִשְּׁקָה הִתְנַשְּׁקָה אֶת הֶחָבֵר שֶׁלָּהּ.
10 הֵם נִשְּׁקוּ הִתְנַשְּׁקוּ לִפְנֵי שֶׁהוּא עָזַב.

ח. תִּכְתְּבוּ אֶת הַמִּלִּים הָאֵלֶּה בִּשְׁתֵּי מִלִּים.

1 אֲבוֹתֵינוּ ______________

2 עַמְּךָ ______________

3 חִדּוּשָׁיו ______________

4 הַזְמָנָתוֹ ______________

5 שִׁעוּרֶיהָ ______________

6 הַבְטָחוֹתֵיהֶם ______________

7 הַסְבָּרָתֵךְ ______________

8 הַצְלָחָתָהּ ______________

9 שִׁדּוּרֵךְ ______________

10 הַכְנָסָתִי ______________

ט. תִּכְתְּבוּ בְּמִלָּה אַחַת.

1 הַהַתְחָלָה שֶׁלָּנוּ ________

2 הַהַשְׁפָּעוֹת שֶׁלּוֹ ________

3 הַתַּלְמִיד שֶׁלּוֹ ________

4 הַמִּכְתָּבִים שֶׁלָּכֶם ________

5 הַבַּקָּשָׁה שֶׁלּוֹ ________

6 הַיּוֹמָן שֶׁלָּהֶם ________

7 הַהַכְתָּבוֹת שֶׁלִּי ________

8 הַתְּמוּנוֹת שֶׁלָּךְ ________

9 הַסִּפּוּרִים שֶׁלָּהּ ________

10 הַכִּיס שֶׁלְּךָ ________

Jewish children, Poland, nineteenth century

תַּשְׁבֵּץ

Circle familiar words — across, down, or diagonally.

מ	ח	ב	ע	ו	נ	ט	ל	ח	ה
ל	י	ת	ח	כ	ש	א	ב	א	ס
מ	ג	ד	ה	כ	פ	ל	ש	ק	ב
ד	ש	ב	ל	ת	י	מ	ת	ר	ר
ת	צ	ר	ר	ב	ע	ז	י	ל	ת
ש	א	ו	י	ת	ו	ר	ב	ד	מ
ו	ס	י	נ	כ	ה	נ	ו	י	צ
ב	ש	ה	נ	פ	י	ב	ש	ח	ל
ה	ט	ל	ח	ה	י	מ	מ	ש	י
ו	נ	י	מ	ז	ת	ש	ש	כ	ח
ת	ד	ג	א	ב	ר	ק	ת	י	ב
ה	ג	ה	ת	ח	ט	ב	ה	א	ר

Record at least 25 words and translate them.

1 שָׁכַח ______ forgot ______
2 ______ ______
3 ______ ______
4 ______ ______
5 ______ ______
6 ______ ______
7 ______ ______
8 ______ ______
9 ______ ______
10 ______ ______
11 ______ ______
12 ______ ______
13 ______ ______
14 ______ ______
15 ______ ______
16 ______ ______
17 ______ ______
18 ______ ______
19 ______ ______
20 ______ ______
21 ______ ______
22 ______ ______
23 ______ ______
24 ______ ______
25 ______ ______
26 ______ ______

זמן חֵירוּתֵנוּ

א

באביב 1947, קיבלתי מכתב מחברתי אִילָנָה דְּרוֹרִי. היכרתי את אילָנָה ויוֹרָם לפני שגרו בקיבוּץ, בזמן שהייתי סטוּדנטית לרפוּאה בירוּשלים.

לְיָעֵל היקרה, שלום!

כמעט שנה וחצי לא ראינו אותך. הנה חג הפסח מתקרב ואנחנו שמחים להזמין אותך להיות האורחת שלנו לַסֵּדֶר בקיבוּץ. את זוכרת שלפני חצי שנה אימצנו ילדה קטנה שעלתה לארץ מהוֹלַנד אחרי המלחמה. אנחנו אוהבים את בַּתְיָה, אבל דואגים לה מאוד. בחודש האחרון היא בוכה הרבה ולא אוכלת. את מבינה בדברים האלה, ואולי תוכלי לעזור לה.

דרישת שלום לכל ידידינו, ולהתראות בקרוב.

אילנה ויורם

ב

יורם ואילנה גרים בבית קטן לָבָן ונקי. הם קיבלו אותי בנשיקות ויורם רץ להביא את בַּתְיָה מן החדר השני. הוא יצא עם ילדה שחורת עיניים, אולי בת עשר או בת אחת־עשרה. לקחתי את ידהּ הקטנה ואמרתי לה שלום.

והיא לא ענתה שום דבר.

"מה שלומך, בתיה?" שאלתי.
שוב לא ענתה, ודִמעה נפלה מעיניה השחורות. פתאום היא רצה לחדר השני וסגרה את הדלת.
"למה היא לא ענתה לי?" שאלתי את אילנה ויורם.
"בתיה ילדה אִילֶמֶת," ענה יורם בשקט.
"אילמת?"
"כן, יעל," הוא אמר. "היא הפסיקה לדבר לפני שלוש שנים. אפילו בוכה בשקט. בוכה הרבה בחודש האחרון."
"איך זה קרה?" שאלתי.

ג

"המדריך שהביא את בתיה לארץ סיפר לנו את הסיפּוּר," הסבירה אילנה. בזמן המלחמה הנאצים חיפשו יהוּדים ושלחו אותם למחנות המוות. לכן, בתיה גרה עם אביה ואִמָּהּ בעליית־הגג. יום ולילה ישבה שם ולא יָכְלָה לצאת. לא יכלה לשַׂחק ולשיר. היא והוֹרֶיהָ ישבו בשקט ודיברו בלחש.
אביה לימד אותה: "אִם הגרמנים יבואו, לכי לארון־הבגדים ואַל תֹּאמרי מִלָּה."

יורם המשיך לספר, "חודשִׁים עברו בלי חברים, בלי מְשחקים, בלי שִׂמחה. לפני חג הפסח, השמחה האחת היתה שבתיה למדה את ארבע הקוּשיוֹת וידעה לשיר את כולן – בשקט."

ד

"בליל הסדר בתיה לא שרה את הקושיות," המשיך יורם לספר.
"לפני הסדר הוריהָ שמעו רעש גדול ואמרו לבתיה לרוץ מהר לארון־הבגדים ולשבת בשקט. הגרמנים שברו את הדלת ולקחו את הוריה למחנות המוות. היא בוודאי רצתה לצעוק ולבכות בקול מר, אבל היא זכרה את דִברי אביה ושתקה.
שָׁכֵן מצא אותה אחרי שלושה ימים יושבת בשקט בארון־הבגדים.
הוא הציל אותה מהנאצים.
מלֵיל הפסח ההוּא בתיה שותקת, אילמת."

ה

אילנה ויורם סיפרו לי שבתיה אוהבת את הקיבוץ ואת הוריה החדשים. היא תמיד שמֵחה, משחקת עם יַלדי הקיבוץ ולומדת בבית־הספר. יורם ואילנה מספרים לה סיפורים ויוצאים אִתָּהּ לטיולים.
אבל בתיה אף פעם לא מדברת.

לפני חודש ימים התחילה בתיה לבכות, לשבת בשקט בחדר השני.
היא לא רצתה לשחק עם חבריה, לצאת לטיולים, ללמוד בבית־הספר.
חג הפסח מתקרב, וכל הילדים בקיבוץ לומדים את ארבע הקושיות, שירים, סיפוּרים וריקוּדים ללֵיל הסֵדר.
אבל בתיה יושבת ובוכה בשקט.

ו

בליל הסדר, אילנה הלבישה את בתיה שִׂמלה חדשה ויפה. אני ישבתי עם שלושתם בחדר־האוכל הגדול. לפנינו נוֹצצוּ נרות לבָנים.

״בתיה,״ אמר יורם, ״את רואה את הנרות ואת שלוש המצות תחת המפית?״ חבר אחד קם וקידש על היין, וכולנו אכלנו מצה. אחרי הברכה הראשונה כל הילדים עלו על הבָּמה לשיר את ארבע הקושיות.

בתיה ישבה בין יורם ואילנה, ולקחה את ידיהם ביָדיה. עיניה נוֹצצוּ כמו הנרות, וספר ההגדה פתוח לפניה.

״מה נשתנה,״ שרו כל הילדים על הבָּמה, ופתאום התחילה בתיה לשיר אִתָּם: ״מה נשתנה הלילה הזה מכל הלילות!״

Soldier and civilian at the Jaffa Gate, Jerusalem

8 יְחִידָה

הָעֵגֶל[1]

[1]calf

לְפִי מ.ז. פַּיְאֶרְבֶּרְג

א

עֲיָרָה קְטַנָּה, יוֹם קַיִץ. אֲנִי הָיִיתִי בֶּן תֵּשַׁע שָׁנִים. לָמַדְתִּי בַּ"חֵדֶר", וְהָרַבִּי הָיָה מוֹרֶה קָשֶׁה. לָמַדְנוּ בַּחֵדֶר מִן הַבֹּקֶר עַד הָעֶרֶב. בָּעֶרֶב כְּבָר הָיָה הָרֹאשׁ כּוֹאֵב, אֲבָל הָרַבִּי מְלַמֵּד וּמְלַמֵּד.

יוֹם אֶחָד גָּמַרְנוּ לִלְמֹד וְהָלַכְנוּ לְהִתְפַּלֵּל מִנְחָה[1] וּמַעֲרִיב[1]. בַּדֶּרֶךְ רָאִיתִי אֶת הַפָּרוֹת בָּאוֹת מִן הַשָּׂדֶה. פִּתְאֹם רָאִיתִי אֶת הָרוֹעֶה[1] מַחֲזִיק[2] עֵגֶל יָפֶה. יָדַעְתִּי שֶׁהַפָּרָה שֶׁלָּנוּ הִיא אֵם הָעֵגֶל, כִּי אִמִּי כְּבָר אָמְרָה: "עוֹד מְעַט יִהְיֶה לַפָּרָה עֵגֶל."

[1]afternoon prayer
[1]evening prayer
[1]shepherd [2]holds

אַחֲרֵי תְּפִלַּת מִנְחָה, רַצְתִּי מַהֵר הַבַּיְתָה. לָקַחְתִּי אֶת הָעֵגֶל מִן הֶחָצֵר אֶל הַבַּיִת וְהִבַּטְתִּי[1] בּוֹ. הוּא הָיָה יָפֶה מְאֹד. נָתַתִּי לוֹ לֶחֶם לֶאֱכֹל. הוּא אָכַל אֶת הַלֶּחֶם וְהִבִּיט בִּי בִּשְׁתֵּי עֵינָיו הַיָּפוֹת. הִרְגַּשְׁתִּי אַהֲבָה חֲזָקָה אֶל הָעֵגֶל וְגַם אֹשֶׁר[1] רָב.

[1]looked
[1]happiness

ב

כַּאֲשֶׁר בָּא אָבִי הַבַּיְתָה, הוֹדִיעָה[1] לוֹ אִמִּי: "מַזָּל טוֹב! לַפָּרָה נוֹלַד עֵגֶל! בְּעוֹד שְׁמוֹנָה יָמִים נִשְׁחַט אוֹתוֹ וְיִהְיֶה לָנוּ בָּשָׂר לְשַׁבָּת!"

[1]announced

אֲנִי נִבְהַלְתִּי[1] מְאֹד. "מַה?!" אָמַרְתִּי לְאִמִּי: "אֵיךְ אֶפְשָׁר לִשְׁחוֹט עֵגֶל יָפֶה כָּל־כָּךְ?" "אַתָּה עוֹד יֶלֶד, בְּנִי", אָמְרָה אִמִּי. "כַּאֲשֶׁר תִּהְיֶה גָּדוֹל, אָז תָּבִין[1]."

הָלַכְתִּי אֶל הָעֵגֶל, חִבַּקְתִּי[1] אוֹתוֹ וּבָכִיתִי. בַּלַּיְלָה נָדַרְתִּי[1] כֶּסֶף לִצְדָקָה, אִם אִמִּי לֹא תִּשְׁחַט אֶת הָעֵגֶל.

[1]I was frightened
[1]will understand
[1]I hugged
[1]I vowed

בַּבֹּקֶר קַמְתִּי, וְלִפְנֵי שֶׁהָלַכְתִּי אֶל הַ"חֵדֶר", יָצָאתִי לֶחָצֵר לְבַקֵּר עוֹד פַּעַם אֶת הָעֵגֶל. חִבַּקְתִּי אוֹתוֹ וּבִקַּשְׁתִּי מֵאֱלֹהִים שֶׁאִמִּי לֹא תִּשְׁחַט אוֹתוֹ.

אֲבָל כַּאֲשֶׁר חָזַרְתִּי הַבַּיְתָה בָּעֶרֶב, רָאִיתִי אֶת אִמִּי מְדַבֶּרֶת עִם הַקַּצָּב[1]. הוּא יִקְנֶה מִמֶּנָּה אֶת הָעוֹר[2] שֶׁל הָעֵגֶל.

[1]butcher [2]hide

ג

בַּלַּיְלָה, כַּאֲשֶׁר הָלַכְתִּי לִישׁוֹן, חָשַׁבְתִּי: "אֱלֹהִים! גַּם אִמִּי וְגַם הָעֵגֶל הֵם בְּיָדְךָ. לָמָּה נָתַתָּ חַיִּים לָעֵגֶל? לָמָּה נָתַתָּ לָעֵגֶל הַקָּטָן הַזֶּה כֹּחַ[1] לִחְיוֹת יָמִים רַבִּים? וְאִם נָתַתָּ לוֹ חַיִּים, לָמָּה נָתַתָּ לְאִמִּי רָצוֹן[1] לִשְׁחֹט אוֹתוֹ?"

[1]strength
[1]desire

פַּעַם הָיָה לִי אָח קָטָן, אֲבָל הוּא מֵת שְׁמוֹנָה יָמִים אַחֲרֵי שֶׁנּוֹלַד. עַכְשָׁו חָשַׁבְתִּי: "אֱלֹהִים! אָחִי הַקָּטָן הוּא כְּמוֹ הָעֵגֶל! לָמָּה נוֹלַד? לָמָּה הָיוּ לוֹ רַגְלַיִם אִם לֹא יֵלֵךְ? לָמָּה הָיוּ לוֹ יָדַיִם אִם לֹא יַעֲשֶׂה דָּבָר? לָמָּה הָיָה לוֹ פֶּה אִם לֹא יְדַבֵּר?"

כָּל הַלַּיְלָה הַהוּא לֹא יָכֹלְתִּי לִישׁוֹן. מַחֲשָׁבוֹת נוֹרָאוֹת[1] רָצוּ בְּרֹאשִׁי. הֵן הָיוּ כָּל־כָּךְ נוֹרָאוֹת עַד שֶׁאֲנִי נִבְהַלְתִּי מֵהֶן...

[1]terrible

ד

בְּעוֹד שְׁלוֹשָׁה יָמִים יִשְׁחֲטוּ אֶת הָעֵגֶל. מָה אֶעֱשֶׂה? וְהָעֵגֶל גָּדֵל[1] מִיּוֹם לְיוֹם. הוּא כְּבָר רָץ מַהֵר, וְכַאֲשֶׁר הוּא רוֹאֶה אוֹתִי, הוּא רָץ אֵלַי וְקוֹפֵץ[1] בְּשִׂמְחָה. וַאֲנִי שָׂמֵחַ מְאֹד וְעָצוּב מְאֹד לִרְאוֹת אוֹתוֹ.

[1] grows

[1] jumps

בָּא הַיּוֹם הַשְּׁלִישִׁי. הַיּוֹם יִשְׁחֲטוּ אֶת הָעֵגֶל... אֲבָל אֲנִי יוֹדֵעַ שֶׁלֹּא יִשְׁחֲטוּ אוֹתוֹ. אִי־אֶפְשָׁר. זֶה נוֹרָא! אֲנִי נוֹדֵר עוֹד וְעוֹד כֶּסֶף לִצְדָקָה. הַמַּחֲשָׁבוֹת רָצוֹת בְּרֹאשִׁי מַהֵר מַהֵר. אֲנִי רוֹצֶה לָרוּץ וְלִשְׁאֹל אֶת הָרַב, אֲבָל גַּם הוּא יַגִּיד: "כְּשֶׁתִּהְיֶה גָּדוֹל, אָז תָּבִין." אֲנִי מִתְפַּלֵּל לְנֵס. נֵס יִהְיֶה, וְלֹא יִשְׁחֲטוּ אֶת הָעֵגֶל!

לִבִּי בּוֹכֶה, וְעֵינַי מְלֵאוֹת דְּמָעוֹת... וְהָעֵגֶל נִשְׁחַט.

מִלּוֹן

עֵגֶל	calf
רוֹעֶה	shepherd
חָצֵר	yard
אֹשֶׁר	happiness
הוֹדִיעָה – ידע√	announced, informed
חִבַּקְתִּי – חבק√	hugged
עוֹר	hide, skin, leather
כֹּחַ	strength
רָצוֹן	wish, desire, will
גָּדֵל – גדל√	grows (stative verb)
יַגִּיד – נגד√	will tell, say

מַה פֵּרוּשׁ הַמִּשְׁפָּט הַזֶּה? "לֹא בָּעֹשֶׁר נִמְצָא גַּם הָאֹשֶׁר"

תַּרְגִּילִים בַּהֲבָנַת הַסִּפּוּר

א. תִּכְתְּבוּ "כֵּן" אוֹ "לֹא" לְיַד כָּל מִשְׁפָּט.

1 הַיֶּלֶד הִרְגִּישׁ אֹשֶׁר רַב כִּי הָיָה לוֹ עֵגֶל. ______

2 הַיֶּלֶד וְהָעֵגֶל יָשְׁנוּ בֶּחָצֵר. ______

3 כַּאֲשֶׁר אָדָם בּוֹכֶה, יֵשׁ דְּמָעוֹת בָּעֵינַיִם שֶׁלּוֹ. ______

4 הָאָח הַקָּטָן שֶׁל הַיֶּלֶד לֹא נוֹלַד. ______

ב. תַּעֲנוּ עַל הַשְּׁאֵלוֹת.

1 מָה רָאָה הַמְּסַפֵּר כַּאֲשֶׁר הָלַךְ לְהִתְפַּלֵּל?

______

2 מָה רָצְתָה הָאֵם שֶׁל הַמְּסַפֵּר לַעֲשׂוֹת לָעֵגֶל, וְלָמָּה?

______

______

3 עַל מָה דִּבֵּר הַקַּצָּב עִם הָאֵם?

______

4 אֵיזוֹ שְׁאֵלוֹת שָׁאַל הַמְּסַפֵּר עַל אָחִיו הַקָּטָן?

______

5 לָמָּה נָדַר הַמְּסַפֵּר כֶּסֶף לִצְדָקָה?

______

6 לְמִי דּוֹמֶה הָעֵגֶל?

______

7 לָמָּה לֹא הָיָה נֵס?

____

תַּשְׁבֵּץ

Find as many familiar words as you can in this puzzle. You can read across, down, or diagonally. Circle the words, and list them with their meanings.

א	צ	ל	ה	נ	י	ה
צ	ה	מ	ו	א	ת	פ
מ	ת	ל	צ	ש	א	ב
ע	צ	ה	י	ר	צ	ח
ו	א	מ	ע	ל	ג	ע
ת	ב	צ	ה	א	מ	צ

happiness ______ אֹשֶׁר ______ ______ ______

חַזַ"ל*

פַּעַם אַחַת הֵבִיאוּ עֵגֶל לִשְׁחִיטָה, וְרַבִּי יְהוּדָה הַנָּשִׂיא
עָבַר בַּמָּקוֹם. בָּרַח הָעֵגֶל וּבָא אֶל רַבִּי יְהוּדָה.
שָׂם הָעֵגֶל אֶת רֹאשׁוֹ תַּחַת בִּגְדוֹ שֶׁל הָרַבִּי וּבָכָה,
כְּאִילוּ[1] לוֹמַר הַצִּילֵנִי[2]! — [1]as if [2]save me
אָמַר לוֹ הָרַבִּי: "לֵךְ! לְכָךְ נִבְרֵאתָ".
אָמְרוּ בַּשָּׁמַיִם: מִפְּנֵי שֶׁרַבִּי מְרַחֵם, הוּא רָאוּי[1] לְרַחֲמִים[2]. — [1]worthy [2]mercy
מֵאָז חָלָה רַבִּי יְהוּדָה וְהָיָה חוֹלֶה שָׁנִים רַבּוֹת.

יוֹם אֶחָד בָּאָה שִׁפְחָה[1] לְנַקּוֹת אֶת הַבַּיִת. — [1]maidservant
הָיוּ בַּבַּיִת חֲתוּלִים קְטַנִּים וְהַשִּׁפְחָה רָצְתָה לְגָרֵשׁ[1] אוֹתָם. — [1]to chase
אָמַר לָהּ רַבִּי: "הַנִּיחִי[1] אוֹתָם, כִּי כָּתוּב — [1]leave
'וְרַחֲמָיו עַל כָּל מַעֲשָׂיו';**
זֹאת אוֹמֶרֶת שֶׁה' מְרַחֵם עַל כָּל בְּרִיּוֹתָיו[1]." — [1]his creatures
אָמְרוּ בַּשָּׁמַיִם: מִפְּנֵי שֶׁרַבִּי מְרַחֵם, הוּא רָאוּי[1] לְרַחֲמִים[2]. — [1]worthy [2]mercy
מֵאָז הִבְרִיא[1] רַבִּי יְהוּדָה. — [1]became well

מִלּוֹן

רִחֵם — רחם√	pitied
רַחֲמִים	mercy, compassion

* חַזַ"ל is an acronym standing for חֲכָמֵינוּ זִכְרוֹנָם לִבְרָכָה "our sages of blessed memory." Many ethical tales about the rabbis of old have become part of the Jewish tradition.

** "His mercy is extended over all His creations" (Psalm 145:9).

תַּעֲנוּ עַל הַשְּׁאֵלוֹת.

1 לָמָּה חָלָה רַבִּי יְהוּדָה?
2 לָמָּה הִבְרִיא רַבִּי יְהוּדָה?

Simple, Comparative and Superlative Adjectives

Simple Form	Comparative Form	Superlative Form
גָּבֹהַּ	יוֹתֵר גָּבֹהַּ מ...	הַגָּבֹהַּ בּ...
	גָּבֹהַּ יוֹתֵר מ...	
		הַגָּבֹהַּ בְּיוֹתֵר בּ...
		הַיּוֹתֵר גָּבֹהַּ בּ...
		הֲכִי גָּבֹהַּ בּ...

In English, most adjectives have three forms to indicate the degree of quality they describe.

tall   taller   tallest

The suffix *er* or *est* is added to the simple form of short adjectives.

For longer adjectives, the word *more, most, less*, or *least* is placed before the simple form.

more expensive   most expensive
less difficult   least difficult

Hebrew follows a somewhat similar procedure.

Simple Form of Adjectives

גָּבֹהַּ   יָקָר   קָצָר   חָכָם

Comparative Form

To build the comparative form in Hebrew, the word יוֹתֵר (more) or פָּחוֹת (less) is placed before or after the simple form of the adjective.

גָּבֹהַּ יוֹתֵר / יוֹתֵר גָּבֹהַּ   יָקָר פָּחוֹת / פָּחוֹת יָקָר

The prefix מ or the preposition מִן must be added to the second noun to which we are comparing the first noun. (In English, the word *than* is added.)

הָעֵץ יוֹתֵר גָּבֹהַּ מֵהַבַּיִת (מִן הַבַּיִת).
הָעֵץ גָּבֹהַּ יוֹתֵר מֵהַבַּיִת (מִן הַבַּיִת).
The tree is taller than the house.

Superlative Form

There are several ways of expressing the superlative form of adjectives in Hebrew.

the tallest tree in the forest	הָעֵץ הַגָּבֹהַּ בַּיַּעַר	1
	הָעֵץ הַגָּבֹהַּ בְּיוֹתֵר בַּיַּעַר	2
	הָעֵץ הַיּוֹתֵר גָּבֹהַּ בַּיַּעַר	3
	הָעֵץ הֲכִי גָּבֹהַּ בַּיַּעַר	4

The **definite article** ה is always **added to the noun** which is **being described**.

In examples 1 and 2, the definite article ה is also added to the adjective.

In example 3, the definite article ה is added to the word יוֹתֵר which preceeds the adjective.

In example 4, the word הֲכִי is placed in front of the adjective.

The **prefix** ב **must be added to the noun following the superlative** form.

What do these two sayings from the Talmud mean?

[1]my teachers

הַרְבֵּה תוֹרָה לָמַדְתִּי מֵרַבּוֹתַי[1], וּמֵחֲבֵרַי יוֹתֵר מֵהֶם,
וּמִתַּלְמִידַי יוֹתֵר מִכֻּלָּן. (מַכּוֹת ו ע"א)

כָּל שֶׁהוּא תַּלְמִיד חָכָם וּבְנוֹ תַּלְמִיד חָכָם וּבֶן בְּנוֹ תַּלְמִיד חָכָם,

[1]ceases [2]his seed (descendants)

שׁוּב אֵין תּוֹרָה פּוֹסֶקֶת[1] מִזַּרְעוֹ[2] לְעוֹלָם.
(בָּבָא מְצִיעָא פ"ה)

תַּרְגִּילִים

א.   תְּתַרְגְּמוּ לְאַנְגְּלִית.

1   הַסִּפּוּרִים שֶׁלָּנוּ הַמְעַנְיְנִים בַּכִּתָּה.

_____

2   גִּילָה יוֹתֵר יָפָה מִשּׁוֹשַׁנָּה.

_____

3   הַיְלָדִים הָאֵלֶּה הֲכִי יָפִים בַּמִּשְׁפָּחָה.

_____

4   הַמִּשְׁפָּחָה שֶׁלִּי יוֹתֵר גְּדוֹלָה מֵהַמִּשְׁפָּחָה שֶׁלָּךְ.

_____

5   הַסְּפָרִים שֶׁלּוֹ הַטּוֹבִים בְּיוֹתֵר בַּסִּפְרִיָּה.

_____

Studying in the *heder*

ב. תַּעֲנוּ עַל הַשְּׁאֵלוֹת הָאֵלֶּה בְּמִשְׁפָּט.

1 מַה יוֹתֵר יָקָר, כֶּסֶף אוֹ זָהָב?

2 מַה פָּחוֹת יָקָר, פְּרוּטָה אוֹ דוֹלָר?

3 בְּסוֹף הַשָּׁנָה יוֹנָתָן קִבֵּל "טוֹב מְאֹד" וְיֶתֶר הַתַּלְמִידִים קִבְּלוּ "טוֹב". מִי הֶחָכָם בַּכִּתָּה?

4 שָׂרָה בַּת חֲמֵשׁ־עֶשְׂרֵה, אָחִיהָ דָּנִי בֶּן עֶשֶׂר, וַאֲחוֹתָהּ רוּת בַּת שְׁלוֹשׁ־עֶשְׂרֵה. מִי הַגָּדוֹל בַּיְלָדִים?

5 אֵיזוֹ אֶרֶץ יוֹתֵר גְּדוֹלָה, יִשְׂרָאֵל אוֹ מִצְרַיִם?

6 אֵיזוֹ עִיר יוֹתֵר קְטַנָּה, יְרוּשָׁלַיִם אוֹ נְיוּ־יוֹרְק?

יוֹתֵר מִמַּה שֶּׁהָעֵגֶל רוֹצֶה לִינֹק, הַפָּרָה רוֹצָה לְהָנִיק.

More than the calf wants to suck, the cow wants to suckle. (Talmud)

ג.   תְּתַרְגְּמוּ לְעִבְרִית.

1 I am very wise.

_____

2 The sun is bigger than the moon.

_____

3 Jerusalem is the most beautiful city in the world.

_____

4 Literature is more interesting than grammar.

_____

5 Israel is smaller than California, but bigger than Rhode Island.

_____

_____

6 He is the shortest student in my class.

_____

7 My car is the most expensive car on the street.

_____

_____

8 The window is wider than the door.

_____

Common Adjectives

יֶלֶד גָּבֹהַּ	a tall boy	אֶבֶן כְּבֵדָה	a heavy stone
יֶלֶד נָמוּךְ	a short boy	אֶבֶן קַלָּה	a light stone
עֵץ גָּבֹהַּ	a high tree	כָּרִית קָשָׁה	a hard pillow
עֵץ נָמוּךְ	a low tree	כָּרִית רַכָּה	a soft pillow
סִפּוּר אָרֹךְ	a long story	חֶדֶר צַר	a narrow room
סִפּוּר קָצָר	a short story	מִכְנָסַיִם צָרִים	tight pants
עֲבוֹדָה קָשָׁה	hard work	חֶדֶר רָחָב	a wide room
עֲבוֹדָה קַלָּה	easy work		

תַּרְגִּילִים

א. תִּבְחֲרוּ בַּמִּלָּה הַנְּכוֹנָה.

קָשֶׁה / קָצָר / הַיָּקָר / מָתוֹק / הָרָזָה / מְלֵאוֹת / רְחָבִים / רֵיקָה

1 הוּא קָשַׁר אֶת הַכֶּלֶב בְּחֶבֶל ________.

2 הַמִּכְנָסַיִם הָיוּ ________ עַל הַיַּלְדָּה ________.

3 בְּמִקְרֶה הֵם מָצְאוּ אֶת הָאוֹצָר (treasure) ________.

4 הַכּוֹסוֹת הָיוּ ________ בְּיַיִן.

5 הַחֲנוּת הָיְתָה ________ מֵאֹכֶל.

6 הַיַּיִן הָיָה ________ כִּדְבַשׁ.

7 הָעֲבוֹדָה הָיְתָה ________ מְאֹד.

ב. תִּכְתְּבוּ אֶת הַהֵפֶךְ.

רָחָב / נָמוּךְ / רָזֶה / קַלָּה / חָזָק / מְתוּקָה
קַל / מְלֵאָה / קָשָׁה / אֲרֻכָּה

1 רֵיקָה ______

2 חַלָּשׁ ______

3 כָּבֵד ______

4 קְצָרָה ______

5 גָּבֹהַּ ______

6 רַכָּה ______

7 צַר ______

8 שָׁמֵן ______

9 מָרָה ______

10 קָשָׁה ______

ג. תִּבְחֲרוּ בַּמִּלָּה הַנְּכוֹנָה.

קָשֶׁה / מַר / כְּבֵדָה / הַנְּמוּכִים / חַלָּשָׁה / צָרִים / אָרֹךְ / הַגָּבֹהַּ

0 הוּא אוֹהֵב לִלְבֹּשׁ מִכְנָסַיִם ___צָרִים___.

1 הָאִישׁ ______ עָזַב אֶת הַחֶדֶר.

2 הִיא שָׁלְחָה חֲבִילָה ______ לְמִשְׁפַּחְתָּהּ.

3 הָיָה תּוֹר ______ לַסֶּרֶט.

4 עָמַדְנוּ עַל־יַד הָעֵצִים ______.

5 הַזְּקֵנָה הָיְתָה ______ אַחֲרֵי הַמַּחֲלָה (illness) שֶׁלָּהּ.

6 טַעַם הָאֹכֶל הָיָה ______ כְּמוֹ מָרוֹר.

7 הַלֶּחֶם הָיָה ______.

ד. תִּכְתְּבוּ תֵּאוּר (description) קָצָר שֶׁל הַחֶדֶר שֶׁלְּךָ/שֶׁלָּךְ.

הַיַּלְדָּה הֲכִי יָפָה בַּגַּן[1]

[1] kindergarten

מֵאֵת יוֹנָתָן גֶּפֶן

הַיַּלְדָּה הֲכִי יָפָה בַּגַּן
יֵשׁ לָהּ עֵינַיִם הֲכִי יָפוֹת בַּגַּן
וְצַמָּה[1] הֲכִי יָפָה בַּגַּן
וּפֶה הֲכִי יָפֶה בַּגַּן.
וְכַמָּה שֶׁמַּבִּיטִים בָּהּ יוֹתֵר
רוֹאִים שֶׁאֵין מָה לְדַבֵּר,
וְהִיא הַיַּלְדָּה
הֲכִי יָפָה בַּגַּן.

[1] braid

כְּשֶׁהִיא מְחַיֶּכֶת[1]
גַּם אֲנִי מְחַיֶּכֶת,
וּכְשֶׁהִיא עֲצוּבָה
אֲנִי לֹא מְבִינָה
אֵיךְ אֶפְשָׁר לִהְיוֹת עֲצוּבָה
כְּשֶׁאַתְּ הַיַּלְדָּה הֲכִי יָפָה בַּגַּן.

[1] smiles

מִלּוֹן

גַּן	kindergarten
צַמָּה	braid
מְחַיֶּכֶת – חיך√	smiles

תַּעֲנוּ עַל הַשְּׁאֵלָה.

מַה לֹּא מְבִינָה הָ"אֲנִי" בַּשִּׁיר?

אֲנִי אוֹהֵב

מֵאֵת יוֹנָתָן גֶּפֶן

אֲנִי אוֹהֵב שׁוֹקוֹלַד
וְעוּגוֹת גְּבִינָה
וְאַרְטִיק[1] וְסֻכָּרִיּוֹת[2]
(וְתוּת[1] גִּנָּה).

[1]popsicle [2]candies
[1]strawberry

אֲנִי אוֹהֵב יְמֵי הֻלֶּדֶת
וְשַׂקִּיּוֹת[1] עִם דְּבָרִים טוֹבִים
וְאֶת הַשֶּׁמֶשׁ וְאֶת הַיָּרֵחַ
(וְגַם כַּמָּה כּוֹכָבִים).

[1]small bags

אֲנִי אוֹהֵב אֶת הַחֹרֶף
וְאֶת הַקַּיִץ וְאֶת הַסְּתָו
וְאֶת הָאָבִיב
(וְאֶת מָה שֶׁעַכְשָׁו).

אֲנִי אוֹהֵב אֶת גָּלִית
(בַּבֹּקֶר עִם צַמּוֹת)
וְאֶת זֹאת עִם הַנְּמָשִׁים[1]
(וְאֶת זֹאת עִם הַגֻּמּוֹת[1]).

[1]freckles
[1]dimples

אֲנִי אוֹהֵב אֶת אִמָּא
(וְאֶת אַבָּא גַּם)
וְאֶת שׁוּלָה הַגַּנֶּנֶת[1]
(וְאֶת הַדּוֹדָה מִרְיָם).

[1]kindergarten teacher

אֲנִי אוֹהֵב אֶת סַבְתָּא וְאֶת סַבָּא
וַאֲנִי אוֹהֵב אֶת אֲחוֹתִי
(אֲבָל הֲכִי הֲכִי הַרְבֵּה
אֲנִי אוֹהֵב אוֹתִי).

מִלּוֹן

סֻכָּרִיּוֹת	candies
שַׂקִּית	small bag

תַּעֲנוּ עַל הַשְּׁאֵלוֹת.

1 מָה אוֹהֵב הָ"אֲנִי" לֶאֱכֹל?
2 אֶת מִי אוֹהֵב הָ"אֲנִי" בְּמִשְׁפַּחְתּוֹ?
3 אֲבָל אֶת מִי אוֹהֵב הָ"אֲנִי" יוֹתֵר מֵהַכֹּל?

תַּרְגִּילִים לַחֲזָרָה

א. תִּבְחֲרוּ בַּפֹּעַל הַנָּכוֹן – בִּנְיָן פִּעֵל, הִתְפַּעֵל, הִפְעִיל.

1 הָאֲנָשִׁים רָחֲצוּ הִתְרַחֲצוּ אֶת הַיָּדַיִם לִפְנֵי הָאֲרוּחָה.
2 אֲנִי בִּטַּחְתִּי הִבְטַחְתִּי לָבוֹא בִּזְמַן.
3 הוּא רָצָה לְקָרֵב לְהִתְקָרֵב אֶת הַיֶּלֶד לְהוֹרָיו.
4 הִיא כְּבָר הִלְבִּישָׁה הִתְלַבְּשָׁה בַּמְּעִיל.
5 הַסּוֹפֵר שָׁכַח לְהִתְכַּתֵּב לְהַכְתִּיב אֶת הַמִּכְתָּב.
6 הַחַיָּלִים מִתְכַּתְּבִים מַכְתִּיבִים עִם מִשְׁפְּחוֹתֵיהֶם.
7 רֹאשׁ־הָעִיר רָכַב הִרְכִּיב עַל הָאוֹפַנַּיִם.
8 הֵם יְקָרְבוּ יִתְקָרְבוּ לָעִיר.
9 בְּשַׁבָּת הַיְּהוּדִים מִתְכַּנְּסִים מַכְנִיסִים בְּבֵית־הַכְּנֶסֶת.
10 שָׂרָה הִלְבִּישָׁה לָבְשָׁה אֶת הַתִּינוֹק.

ב. תִּבְחֲרוּ בְּמִלַּת־הַיַּחַס (preposition) הַנְּכוֹנָה.

1 הֵם נָתְנוּ לָנוּ אוֹתָנוּ מַתָּנָה.
2 אֲנַחְנוּ נִתְקַשֵּׁר אוֹתָהּ אִתָּהּ הָעֶרֶב.
3 אֲנִי הִלְבַּשְׁתִּי אוֹתָם אִתָּם .
4 הֵם בָּרְחוּ מִ אֶת הַשָּׂדֶה.
5 הוּא בֵּרֵךְ מִ אֶת הַיְלָדִים.

6 הוא בִּקֵּשׁ מִמֶּנִּי אוֹתִי עֶזְרָה.
7 הֵם נוֹסְעִים בְּ עַל מָטוֹס.
8 הַמִּתְפַּלְּלִים רָקְדוּ עַל בַּ חַג.
9 קָרָאנוּ אֶת בְּ סֵפֶר.
10 יוֹעֵץ־הַמְּדִינָה דִּבֵּר עָלָיו מִמֶּנּוּ .

ג. תִּבְחֲרוּ בַּמִּלָּה הַנְּכוֹנָה.

1 הִיא קָנְתָה אֶת שִׂמְלַת הַשִּׂמְלָה הָאֲדֻמָּה.
2 הֵם שָׁרוּ שִׁירִים שִׁירֵי רוּסִיִּים.
3 אֲנִי קָרָאתִי אֶת שִׁירֵי הַשִּׁירִים הַמְשׁוֹרֶרֶת.
4 הַסּוֹחֵר קָנָה אֶת מְטוֹתֵי מִטּוֹת .
5 אֲנַחְנוּ אוֹהֲבִים לִרְקֹד אֶת — רִקּוּדֵי־עַם.
6 שָׂרָה, גָּמַרְתְּ אֶת עֲבוֹדָתֵךְ עֲבוֹדָתֵךְ ?
7 חֲבֵרִי חֲבֶרְתִּי לֹא הָיְתָה בַּבַּיִת.
8 סִפּוּרֵי הַתַּלְמִיד נִפְלָא נִפְלָאִים .
9 דָּנִיאֵל, אֲנִי אוֹהֶבֶת אֶת סִפּוּרֶיךָ סִפּוּרָיו .
10 הוּא הָיָה רָצָה רוֹצֶה לָלֶכֶת אִתִּי.

ד. תִּבְחֲרוּ בַּמִּלָּה הַנְּכוֹנָה.

1 הֵם יָשְׁבוּ לְפָנֵינוּ מִמֶּנּוּ בַּכִּתָּה.
2 הוּא בָּרַח עֲלֵיהֶם מֵהֶם בְּפַחַד.
3 חָלַמְתִּי שֶׁהָאֶבֶן נָפְלָה אֵלַי עָלַי .
4 הָאוֹרַחַת רָצָה אֵלֶיהָ עָלֶיהָ בְּשִׂמְחָה.
5 הָאוֹת "ל" בָּאָה לִפְנֵי אַחֲרֵי הָאוֹת "כ".
6 אֵיפֹה הַכּוֹבַע שֶׁלִּי? הוּא אֶצְלִי בִּשְׁבִילִי .
7 בִּשְׁבִיל מִי הַכּוֹסוֹת הַיְּקָרוֹת הָאֵלֶּה? אֶצְלֵנוּ בִּשְׁבִילֵנוּ .
8 מִי סִפֵּר לְךָ עַל יַלְדוּתִי? הַסַּבְתָּא סִפְּרָה לִי אֵלֶיהָ עָלֶיהָ .
9 הֵם נָתְנוּ לוֹ אוֹתוֹ אֶת הַפֶּתֶק.
10 הַשּׁוֹפֵט טָס אִתָּם אוֹתָם בַּמָּטוֹס לְיִשְׂרָאֵל.

העֵגֶל

לְפִי מ.ז. פַּיאֶרְבֶּרְג

א

עֲיירָה קטנה, יום קיץ. אני הייתי בן תשע שנים. למדתי ב"חדר", והרַבִּי היה מורה קשה. למדנו בחדר מן הבוקר עד הערב. בערב כבר היה הראש כואב, אבל הרבי מלמד ומלמד.

יום אחד גמרנו ללמוד והלכנו להתפלל מִנְחָה וּמַעֲרִיב. בדרך ראיתי את הפָּרוֹת באות מן השדה. פתאום ראיתי את הרועה מחזיק עגל יפה. ידעתי שהפרה שלנו היא אֵם העגל, כי אִמי כבר אמרה: "עוד מעט יהיה לפרה עגל."

אחרי תפילת מִנחה רצתי מהר הביתה. לקחתי את העגל מן הֶחָצֵר אל הבית והבטתי בו. הוא היה יפה מאוד. נתתי לו לחם לאכול. הוא אכל את הלחם והביט בי בשתי עיניו היפות. הרגשתי אהבה חזקה אל העגל וגם אושר רב.

ב

כאשר בא אבי הביתה הודיעה לו אִמי: "מזל טוב! יש לנו עגל! בעוד שמונָה ימים נשחט אותו ויהיה לנו בשׂר לשבת!"

אני נבהלתי מאוד. "מה?!" אמרתי לאִמי: "איך אפשר לשחוט עגל יפה כל־כך?"
"אתה עוד ילד, בני," אמרה אִמי. "כאשר תהיה גדול אז תבין."
הלכתי אל העגל, חיבקתי אותו ובכיתי. בלילה נדרתי כסף לצדקה, אם אִמי לא תשחַט את העגל.

בבוקר קמתי, ולפני שהלכתי אל ה"חדר" יצאתי לחצר לבַקר עוד פעם את העגל. חיבקתי אותו וביקשתי מאלוהים שאִמי לא תשחט אותו. אבל כאשר חזרתי הביתה בערב, ראיתי את אִמי מדברת עם הקַצב. הוא יקנה ממנה את העוֹר של העגל.

ג

בלילה, כאשר הלכתי לישון, חשבתי: "אלוהים! גם אמי וגם העגל הם
בידך. למה נתתָ חיים לעגל? למה נתת לעגל הקטן הזה כוח לחיות
ימים רבים? ואם נָתתָ לו חיים – למה נתת לאמי רצון לשחוט אותו?"

25

פעם היה לי אח קטן, אבל הוא מת שמונה ימים אחרי שנולד. עכשיו
חשבתי:
"אלוהים! אחי הקטן הוא כמו העגל! למה נולד? למה היו לו רגליים
אם לא ילך? למה היו לו ידיים אם לא יעשה דבר? למה היה לו פה
אם לא ידבר?"

30

כל הלילה ההוא לא יכולתי לישון. מחשבות נוראות רצו בראשי. הן
היו כל-כך נוראות עד שאני נבהלתי מהן...

ד

בעוד שלושה ימים ישחטו את העגל. מה אֶעשה? והעגל גָּדֵל מיום
ליום. הוא כבר רץ מהר, וכאשר הוא רואה אותי, הוא רץ אלי וקופץ
בשמחה. ואני שמח מאוד ועצוב מאוד לראות אותו.

35

בא היום השלישי. היום ישחטו את העגל... אבל, אני יודע שלא
ישחטו אותו. אי-אפשר! זה נורא! אני נודר עוד ועוד כסף לצדקה.
המחשבות רצות בראשי מהר מהר, אני רוצה לרוץ ולשאול את הרב,
אבל גם הוא יגיד: "כְּשֶׁתִּהְיֶה גדול, אז תבין." אני מתפלל לנס. נס
יהיה, ולא ישחטו את העגל!

40

לִבִּי בוכה, ועֵינַי מלֵאות דמעות... והעגל נשחט.

Paratroopers raise Israeli flag above the Western Wall, June 1967

יְחִידָה 9

הַדֶּגֶל[1]   [1] flag

א

כַּאֲשֶׁר הָיִיתִי יֶלֶד, טִיַּלְתִּי הַרְבֵּה בִּרְחוֹבוֹת יְרוּשָׁלַיִם.
בְּכָל שַׁבָּת אַחֲרֵי־הַצָּהֳרַיִם, סַבָּא יָצָא אִתִּי לְטִיּוּל בָּעִיר.
לִפְעָמִים הָלַכְנוּ לַצָּפוֹן, וְלִפְעָמִים הָלַכְנוּ לַדָּרוֹם.
אֲבָל תָּמִיד הִגַּעְנוּ בְּסוֹף הַטִּיּוּל לַגְּבוּל[1]   [1] border
בֵּין יְרוּשָׁלַיִם הַיְּהוּדִית לִירוּשָׁלַיִם הָעַרְבִית[1].   5   [1] Arab

סַבָּא סִפֵּר שֶׁהוּא הָיָה מְטַיֵּל בִּרְחוֹבוֹת הָעִיר הָעַתִּיקָה[1]   [1] the Old City
עִם אָבִי כַּאֲשֶׁר אָבִי הָיָה יֶלֶד. הוּא סִפֵּר לִי עַל כָּל
הַמְּקוֹמוֹת שֶׁהֵם בִּקְּרוּ: אֶת הַכֹּתֶל הַמַּעֲרָבִי[1], אֶת   [1] Western Wall
בָּתֵּי־הַכְּנֶסֶת בָּרוֹבַע הַיְּהוּדִי[1],   [1] Jewish Quarter
אֶת הַר הַזֵּיתִים[1] וְאֶת הַר הַצּוֹפִים[2].   10   [1] Mt. of Olives [2] Mt. Scopus
בְּאוֹתָם הַיָּמִים סַבָּא וּמִשְׁפַּחְתּוֹ גָּרוּ בָּרוֹבַע הַיְּהוּדִי.

בְּמִלְחֶמֶת הַשִּׁחְרוּר[1], כַּאֲשֶׁר הָעַרְבִים   [1] War of Independence
כָּבְשׁוּ[1] אֶת הָעִיר הָעַתִּיקָה, הַסַּבָּא שֶׁלִי הָיָה בֵּין   [1] captured
הַיְּהוּדִים הָאַחֲרוֹנִים שֶׁיָּצְאוּ מִן הָעִיר. הוּא לָקַח
עִמּוֹ אֶת הַדֶּגֶל הָעִבְרִי הָאַחֲרוֹן שֶׁהָיָה בָּרוֹבַע הַיְּהוּדִי,   15
וְשָׁמַר אוֹתוֹ בְּתוֹךְ אָרוֹן בְּבֵיתוֹ.

תָּמִיד, בְּסוֹף הַטִּיּוּל, סַבָּא אָמַר: "אֲנִי יוֹשֵׁב בִּירוּשָׁלַיִם
אֲבָל אֲנִי יוֹשֵׁב בַּגָּלוּת. הַבַּיִת שֶׁלִי שָׁם, מֵעֵבֶר לַגְּבוּל.
גַּם הַכֹּתֶל שָׁם, גַּם בָּתֵּי־הַכְּנֶסֶת וּבָתֵּי־הַקְּבָרוֹת[1]   [1] cemeteries

שֶׁל אֲבוֹתַי. וְהָעֲרָבִים אֵינָם נוֹתְנִים לִי לְבַקֵּר בִּמְקוֹמוֹת הַקְּדוֹשִׁים[1] שֶׁלִּי."

[1] holy

כָּכָה טִיַּלְתִּי עִם סַבָּא בְּכָל שַׁבָּת עַד אֲשֶׁר גָּדַלְתִּי וְנִכְנַסְתִּי לַצָּבָא.

ב

לִפְנֵי מִלְחֶמֶת שֵׁשֶׁת הַיָּמִים[1] (1967) הָיִיתִי בַּצָּבָא בַּנֶּגֶב. בַּיּוֹם הָרִאשׁוֹן לַמִּלְחָמָה אָסְפוּ[1] אוֹתָנוּ לְתוֹךְ אוֹטוֹבּוּסִים וְאָמְרוּ לָנוּ שֶׁאָנוּ נוֹסְעִים לִירוּשָׁלַיִם מִפְּנֵי[1] שֶׁהָעֲרָבִים הִתְקִיפוּ[1] אֶת הָעִיר. הִגַּעְנוּ אֶל הָעִיר בָּעֶרֶב וְאָמְרוּ לָנוּ שֶׁבְּעוֹד כַּמָּה שָׁעוֹת נַתְקִיף אֶת מִזְרַח־יְרוּשָׁלַיִם, שָׁם לֹא בִּקַּרְתִּי מֵעוֹלָם. כֻּלָּנוּ הִתְרַגַּשְׁנוּ[1] מִפְּנֵי שֶׁתָּמִיד חָשַׁבְנוּ שֶׁלְּעוֹלָם לֹא נְבַקֵּר בַּמְּקוֹמוֹת הַקְּדוֹשִׁים מֵעֵבֶר לַגְּבוּל.

[1] Six Day War
[1] collected
[1] because
[1] attacked
[1] became excited

אָכַלְנוּ וְשָׁכַבְנוּ בְּשֶׁקֶט.
כָּל אֶחָד חָשַׁב עַל הַקְּרָב[1] שֶׁיָּבוֹא, וְעַל הָעִיר הָעַתִּיקָה.
פִּתְאֹם קָרָא לִי הַקָּצִין[1]: "מִישֶׁהוּ מְבַקֵּשׁ אוֹתְךָ."
קַמְתִּי וְהָלַכְתִּי אֶל הַקָּצִין וְעַל־יָדוֹ מָצָאתִי אֶת סַבָּא.

[1] battle
[1] officer

"סַבָּא, מָה אַתָּה עוֹשֶׂה פֹּה?"
"שָׁמַעְתִּי שֶׁאַתֶּם בָּאתֶם לָעִיר."
"סַבָּא, טוֹב לִרְאוֹת אוֹתְךָ, אֲבָל אַתָּה צָרִיךְ לָלֶכֶת הַבַּיְתָה. מְסֻכָּן[1] פֹּה. הָעֲרָבִים יוֹרִים בָּנוּ."
"אֵין דָּבָר. הֵבֵאתִי לְךָ מַשֶּׁהוּ חָשׁוּב," וְנָתַן לִי שַׂק[1].
פָּתַחְתִּי אוֹתוֹ וּמָצָאתִי בּוֹ דֶּגֶל עִבְרִי יָשָׁן.
שָׁאַלְתִּי אוֹתוֹ: "סַבָּא, מַדּוּעַ הֵבֵאתָ אֶת הַדֶּגֶל? מָה עוֹשִׂים בְּדֶגֶל יָשָׁן בִּזְמַן הַקְּרָב?"
סַבָּא עָנָה: "כַּאֲשֶׁר תַּגִּיעַ לָעִיר הָעַתִּיקָה, הַדֶּגֶל יַגִּיד[1] לְךָ מָה לַעֲשׂוֹת בּוֹ."
הוּא נָשַׁק אוֹתִי וְהָלַךְ הַבַּיְתָה. שַׂמְתִּי אֶת הַדֶּגֶל בַּיַּלְקוּט[1] שֶׁלִּי.

[1] dangerous
[1] sack
[1] will tell
[1] knapsack

ג

הַקְּרָב עַל־יַד הַגְּבוּל הָיָה קָשֶׁה וְהַרְבֵּה חַיָּלִים נָפְלוּ.
בַּיּוֹם הַשֵּׁנִי לַמִּלְחָמָה הָיִינוּ בְּמִזְרַח־יְרוּשָׁלַיִם,
וּבַיּוֹם הַשְּׁלִישִׁי נִכְנַסְנוּ לָעִיר הָעַתִּיקָה דֶּרֶךְ
שַׁעַר הָאֲרָיוֹת[1]. כָּל הַזְּמַן הָעֲרָבִים יָרוּ בָּנוּ. כֻּלָּנוּ
רַצְנוּ מַהֵר מְאֹד אֶל הַכֹּתֶל הַמַּעֲרָבִי עַל־יַד הַר־הַבַּיִת[1].
כַּאֲשֶׁר כָּבַשְׁנוּ אֶת הַכֹּתֶל וְאֶת הָרְחוֹבוֹת מִסָּבִיב,
יָדַעְנוּ שֶׁהָעִיר הָעַתִּיקָה שֶׁלָּנוּ.

[1] Lion's Gate
[1] Temple Mount

מִכָּל הָרְחוֹבוֹת רָצוּ הַחַיָּלִים שֶׁלָּנוּ אֶל הַכֹּתֶל.
צָעַקְנוּ, בָּכִינוּ, הִתְפַּלַּלְנוּ.
פִּתְאֹם זָכַרְתִּי אֶת הַדֶּגֶל שֶׁל סַבָּא. לָקַחְתִּי אוֹתוֹ מִן
הַיַּלְקוּט, עָלִיתִי עַל כָּתֵף[1] חָבֵר אֶחָד, וְתָלִיתִי[2]
אֶת הַדֶּגֶל מִן הַכֹּתֶל. הָרַב תָּקַע[1] בַּשּׁוֹפָר.
כַּאֲשֶׁר עָמַדְנוּ לִפְנֵי הַכֹּתֶל וְשַׁרְנוּ אֶת "הַתִּקְוָה" חָשַׁבְתִּי:
הַדֶּגֶל שֶׁל סַבָּא חָזַר הַבַּיְתָה.

[1] shoulder [2] hung
[1] blew

מִלּוֹן

א

גְּבוּל	border, boundary
הָעִיר הָעַתִּיקָה	the Old City
עַתִּיק	ancient
הַכֹּתֶל הַמַּעֲרָבִי	Western Wall, Wailing Wall
הַר הַזֵּיתִים	Mt. of Olives
הַר הַצּוֹפִים	Mt. Scopus
הָרוֹבַע הַיְּהוּדִי	Jewish Quarter
כָּבְשׁוּ – כבש√	captured
בֵּית־קְבָרוֹת	cemetery
קָדוֹשׁ	holy

ב

collected	אָסְפוּ – אסף√
attacked	הִתְקִיפוּ – תקף√
became excited	הִתְרַגַּשְׁנוּ – רגש√
battle	קְרָב
officer	קָצִין
knapsack	יַלְקוּט

ג

Temple Mount	הַר־הַבַּיִת
shoulder	כָּתֵף
blew	תָּקַע – תקע√

תַּרְגִּילִים

א. תַּעֲנוּ עַל הַשְּׁאֵלוֹת הָאֵלֶּה.

1 מֶה הָיָה עוֹשֶׂה הַמְסַפֵּר כְּשֶׁהָיָה יֶלֶד; וְעִם מִי?

_____

2 בְּסוֹף הַטִּיּוּל, לְאָן הִגִּיעוּ?

_____

3 תִּכְתְּבוּ אֶת כָּל הַמְּקוֹמוֹת הַחֲשׁוּבִים שֶׁסַּבָּא הָיָה מְבַקֵּר.

_____

_____

4 בְּמִלְחֶמֶת הַשִּׁחְרוּר, מִי כָּבַשׁ אֶת הָעִיר הָעַתִּיקָה?

---

5 מָה לָקַח הַסַּבָּא אִתּוֹ מֵהָרוֹבַע הַיְּהוּדִי?

---

6 בְּמִלְחֶמֶת שֵׁשֶׁת הַיָּמִים, מִי הִתְקִיף אֶת יְרוּשָׁלַיִם?

---

7 לָמָּה בָּא הַסַּבָּא לְבַקֵּר אֶת נֶכְדּוֹ (his grandson) בִּזְמַן הַמִּלְחָמָה?

---

8 לְאָן רָצוּ כָּל הַחַיָּלִים כְּשֶׁהֵם הִגִּיעוּ לָעִיר הָעַתִּיקָה?

---

9 מָה עָשׂוּ הַחַיָּלִים הַיִּשְׂרְאֵלִים כְּשֶׁהֵם הִגִּיעוּ לַכֹּתֶל?

---

10 מָה עָשָׂה הַמְּסַפֵּר כְּשֶׁהוּא הִגִּיעַ לַכֹּתֶל?

---

11 בֵּין מִלְחֶמֶת הַשִּׁחְרוּר וּבֵין מִלְחֶמֶת שֵׁשֶׁת הַיָּמִים, יְרוּשָׁלַיִם נֶחְלְקָה לְכַמָּה חֲלָקִים?

---

12 אֵיךְ קָרְאוּ לַחֲלָקִים שֶׁל הָעִיר?

ב. Write the word which comes closest in meaning.

בְּשִׂמְחָה / בָּא / יַלְקוּט / מִלְחָמָה / יְסַפֵּר / קִיר
כְּתָמִיד / הִתְנַפֵּל / הָלַכְתִּי / נֶהֶרְגוּ / לָקְחוּ / נָתַן

1 טִיַּלְתִּי ______
2 יַגִּיד ______
3 מָסַר ______
4 כְּרָגִיל ______
5 שַׂק ______
6 קְרָב ______
7 כָּבְשׁוּ ______
8 הִגִּיעַ ______
9 כֹּתֶל ______
10 בְּרָצוֹן ______
11 הִתְקִיף ______
12 נָפְלוּ ______

ג. תִּכְתְּבוּ אֶת הַהֵפֶךְ.

עָזַב / רָחָב / אַחֲרֵינוּ / אוֹהֵב / הִתְפַּשֵּׁט
נִרְדָּם / מְאֻחָר / רָחוֹק / נֶגֶד / חָדָשׁ

1 מֻקְדָּם ______
2 בְּעַד ______
3 נִשְׁאַר ______
4 הִתְעוֹרֵר ______
5 קָרוֹב ______
6 שׂוֹנֵא ______
7 הִתְלַבֵּשׁ ______
8 לְפָנֵינוּ ______
9 עַתִּיק ______
10 צַר ______

ד.   תְּתַרְגְּמוּ לְעִבְרִית.

1   The guest is an advisor to the Egyptian government.

   _____

2   She handed over the ancient mirror to that merchant.

   _____

3   He read the important book about the synagogues in the Jewish
     Quarter.

   _____

4   We paid for the broken plane.

   _____

5   I tried again to contact him last night.

   _____

6   The tired student dozed off in class.

   _____

7   They are for peace and against war.

   _____

8   The counselor smiled when he heard her story about the Old City.

   _____

9   I don't like to argue with a stubborn man.

   _____

ה. תְּחַבְּרוּ מִשְׁפָּטִים מֵהַפְּעָלִים הָאֵלֶּה.

0 כתב√	(קַל)	הוּא כָּתַב אֶת הַמִּכְתָּב לַמִּשְׁפָּחָה.
כתב√	(הִפְעִיל)	הוּא הִכְתִּיב אֶת הַמִּכְתָּב לַמִּשְׁפָּחָה.
כתב√	(הִתְפַּעֵל)	הוּא הִתְכַּתֵּב עִם הַמִּשְׁפָּחָה.

1 לבש√ (קַל) _____

2 לבש√ (הִפְעִיל) _____

3 לבש√ (הִתְפַּעֵל) _____

4 רחץ√ (קַל) _____

5 רחץ√ (הִתְפַּעֵל) _____

6 כנס√ (הִתְפַּעֵל) _____

7 כנס√ (הִפְעִיל) _____

8 נפל√ (קַל) _____

9 נפל√ (הִתְפַּעֵל) _____

10 קרב√ (הִתְפַּעֵל) _____

11 קרב√ (הִפְעִיל) _____

ו. תַּשְׁלִימוּ אֶת הַמִּשְׁפָּטִים.

מַקְשִׁיבִים / מִתְרַגֵּז / הִתְעוֹרַרְתִּי / לְהַפְסִיק
מִשְׁתַּדֵּל / מַסְבִּירָה / לְהִתְקַשֵּׁר / מַמְשִׁיךְ

1 כְּשֶׁאֲנִי עוֹבֵד קָשֶׁה כָּל הַיּוֹם, בָּעֶרֶב אֲנִי רוֹצֶה _____ אֶת עֲבוֹדָתִי.

2 כְּשֶׁאֲנִי רוֹצֶה לִגְמֹר אֶת עֲבוֹדָתִי לִפְנֵי שֶׁאֵלֵךְ הַבַּיְתָה, אֲנִי _____ לַעֲבֹד.

3 כְּשֶׁאֲנִי רוֹצֶה לְהַצְלִיחַ בְּלִמּוּדַי, אֲנִי _____ מְאֹד.

4 כְּשֶׁאֲנִי שׁוֹמֵעַ חֲדָשׁוֹת רָעוֹת, אֲנִי _____ .

5 כְּשֶׁשָּׁמַעְתִּי אֶת הַשָּׁעוֹן מְצַלְצֵל בְּשֶׁבַע, _____ .

6 כְּשֶׁאַגִּיעַ הַבַּיְתָה, הִבְטַחְתִּי לוֹ _____ אֵלָיו מִיָּד.

7 כְּשֶׁאֲנִי לֹא מֵבִין אֶת הַתַּרְגִּיל, הִיא _____ לִי אוֹתוֹ.

8 כְּשֶׁאֲנִי אוֹמֶרֶת לָהֶם לְהִתְנַהֵג יָפֶה, הֵם _____ לִי.

הִתְעוֹרְרִי הִתְעוֹרְרִי קוּמִי יְרוּשָׁלַיִם....

Rouse, rouse yourself! Arise, O Jerusalem....

(יְשַׁעְיָה נא, יז / Isaiah 51:17)

עוּרִי עוּרִי לִבְשִׁי עֻזֵּךְ צִיּוֹן....

Awake, awake, O Zion! Clothe yourself in splendor....

(יְשַׁעְיָה נב, א / Isaiah 52:1)

פָּעוּל

In Hebrew as in English we can form an adjective from a verb.
In English this can be done by adding en or ed to the verb.

the broken leg	the closed window
the chosen people	the sealed letter

In Hebrew, this type of adjective is called the פָּעוּל.
It is **formed from the base** form of the verb in בִּנְיַן קַל.

broke	שָׁבַר
broken	שָׁבוּר, שְׁבוּרָה, שְׁבוּרִים, שְׁבוּרוֹת
	□ָ□וּ□ □ְ□וּ□ָה □ְ□וּ□ִים □ְ□וּ□וֹת

Remember: Since the **פָּעוּל** is an adjective, it **must agree in number and gender with the noun it modifies**. If it **modifies a definite noun**, the **פָּעוּל** must also have the **prefix ה**.

הַכִּסֵּא הַשָּׁבוּר   הַחַלּוֹן הַסָּגוּר

The **פָּעוּל** can be used to form a **noun sentence**.
In such a sentence, **there is no definite article ה** in front of the פָּעוּל.

The window (is) closed.	הַחַלּוֹן סָגוּר.
The door (is) broken.	הַדֶּלֶת שְׁבוּרָה.
The books (are) opened.	הַסְּפָרִים פְּתוּחִים.
The doors (are) closed.	הַדְּלָתוֹת סְגוּרוֹת.

עַתָּה עֵינַי יִהְיוּ פְּתוּחוֹת וְאָזְנַי קַשֻּׁבוֹת לִתְפִלַּת הַמָּקוֹם הַזֶּה.

Now My eyes will be open and My ears attentive to the prayers from this place. (II Chronicles 7:15 / דִּבְרֵי הַיָּמִים ב׳ ז, טו; the words of the Lord to King Solomon when he completed the building of the Temple)

תַּרְגִּיל

Complete the following paragraphs by using the written verb in either בִּנְיָן קַל or the פָּעוּל.

1 √סגר

כָּל יוֹם הֵם ________ אֶת הַחֲנוּת בְּשָׁעָה 7:00.

אֶתְמוֹל בָּאתִי בְּ־7:30 וְהַחֲנוּת לֹא הָיְתָה ________.

שָׁאַלְתִּי, מָתַי אַתֶּם ________ אֶת הַחֲנוּת? הֵם עָנוּ לִי בְּ־7:00.

הַיּוֹם בָּאתִי בְּחָמֵשׁ דַּקּוֹת לִפְנֵי שֶׁבַע וְהַחֲנוּת כְּבָר הָיְתָה ________.

הַשָּׁכֵן אָמַר לִי שֶׁהַיּוֹם הֵם ________ אוֹתָהּ בְּ־6:30.

מָחָר הִיא תִּהְיֶה ________ כָּל הַיּוֹם, כִּי הֵם נוֹסְעִים לְחֹפֶשׁ

וְהֵם ________ אוֹתָהּ לִשְׁבוּעַיִם.

2 √פתח

הַמּוֹרָה אָמְרָה ________ אֶת הַסְּפָרִים. הַסֵּפֶר שֶׁל גִּילָה הָיָה

________ כָּל הַזְּמַן.

הַמּוֹרָה שָׁאֲלָה אוֹתָהּ: מַדּוּעַ ________ אֶת הַסֵּפֶר שֶׁלָּךְ לִפְנֵי

שֶׁאָמַרְתִּי לָךְ ________ אוֹתוֹ?

אֲנִי לֹא יוֹדַעַת. אֵיזוֹ רוּחַ בָּאָה וּ________ אֶת הַסֵּפֶר.

3 √גמר

— רָחֵל, מָתַי ________ אֶת הָעֲבוֹדָה?

— אֲנִי חוֹשֶׁבֶת שֶׁ________ אוֹתָהּ בְּעוֹד שְׁעָתַיִם.

– טוֹב, אָבוֹא בְּעוֹד שְׁעָתַיִם לִרְאוֹת אִם ________ אֶת הָעֲבוֹדָה.

בָּאתִי בְּעוֹד שְׁעָתַיִם וְשָׁאַלְתִּי אֶת רָחֵל: ________ אֶת הָעֲבוֹדָה?

– כֵּן, ________ אוֹתָהּ לִפְנֵי רֶבַע שָׁעָה. הָעֲבוֹדָה ________

וְגַם אֲנִי ________ כִּי עָבַדְתִּי קָשֶׁה.

Psalm 122 describes the deep emotions of a pilgrim standing within the
courtyard of the Temple in Jerusalem.
Number the English translation to match the Hebrew verses.

תְּהִילִים קכב

__ For the sake of my kin and friends, I pray for your well-being;	שִׁיר הַמַּעֲלוֹת לְדָוִד שָׂמַחְתִּי בְּאֹמְרִים לִי בֵּית יְהוָה נֵלֵךְ: **1**
__ for the sake of the house of the Lord our God, I seek your good.	עֹמְדוֹת הָיוּ רַגְלֵינוּ בִּשְׁעָרַיִךְ יְרוּשָׁלָיִם: **2**
__ Pray for the well-being of Jerusalem: May those who love you be at peace.	יְרוּשָׁלַיִם הַבְּנוּיָה כְּעִיר שֶׁחֻבְּרָה לָּה יַחְדָּו: **3**
__ A song of ascents. Of David. I rejoiced when they said to me, We are going to the house of the Lord.	שֶׁשָּׁם עָלוּ שְׁבָטִים שִׁבְטֵי־יָהּ עֵדוּת לְיִשְׂרָאֵל לְהֹדוֹת לְשֵׁם יְהוָה: **4**
__ There thrones of judgment stood, thrones of the house of David.	כִּי שָׁמָּה יָשְׁבוּ כִסְאוֹת לְמִשְׁפָּט כִּסְאוֹת לְבֵית דָּוִיד: **5**
__ Our feet stood inside your gates, O Jerusalem,	שַׁאֲלוּ שְׁלוֹם יְרוּשָׁלָיִם יִשְׁלָיוּ אֹהֲבָיִךְ: **6**
__ Jerusalem built up, a city knit together,	יְהִי שָׁלוֹם בְּחֵילֵךְ שַׁלְוָה בְּאַרְמְנוֹתָיִךְ: **7**
__ to which tribes would make pilgrimage, the tribes of the Lord, — as was enjoined upon Israel — to praise the name of the Lord.	לְמַעַן אַחַי וְרֵעָי אֲדַבְּרָה־נָּא שָׁלוֹם בָּךְ: **8**
	לְמַעַן בֵּית־יְהוָה אֱלֹהֵינוּ אֲבַקְשָׁה טוֹב לָךְ: **9**
__ May there be well-being within your ramparts, peace in your citadels.	

תַּרְגִּילִים לַחֲזָרָה

א. תִּכְתְּבוּ בִּשְׁתֵּי מִלִּים.

1 רַגְלֵינוּ ______

2 בִּשְׁעָרַיִךְ ______

3 בְּאַרְמְנוֹתָיִךְ ______

4 אַחַי ______

5 אֹהֲבָיִךְ ______

ב. Look up the meanings of these words in your dictionary.

1 שְׁבָטִים ______

2 עֵדוּת ______

3 שַׁלְוָה ______

4 לְמַעַן ______

5 שָׁלוֹם ______

ג. תִּבְחֲרוּ בַּמִּלָּה הַנְּכוֹנָה.

מַסְפִּיק / לְהִתְחַתֵּן / תַּזְמִינוּ / הִזְמַנּוּ / הַכְנָסַת
הַהַזְמָנָה / הִזְמִינָה / לְהַחְלִיט / לְהַדְלִיק / הִבְטִיחוּ
הִתְקָרֵב / הֵעִיר / הִזְמִין

1 הִיא רָצְתָה ______________ עִם הֶחָבֵר שֶׁלָּהּ.

2 הַתִּינוֹק לֹא ______________ לַמַּיִם.

3 אֵין ______________ חָלָב לַאֲרוּחַת־בֹּקֶר.

4 אֲנַחְנוּ ______________ אוֹרְחִים לְשַׁבָּת.

5 דָּוִד, קִבַּלְתָּ אֶת ______________ שֶׁלְּךָ?

6 הִיא ______________ מְרַק־פֵּרוֹת וְהוּא ______________ מִיץ.

7 מוֹרִים, אַל ______________ סְפָרִים לַסִּפְרִיָּה.

8 ______________ אוֹרְחִים הִיא מִצְוָה גְּדוֹלָה.

9 קָשֶׁה ______________ אִם לִנְסֹעַ לְיִשְׂרָאֵל אוֹ לְאֵירוֹפָּה.

10 הַכֶּלֶב ______________ אֶת כָּל הַמִּשְׁפָּחָה.

11 הַיְלָדִים ______________ לָבוֹא בִּזְמַן.

12 הִיא שָׁכְחָה ______________ נֵרוֹת.

ד. תַּשְׁלִימוּ אֶת הַטַּבְלָה.

	שֹׁרֶשׁ	גִּזְרָה	בִּנְיָן
1 הִשְׁתַּגַּעְתִּי			
2 בָּאתֶם			
3 מְקַלְקֵל			
4 רָאֲתָה			
5 נִשְׁבַּר			
6 מְמַלְּאוֹת			
7 לָצֵאת			
8 תִּסְעוּ			
9 לְהַבְטִיחַ			
10 הִסְתַּכֵּל			
11 רָצוּ			
12 חִכָּה			
13 לִקְנוֹת			
14 הִתְחַלְנוּ			

הדגל

א

כאשר הייתי ילד, טיילתי הרבה ברחובות ירושלים. בכל שבת אחרי־הצָהֳריים, הסבא שלי יצא אִתי לטיול בעיר. לפעמים הלכנו לצפון ולפעמים הלכנו לדרום. אבל תמיד הגענו בסוף הטיול לגבול בין ירושלים היהודית לירושלים הערבית.

סבא סיפר לי שהוא היה מטַייל ברחובות העיר העתיקה עם אבי כאשר אבי היה ילד. הוא סיפר לי על כל המקומות שהם ביקרו: את הכּוֹתֶל המַעֲרָבִי, את בתי־הכנסת ברוֹבַע היהודי, את הר הזֵיתים ואת הר הצופים. באותם הימים סבא ומשפחתו גרו ברובע היהודי.

במלחמת השִחרור, כאשר הערבים כבשו את העיר העתיקה, הסבא שלי היה בין היהודים האחרונים שיצאו מן העיר. הוא לקח עִמוֹ את

Israeli and Jordanian soldiers jointly guarding a border post in Jerusalem after Israel's War of Independence

הדגל העברי האחרון שהיה ברובע היהודי ושמר אותו בתוך ארון בביתו.

תמיד, בסוף הטיול, סבא אמר: "אני יושב בירושלים אבל אני יושב בגלוּת. הבית שלי שם, מֵעבר לגבול. גם הכותל שם, גם בתי־הכנסת ובתי־הקברות של אבותַי. והערבים אינם נותנים לי לבַקר במקומות הקדושים שלי."

ככה טיילתי עם סבא בכל שבת עד אשר גדלתי ונכנסתי לצבא.

ב

לפני מלחמת ששת הימים (1967) הייתי בצבא בנֶגב. ביום הראשון למלחמה אספו אותנו לתוך אוטובוסים ואמרו לנו שאנו נוסעים לירושלים מפני שהערבים התקיפו את העיר. הגענו אל העיר בערב ואמרו לנו שבעוד כמה שעות נתקיף את מזרח־ירושלים, שם לא ביקרתי מעולם. כולנו התרגשנו מפני שתמיד חשבנו שלעולם לא נבַקר במקומות הקדושים מֵעבר לגבול.

אכלנו ושכבנו בשקט. כל אחד חשב על הקרָב שיבוא, ועל העיר העתיקה. פתאום קרא לי הקצין: "מישהו מבקש אותך." קמתי והלכתי אל הקצין ועל־ידו מצאתי את סבא.

"סבא, מה אתה עושה פה?"
"שמעתי שאתם באתם לעיר."
"סבא, טוב לראות אותך, אבל אתה צריך ללכת הביתה. מסוּכן פה. הערבים יורים בנו."
"אין דבר, הבֵאתי לך משהו חשוּב," ונתן לי שַׂק.
פתחתי אותו ומצאתי בו דגל עִברי ישן.
שאלתי אותו: "סבא, מדוע הבֵאתָ את הדגל? מה עושים בדגל ישן בזמן הקרב?"
סבא ענה: "כאשר תגיע לעיר העתיקה, הדגל יגיד לך מה לעשות בו." הוא נישק אותִי והלך הביתה. שׂמתי את הדגל בילקוּט שלי.

ג

הקרב על-יד הגבול היה קשה והרבה חיילים נפלו. ביום השני
למלחמה היינו במזרח-ירושלים וביום השלישי נכנסנו לעיר העתיקה
דרך שער הָאֲרָיות. כל הזמן הערבים ירו בנו. כולנו רצנו מהר מאוד אל
הכותל המערבי על-יד הר-הבית. כאשר כבשנו את הכותל והרחובות
מסביב, ידענו שהעיר העתיקה שלנו.

40

מכל הרחובות רצו החיילים שלנו אל הכותל. צעקנו, בכינו, התפללנו.
פתאום זכרתי את הדגל של סבא. לקחתי אותו מן הילקוט, עליתי על
כָּתֵף חבר אחד, ותליתי את הדגל מן הכותל. הרב תקע בשופר. כאשר
עמדנו לפני הכותל ושרנו את "התקווה" חשבתי: הדגל של סבא חזר
הביתה.

45

Volunteers at an archaeological dig in Jerusalem

10 יְחִידָה

לְהַנִּיחַ תְּפִלִּין

[1]to put on tefillin

לִפְנֵי כַּמָּה שָׁנִים, קָנָה פְּרוֹפֶסוֹר יִגָּאֵל יָדִין מִסּוֹחֵר עַתִּיקוֹת[1] בִּירוּשָׁלַיִם תְּפִלִּין שֶׁל רֹאשׁ מִתְּקוּפַת הַבַּיִת הַשֵּׁנִי[1]. לְפִי סִפּוּרוֹ שֶׁל הַסּוֹחֵר, הַתְּפִלִּין נִמְצְאוּ[1] עַל־יְדֵי בֶּדוּאִים[2] בְּאַחַת מִמְּעָרוֹת קוּמְרָאן[1]. כְּדֵי לְבָרֵר[2] כַּמָּה דְּבָרִים הַקְּשׁוּרִים[1] בַּתְּפִלִּין, יָצָא יָדִין יוֹם אֶחָד מִירוּשָׁלַיִם לְתֵל־אָבִיב. הוּא נָסַע בָּרַכֶּבֶת, וּבַתִּיק[1] שֶׁלּוֹ תַּצְלוּמֵי[1] הַתְּפִלִּין. וְכָאן בָּרַכֶּבֶת קָרָה לוֹ דָּבָר.

[1]antiques
[1]Second Temple period
[1]were found [2]Bedouins
[1]Qumran [2]to clarify
[1]connected
[1]briefcase
[1]photographs

מְסַפֵּר יָדִין: בַּדֶּרֶךְ לְתֵל־אָבִיב, בְּתַחֲנַת כְּפַר[1] חַבַּ"ד, עָלְתָה לָרַכֶּבֶת קְבוּצָה שֶׁל חַבַּ"דְנִיקִים. צָעִיר אֶחָד מֵהַקְּבוּצָה נִגַּשׁ אֵלַי וּבִקֵּשׁ מִמֶּנִּי לְהַנִּיחַ תְּפִלִּין. סֵרַבְתִּי[1], וּבִקַּשְׁתִּי מִמֶּנּוּ לַעֲזֹב אוֹתִי[2]. כְּשֶׁהוּא הִמְשִׁיךְ לְהַפְרִיעַ לִי שָׁמַעְתִּי שֶׁהַמִּבְטָא[1] הָעִבְרִי שֶׁלּוֹ מוּזָר[1]. שָׁאַלְתִּי אוֹתוֹ מֵאֵיפֹה הוּא בָּא לָאָרֶץ, וְהוּא עָנָה לִי שֶׁהוּא בָּא מֵאֶרֶץ גְּדוֹלָה, רְחוֹקָה, סְגוּרָה וּמְסֻגֶּרֶת[1].

[1]village
[1]refused [2]leave me alone
[1]accent
[1]strange
[1]shut up tight
(the reference is to Russia)

Professor Yigael Yadin was a famous Israeli general and archeologist, Shortly after he discovered the oldest pair of tefillin ever found, this true incident took place.

שָׁאַלְתִּי: "בְּאֶרֶץ מוֹלַדְתְּךָ הִנַּחְתָּ תְּפִלִּין?"
הוּא עָנָה: "מֵאָז הָיִיתִי לְבַר־מִצְוָה וְעַד הַיּוֹם הַזֶּה
אֲנִי מַנִּיחַ תְּפִלִּין."
אָמַרְתִּי לוֹ: "אִם כָּךְ הַדָּבָר[1], אֶשְׁמַע לְבַקָּשָׁתְךָ." — [1]if so
וְהִנַּחְתִּי תְּפִלִּין.

בְּסוֹף הַנְּסִיעָה נִגְּשָׁה אֵלַי נוֹסַעַת אַחַת וְאָמְרָה לִי:
"הַבָּחוּר שֶׁנִּגַּשׁ אֵלֶיךָ לֹא הִכִּיר אוֹתְךָ. אֲבָל אֲנִי יוֹדַעַת
מִי אַתָּה; וְהָעֻבְדָּה[1] שֶׁהִנַּחְתָּ תְּפִלִּין גָּרְמָה[2] לִי — [1]fact [2]caused
סִפּוּק[1] מְיֻחָד[2]. דַּע לְךָ שֶׁבְּנִי הָיָה הַחַבַּ"דְנִיק — [1]satisfaction [2]special
הַיָּחִיד בֵּין הַצַּנְחָנִים[1] שֶׁנָּפַל[2] בְּמִלְחֶמֶת שֵׁשֶׁת — [1]paratroopers [2]died
הַיָּמִים לְיַד הַסּוּאֶץ[1]. לִפְנֵי מוֹתוֹ שָׁאֲלוּ חֲבֵרָיו — [1]Suez
מַה בַּקָּשָׁתוֹ וְיַעֲשׂוּ.
אָמַר לָהֶם: 'הַנִּיחוּ תְּפִלִּין'.
וּמֵאָז," הִמְשִׁיכָה הָאִשָּׁה, "מַנִּיחִים חֲבֵרָיו תְּפִלִּין.
אֲנִי חוֹשֶׁבֶת שֶׁגַּם אַתָּה הִנַּחְתָּ תְּפִלִּין לְזִכְרוֹ[1]." — [1]in his memory

פְּרוֹפֶסוֹר יָדִין הִמְשִׁיךְ: "סִפּוּרָהּ שֶׁל הָאֵם, שֶׁגַּם הֶרְאֲתָה[1] — [1]showed
לִי אֶת תַּצְלוּם בְּנָהּ, דַּוְקָא[1] בָּרֶגַע שֶׁבַּתִּיק שֶׁלִּי — [1]exactly
הָיוּ הַתְּפִלִּין הַקְּדוּמִים[1] בְּיוֹתֵר שֶׁנִּמְצְאוּ אֵי־פַּעַם[2], — [1]ancient [2]ever
גָּרַם לִי הִתְרַגְּשׁוּת[1] מְיֻחֶדֶת. אַף עַל פִּי[2] שֶׁקְּנִיַּת — [1]excitement [2]despite
הַתְּפִלִּין הָיְתָה עֲדַיִן[1] סוֹד[2], הֶרְאֵיתִי לָהּ אֶת הַתְּפִלִּין, — [1]still [2]secret
וּדְמָעוֹת הָיוּ גַּם בְּעֵינֶיהָ וְגַם בְּעֵינַי."

The leather tefillin bought by Prof. Yigael Yadin, shown open with the four compartments containing the biblical verses; the photo is an enlargement — when closed, the tefillin measure 1/2″×7/8″

מִלוֹן

to put on, to lay	לְהָנִיחַ
tefillin, phylacteries	תְּפִלִּין
antiques	עַתִּיקוֹת
were found	נִמְצְאוּ – מצא√
to clarify	לְבָרֵר – ברר√
connected	קָשׁוּר – קשר√
briefcase	תִּיק
photograph	תַּצְלוּם
I refused	סֵרַבְתִּי – סרב√
fact	עֻבְדָּה
caused	גָּרְמָה – גרם√
satisfaction	סִפּוּק
special	מְיֻחָד
paratroopers	צַנְחָנִים
fell, died	נָפַל – נפל√
memory	זֵכֶר
exactly, especially	דַּוְקָא
ancient	קָדוּם
excitement	הִתְרַגְּשׁוּת
purchase	קְנִיָּה
still	עֲדַיִן
secret	סוֹד
Chabad, the Lubavitch chasidic group	חַבַּ"ד
(The name is formed of the initial letters of the Hebrew words for wisdom, understanding, knowledge.)	(חָכְמָה, בִּינָה, דַּעַת)

וִירִיחוֹ סֹגֶרֶת וּמְסֻגֶּרֶת מִפְּנֵי בְּנֵי יִשְׂרָאֵל, אֵין יוֹצֵא וְאֵין בָּא.

Now Jericho was shut up tight because of the Israelites; no one could leave or enter.

(יְהוֹשֻׁעַ ו,א / Joshua 6:1)

תַּרְגִּילִים בַּהֲבָנַת הַסִּפּוּר

א. תַּעֲנוּ עַל הַשְּׁאֵלוֹת הָאֵלֶּה.

1 מִי מְסַפֵּר אֶת הַסִּפּוּר? ______

2 מַה קָּנָה יִגְאָל יָדִין? ______

3 אֵיפֹה מָצְאוּ אֶת הַתְּפִלִּין, וּמִי מָצָא אוֹתָם? ______

4 לְאָן נָסַע יָדִין? ______

5 מַה הָיָה בַּתִּיק שֶׁלּוֹ? ______

6 מִי עָלָה עַל הָרַכֶּבֶת? ______

7 מַה בִּקֵּשׁ צָעִיר אֶחָד מִיָּדִין? ______

8 מֵאַיִן בָּא הַצָּעִיר? ______

9 הַאִם שָׁמַע יָדִין לְבַקָּשַׁת הַצָּעִיר? ______

10 מִי נִגַּשׁ לְיָדִין בְּסוֹף הַנְּסִיעָה? ______

11 מִי הָיָה הַבֵּן שֶׁלָּהּ? ______

12 אֵיפֹה נָפַל הַבֵּן? ______

13 מַה הוּא בִּקֵּשׁ מֵחֲבֵרָיו? ______

14 מַה הָיָה הַסּוֹד? ______

15 מַה הֶרְאָה יָדִין לָאִשָּׁה? ______

16 מַה זֶה חַבַּ"ד? ______

ב. תִּכְתְּבוּ שֵׁמוֹת נִרְדָּפִים (synonyms).

יָשֵׁן / נִרְדְּמָה / מִלְחָמָה / רֵעִים / אַף פַּעַם לֹא
בָּא / הִתְרַגֵּז / עוֹד פַּעַם / קָצִין / אֲרוּחָה

1 סְעוּדָה	________	6 שׁוּב	________
2 הִגִּיעַ	________	7 חֲבֵרִים	________
3 כָּעַס	________	8 מֵעוֹלָם לֹא	________
4 שַׂר	________	9 עַתִּיק	________
5 קְרָב	________	10 יְשֵׁנָה	________

ג. תִּכְתְּבוּ אֶת הַהֶפֶךְ.

נוֹצְרִי / הִתְחַתֵּן / נוֹרָא / מְדַבֶּרֶת / רֵיק / תָּמִיד
בְּקַלּוּת / שָׂמֵחַ / לְמַעְלָה / לְבַד

1 אִלֶּמֶת	________	6 הִתְגָּרֵשׁ	________
2 בְּיַחַד	________	7 נִפְלָא	________
3 בְּקוֹשִׁי	________	8 לְעוֹלָם לֹא	________
4 לְמַטָּה	________	9 עָצוּב	________
5 יְהוּדִי	________	10 מָלֵא	________

בִּנְיַן נִפְעַל

You have already learned four בִּנְיָנִים: קַל פִּעֵל הִתְפַּעֵל הִפְעִיל
Each בִּנְיָן conveys a basic meaning. Although it is not always readily evident, it provides a helpful means of identification.

קַל	simple action	כָּתַב
פִּעֵל	intensive action	כִּתֵּב
הִתְפַּעֵל	reflexive or reciprocal action	הִתְכַּתֵּב
הִפְעִיל	causative action	הִכְתִּיב

Active Voice

In all the sentences we have used up to now, the subject of the verb is doing something.

The student wrote the letter.
(The student = s, wrote = v, letter = o)

We call verbs of this type active verbs, since the subject of the verb is performing an action.

Passive Voice

The letter was written.
(letter = s, was written = v)

While it is clear that the letter is the subject of the sentence, we cannot claim that the letter was doing anything.

When the subject of the sentence is not performing an action, the verb is expressed in the *passive* voice.

In English, the passive voice is expressed by placing an auxiliary word *was* before the main verb, and adding the suffix *en* to the verb.

The object of the active sentence becomes the subject of the passive sentence.

The student wrote the letter. (active)
(letter = o)

The letter was written by the student. (passive)
(letter = s)

In a passive sentence, the noun doing the work always follows the preposition *by*.

In both Hebrew and English there are several **reasons for a sentence to appear in the passive voice**.

the doer is unknown:	A shot was heard in the street.
for emphasis:	The letter was written.
the doer is unimportant:	The letter was written by....

In Hebrew, **בִּנְיָן נִפְעַל** expresses the **passive voice**.

The window was broken.	הַחַלּוֹן נִשְׁבַּר.
The door was closed.	הַדֶּלֶת נִסְגְּרָה.
The books were written.	הַסְּפָרִים נִכְתְּבוּ.

Often the **נִפְעַל** conveys a **reflexive meaning** which is not easy to recognize.

The teacher entered the room. הַמּוֹרֶה נִכְנַס לַחֶדֶר.

The verb √כנס in נִפְעַל actually means *made himself enter*.

He was guarded. הוּא נִשְׁמַר.

The verb √שמר in נִפְעַל actually means *guarded himself*.

At times the **נִפְעַל** conveys a **reciprocal meaning**.

They met. הֵם נִפְגְּשׁוּ.

The verb √פגש in נִפְעַל actually means *met each other*.

However, it is sometimes difficult to detect any notion of passive, reflexive, or reciprocal action in the נִפְעַל.

בִּשְׁבִיל צַדִּיק אֶחָד הָעוֹלָם נִבְרָא.

The world was created for the sake of one righteous man. (Talmud)

Common verbs in בִּנְיָן נִפְעַל

entered	נִכְנַס
was written	נִכְתַּב
was finished	נִגְמַר
was opened	נִפְתַּח
was closed	נִסְגַּר
was guarded, kept	נִשְׁמַר
fought	נִלְחַם
met	נִפְגַּשׁ
was broken	נִשְׁבַּר
fell asleep	נִרְדַּם
swore, took an oath	נִשְׁבַּע
was continued	נִמְשַׁךְ
died	נִפְטַר
was careful	נִזְהַר
remained	נִשְׁאַר
separated	נִפְרַד
was heard	נִשְׁמַע
was torn	נִקְרַע
was read	נִקְרָא
seemed, was visible	נִרְאָה
was made, was produced	נַעֲשָׂה
was born	נוֹלַד

Note: Many נִפְעַל verbs are the **passive form of active verbs in בִּנְיָן קַל**.

was written	נִכְתַּב	wrote	כָּתַב
was finished	נִגְמַר	finished	גָּמַר
was opened	נִפְתַּח	opened	פָּתַח
was broken	נִשְׁבַּר	broke	שָׁבַר

A sentence in the נִפְעַל **never takes a direct object**.

If we want to say that **action was done by someone,** we use the **preposition** עַל־יְדֵי.

Conjugation of בִּנְיָן נִפְעַל

In the past and present tenses, the נִפְעַל can be recognized by the נ which precedes the root.

Do not confuse this נ with the נ which expresses the pronoun *we* in the future tense of other **בִּנְיָנִים**.

אֲנַחְנוּ נִלְמַד נִכְתֹּב נְדַבֵּר נַלְבִּישׁ נִתְפַּלֵּל

עָבָר	נִגְמַרְתִּי	נִגְמַרְנוּ
	נִגְמַרְתָּ	נִגְמַרְתֶּם
	נִגְמַרְתְּ	נִגְמַרְתֶּן
	נִגְמַר	נִגְמְרוּ
	נִגְמְרָה	נִגְמְרוּ

הֹוֶה	נִגְמָר[1]
	נִגְמֶרֶת, נִגְמָרָה[2]
	נִגְמָרִים
	נִגְמָרוֹת

Notes

1 נִגְמָר, the **present tense** masculine singular form in נִפְעַל *sounds like* נִגְמַר, the **past tense** masculine singular form.
In the present tense, the vowel under the 2nd root-letter is □ָ while in the past tense it is *always* □ַ — as in the word נִפְעַל.

2 Both forms of the present tense feminine singular can be used.
Verbs whose 3rd root-letter is ח or ע (ל׳ גְּרוֹנִית) have vowel changes in the feminine singular present tense.

פתח√ נִפְתַּחַת שמע√ נִשְׁמַעַת שלח√ נִשְׁלַחַת סלח√ נִסְלַחַת

תַּרְגִּילִים

א. תְּמַלְּאוּ אֶת הַטַּבְלָה בַּהוֹוֶה.

גמר√	שמר√	רדם√	שבר√
נִגְמָר			
נִגְמֶרֶת			
נִגְמָרִים			
נִגְמָרוֹת			

ב. תִּכְתְּבוּ אֶת הַמִּשְׁפָּטִים הָאֵלֶּה בְּבִנְיָן נִפְעַל, בַּהוֹוֶה.

0 הָאֵם כּוֹתֶבֶת אֶת הַמִּכְתָּב. הַמִּכְתָּב נִכְתָּב עַל־יְדֵי הָאֵם.

1 הַסּוֹחֵר מוֹכֵר סְפָרִים. ______

2 הָאִשָּׁה סוֹגֶרֶת אֶת הַדֶּלֶת. ______

3 הַדּוֹד שׁוֹלֵחַ חֲבִילוֹת לַחֲבֵרָיו. ______

4 הַיֶּלֶד הַקָּטָן שָׁבַר אֶת הַחַלּוֹן. ______

5 הַמִּשְׁפָּחָה פּוֹתַחַת חֲנוּת־סְפָרִים. ______

ג. תַּשְׁלִימוּ אֶת הַמִּשְׁפָּטִים הָאֵלֶּה בַּהֹוֶה.

1 משך√ הַשִּׁעוּר __________ הַיּוֹם עַד שָׁלוֹשׁ.

2 שאר√ הָאֹכֶל __________ בַּחוּץ כָּל הַבֹּקֶר.

3 כתב√ הַסִּפּוּרִים __________ בַּכִּתָּה עַל־יְדֵי הַתַּלְמִידוֹת.

4 כנס√ שָׂרָה, מָדוּעַ אַתְּ לֹא __________ לַחֶדֶר עַכְשָׁו?

5 פרד√ אַתֶּם __________ הַיּוֹם בַּמִּסְעָדָה?

6 פגש√ יְלָדוֹת, אֵיפֹה אַתֶּן __________ __________?

7 קרע√ הַתַּלְמִידָה נָפְלָה וְהַשִּׂמְלָה שֶׁלָּהּ __________.

8 מצא√ הַסְּפָרִים שֶׁלּוֹ __________ בָּאָרוֹן.

9 פתח√ הַחֲנוּת __________ בְּכָל בֹּקֶר בְּשֶׁבַע.

10 סגר√ הַחַלּוֹן __________ עַל־יְדֵי הָרוּחַ.

Morning prayers at the Western Wall

ד. תְּמַלְּאוּ אֶת הַטַּבְלָה בֶּעָבָר.

גמר√	כנס√	פגש√	פטר√
נִגְמַרְתִּי			
נִגְמַרְתָּ			
נִגְמַרְתְּ			
נִגְמַר			
נִגְמְרָה			
נִגְמַרְנוּ			
נִגְמַרְתֶּם			
נִגְמַרְתֶּן			
נִגְמְרוּ			

ה. תִּכְתְּבוּ אֶת הַפֹּעַל בֶּעָבָר.

כנס√		רדם√	
גִּילָה	_____	אֲנִי	_____
דָּן וְשִׁמְעוֹן	_____	רִבְקָה	_____
אֲנִי	_____	רָחֵל וְרוּת	_____
אֲנַחְנוּ	_____	אַתָּה	_____
אַתְּ	_____	הֵם	_____

ו. תַּשְׁלִימוּ אֶת הַמִּשְׁפָּטִים בְּבִנְיָן נִפְעַל אוֹ בְּבִנְיָן קַל.

1 הַמִּכְתָּב נִשְׁלַח אֶתְמוֹל, דָּנִי ________ אוֹתוֹ.

2 רָחֵל גָּמְרָה אֶת הָעֲבוֹדָה. הָעֲבוֹדָה כְּבָר ________.

3 הוּא רָצָה לִפְתֹּחַ אֶת הַחַלּוֹן, אֲבָל הַחַלּוֹן לֹא ________.

4 כְּשֶׁהוּא קָפַץ, הוּא שָׁבַר אֶת הָרַגְלַיִם. שְׁתֵּי הָרַגְלַיִם ________.

5 הוּא שָׁמַע אוֹתִי צוֹעֶקֶת. אֲנִי ________ בְּכָל הָרְחוֹב.

6 הַיּוֹם הוּא פָּגַשׁ אֶת אָבִיו בַּחֲנוּת, אֲבָל אֶתְמוֹל הֵם ________ בַּמְּסִבָּה.

7 הִיא סָלְחָה לִי, וַאֲנִי שְׂמֵחָה שֶׁ ________.

8 הַיְלָדִים שָׁכְחוּ אוֹתְךָ. לָמָּה ________ עַל־יְדֵי הַיְלָדִים?

9 הַהוֹרִים שָׁלְחוּ אוֹתָנוּ לַמַּחֲנֶה. אֲנַחְנוּ ________ לִפְנֵי שְׁבוּעַיִם.

10 לָמָּה סָגַרְתָּ אֶת הַדֶּלֶת, חַם פֹּה! אֲנִי לֹא ________ אוֹתָהּ,

הִיא ________ בְּעַצְמָהּ.

וְנִסְלַח לְכָל עֲדַת בְּנֵי יִשְׂרָאֵל וְלַגֵּר הַגָּר בְּתוֹכָם, כִּי לְכָל הָעָם בִּשְׁגָגָה.

And all the congregation of the people Israel shall be forgiven, as well as the stranger who dwells among them, for all the people acted in error. (Numbers 15:26 / בַּמִּדְבָּר טו, כו; also recited during the *Kol Nidrei* prayer)

¹total darkness   בַּעֲלָטָה[1]

מֵאֵת אָמִיר גִּלְבֹּעַ

¹they will show me   אִם יַרְאוּנִי[1] אֶבֶן וְאֹמַר אֶבֶן יֹאמְרוּ אָבֶן.

אִם יַרְאוּנִי עֵץ וְאֹמַר עֵץ יֹאמְרוּ עֵץ.

¹but ²paint   אַךְ[1] אִם יַרְאוּנִי דָּם וְאֹמַר דָּם יֹאמְרוּ צֶבַע[2].

אִם יַרְאוּנִי דָּם וְאֹמַר דָּם יֹאמְרוּ צֶבַע.

¹they show   1. מַה קוֹרֵא הָאִישׁ לַדָּבָר הָרִאשׁוֹן שֶׁמַּרְאִים[1] לוֹ?

2. מַה קוֹרֵא הָאִישׁ לַדָּבָר הַשֵּׁנִי שֶׁמַּרְאִים לוֹ?

3. מַה קוֹרְאִים הָאֲחֵרִים לִשְׁנֵי הַדְּבָרִים הָאֵלֶּה?

4. מַה קוֹרֵא הָאִישׁ לַדָּבָר הַשְּׁלִישִׁי שֶׁמַּרְאִים לוֹ?

5. מַה קוֹרְאִים הָאֲחֵרִים לַדָּבָר הַזֶּה?

6. מַדּוּעַ קוֹרְאִים לְאוֹתוֹ דָּבָר שְׁלִישִׁי בְּשֵׁם אַחֵר?

הַיֶּלֶד נָפַל מִמִּטָּתוֹ

מֵאֵת יְהוּדָה עַמִּיחַי

¹middle   הַיֶּלֶד נָפַל מִמִּטָּתוֹ, בָּאֶמְצַע[1]

הַלַּיְלָה נָפַל עַל הָרִצְפָּה

וְהִמְשִׁיךְ לִישׁוֹן.

הוֹ, חַיָּלִים, חַיָּלִים,

תִּלְמְדוּ מִזֶּה!

מִלּוֹן

middle   אֶמְצַע

1. מִי נָפַל מִמִּטָּתוֹ?

2. מָה הוּא הִמְשִׁיךְ לַעֲשׂוֹת?

3. מָה רוֹצֶה הַמְּשׁוֹרֵר שֶׁהַחַיָּלִים יִלְמְדוּ?

תַּרְגִּילִים לַחֲזָרָה

א. תְּתַרְגְּמוּ לְעִבְרִית.

1 He announced to the class that there will be an exam in two weeks.

____

2 They never arrive home on time.

____

3 I became excited when I heard that the plane arrived.

____

4 We returned late at night.

____

5 Don't touch the precious statue!

____

6 It is not worth anything.

____

7 He knew her many years ago when they lived in the Old City.

____

8 She stopped talking when she saw the groom approaching.

____

9 I hate to argue with a stubborn man!

____

ב. Choose the correct preposition and complete each sentence. In some sentences you have a choice of two prepositions.

מִמֶּנָּה / עָלֶיהָ / אֵלֶיהָ / לָהּ

0 הֵם נָסְעוּ אֵלֶיהָ בָּעִיר.

1 אֲנִי בָּרַחְתִּי ________

2 הִיא נָפְלָה ________

3 אֲנַחְנוּ הִתְקָרַבְנוּ ________

4 הִיא הִתְרַחֲקָה ________

5 מַדּוּעַ נָתַתָּ ________

6 אֲנִי הִבְטַחְתִּי ________

7 אֲנַחְנוּ הִשְׁפַּעְנוּ ________

8 הֵן שָׁלְחוּ ________

There are two possibilities for completing each of the next two sentences. When you have made your choice, translate your answer.

9 מַדּוּעַ אַתָּה הוֹלֵךְ ________ ________________________

10 הוּא דִּבֵּר ________ ________________________

ג. תְּמַלְאוּ אֶת הַמִּשְׁפָּטִים בְּמִלּוֹת־הַיַּחַס (prepositions).

1 הוּא עָמַד ________. before me

2 הוּא בָּרַח ________. from them

3 הִיא לֹא הָיְתָה ________. with him

4 הֵם דִּבְּרוּ ________. about me

5 הַסֵּפֶר הַזֶּה ________? for me

6 זֶה נָפַל ________. on him

7 הִיא נָסְעָה ________. with us

8 הוּא חָזַר ________. to her

9 הַאִם הָעִפָּרוֹן עַל הַסֵּפֶר? לֹא, הוּא ________. under it

10 שָׂרָה, אֲנִי שָׁלַחְתִּי ________ מִכְתָּב. to you

ד. תִּבְחֲרוּ בַּמִּלָּה הַנְּכוֹנָה.

1 הֵם שָׁרוּ אֶת שִׁירִים שִׁירֵי הַתַּלְמִיד.
2 הַסּוֹחֵר קָנָה מִטּוֹתֵי מִטּוֹת .
3 הֵם יוֹתֵר הֲכִי חֲכָמִים בַּמִּשְׁפָּחָה.
4 שָׂרָה, גָּמַרְתְּ אֶת עֲבוֹדָתֵךְ עֲבוֹדָתָהּ ?
5 חִבּוּרֵי חֲבֶרְתִּי נִפְלָאָה נִפְלָאִים.
6 הִיא הָיְתָה רוֹצָה רָצְתָה לָלֶכֶת אִתּוֹ.
7 הוּא לֹא חָכָם הֶחָכָם בַּכִּתָּה.
8 הוּא יוֹעֵץ יוֹתֵר חָשׁוּב מִמֶּנּוּ בּוֹ .
9 אֲנַחְנוּ אוֹהֲבִים לְסַפֵּר אֶת סִפּוּרֵי סִפּוּרֵינוּ .
10 הַתַּלְמִידִים הָאֵלֶּה עָבְדוּ קָשֶׁה וְהִצְלִיחוּ יוֹתֵר בְּ מֵ הַתַּלְמִידִים הָהֵם בַּבְּחִינָה.

ה. תִּבְחֲרוּ בַּפֹּעַל הַנָּכוֹן: קַל פִּעֵל הִתְפַּעֵל הִפְעִיל

1 הַתִּינוֹק גלגל√ __________ בַּחוֹל הָרַךְ.

2 אֲנַחְנוּ נגב√ __________ אַחֲרֵי שֶׁאֲנַחְנוּ רטב√ __________ בַּגֶּשֶׁם.

3 הַמַּדְרִיךְ לבש√ __________ אֶת הַמְּעִיל הַקָּצָר.

4 הָאֵם לבש√ __________ אֶת הַיְלָדִים הַקְּטַנִּים.

5 הֵם כְּבָר לבש√ __________ לְבַד.

6 הִיא רחץ√ __________ אֶת הַגּוּף בְּמַיִם חַמִּים.

7 הַנֶּהָג נהג√ __________ אֶת הַמְּכוֹנִית הַחֲדָשָׁה מֵהַבַּיִת לַמִּשְׂרָד.

8 הַאִם הַחֶבְרֶ'ה נהג√ __________ יָפֶה בַּמְּסִבָּה?

9 כְּשֶׁעָזַבְתִּי אֶת הָעִיר, רחק√ __________ מֵחֲבֵרַי.

10 הַמִּשְׁפָּחָה כנס√ __________ אֶת הָאוֹרְחִים לַדִּירָה הַחֲדָשָׁה.

ו. תִּבְחֲרוּ בַּפֹּעַל הַנָּכוֹן.

1 מִי הִתְכַּנֵּס הִכְנִיס אֶת הַתַּלְמִידִים לַכִּתָּה?
2 יוֹעֲצֵי הַמֶּמְשָׁלָה הִתְכַּנְּסוּ כִּנְּסוּ בְּבִנְיָן אֶחָד.
3 נִכְנַסְתִּי הִכְנַסְתִּי לַמִּשְׂרָד בְּשֶׁקֶט.
4 מִי הִתְנַשֵּׁק נִשֵּׁק אֶת הַמַּדְרִיכָה?
5 הֵם נִשְּׁקוּ הִתְנַשְּׁקוּ בָּרַכֶּבֶת לַדָּרוֹם.
6 אֲנִי אוֹהֶבֶת לֶאֱכֹל לְהַאֲכִיל סַכָּרִיּוֹת.
7 הוּא אָכַל הֶאֱכִיל אֶת הַכֶּלֶב לִפְנֵי שֶׁהָלַךְ לַעֲבֹד.
8 הַדֶּלֶת סָגְרָה הַסְּגוּרָה אֲדֻמָּה.
9 הַצִּפּוֹר נָפְלָה הִתְנַפְּלָה מֵהָעֵץ הַגָּבֹהַּ.
10 הַצָּבָא מוּכָן לִנְפֹּל לְהִתְנַפֵּל עַל הָעֲיָרָה מֵהַצָּפוֹן.

ז. תַּשְׁלִימוּ אֶת הַטַּבְלָה.

תַּרְגּוּם	conjugated form	בִּנְיָן	זְמַן	גּוּף	שֹׁרֶשׁ
they taught	לִמְּדוּ	פִּעֵל	עָבָר	הֵם	0 למד√
		הִתְפַּעֵל	עָתִיד	הִיא	1 חתן√
		קַל	שֵׁם הַפֹּעַל		2 ידע√
		קַל	עָבָר	הִיא	3 פנה√
		הִפְעִיל	עָתִיד	אֲנַחְנוּ	4 זמן√
		קַל	הֹוֶה	אַתְּ	5 סלח√
		הִתְפַּעֵל	עָבָר	אֲנִי	6 כבד√
		הִתְפַּעֵל	עָתִיד	הוּא	7 כנס√
		הִפְעִיל	הֹוֶה	אַתָּה	8 משך√
		קַל	עָבָר	אַתְּ	9 קרא√
		פִּעֵל	שֵׁם הַפֹּעַל		10 שלם√

מִתּוֹךְ שֶׁאַתָּה מְלַמֵּד, אַתָּה לוֹמֵד.

As you teach, you learn. (Midrash Tehillim)

להניח תפילין

לפני כמה שנים קנה פרופסור יִגָאֵל יָדִין מסוחר עתיקות בירושלים תפילין של ראש מתקופת הבית השני. לפי סיפורו של הסוחר, התפילין נמצאו על ידי הבֶּדוּאים באחת ממערות קוּמְרָאן. כדי לבָרֵר כמה דברים הקשורים בתפילין, יצא ידין יום אחד מירושלים לתל־אביב. הוא נסע ברכבת, ובתיק שלו תַצלוּמֵי התפילין. וכאן ברכבת קרה לו דבר.

מְסַפר ידין: בדרך לתל־אביב, בתחנת כפר חַבַּ״ד, עלתה לרכבת קבוצה של חַבַּ״דניקים. צעיר אחד מהקבוצה ניגש אלַי וביקש ממני להניח תפילין. סֵירבתי וביקשתי ממנו לעזוב אותי. כשהוא המשיך להפריע לי שמעתי שהמִבטא העִברי שלו מוזר. שאלתי אותו מאיפה הוא בא לארץ, והוא ענה לי שהוא בא מארץ גדולה, רחוקה, סגורה ומסוגרת.

שאלתי: ״בארץ מולדתך הינחת תפילין?״ הוא ענה: ״מאז הייתי לבַר־מצווה ועד היום הזה אני מַניח תפילין.״
אמרתי לו: ״אם כך הדבר, אשמע לבקשתך.״ והינחתי תפילין.

בסוף הנסיעה ניגשה אלי נוסעת אחת ואמרה לי: ״הבחור שניגש אליך לא הכיר אותך. אבל אני יודעת מי אתה; והעובדה שהינחת תפילין גרמה לי סיפוק מיוחד. דע לך שבנִי היה החַבַּ״דניק היחיד בין הצנחנים שנפל במלחמת ששת־הימים ליד הסוּאֶץ. לפני מותו שאלו חבריו מה בקשתוֹ ויַעֲשׂוּ.
אמר להם: ׳הניחו תפילין׳.

ומאז,״ המשיכה האשה, ״מַניחים חבריו תפילין. אני חושבת שגם אתה הינחת תפילין לזִכרו.״

פרופסור ידין המשיך: ״סיפורהּ של האם, שגם הראֲתה לי את תצלום בְּנָהּ, דַווקָא ברגע שבַּתיק שלי היו תצלוּמֵי התפילין הקדומים ביותר שנמצאו אֵי־פעם, גרם לי התרגשות מיוחדת. אף על פי שקניית התפילין היתה עדיין סוד, הראיתי לה את תצלומי התפילין, ודמעות היו גם בעיניהָ וגם בעינַי.״

יְחִידָה 11

הַדִּבּוּק

א

[1] religious academy	בִּישִׁיבָה[1] גְּדוֹלָה בְּאֶרֶץ פּוֹלִין,
[1] 18th century	בַּמֵּאָה הַשְּׁמוֹנֶה־עֶשְׂרֵה[1], לָמְדוּ שְׁנֵי חֲבֵרִים.
[1] respected	נִיסָן וְסֶנְדֶּר הָיוּ חֲבֵרִים טוֹבִים, אָהֲבוּ וְכִבְּדוּ[1]
	זֶה אֶת זֶה. הֵם הָיוּ צְעִירִים, אֲבָל שְׁנֵיהֶם הָיוּ
[1] married	נְשׂוּאִים[1]. כַּאֲשֶׁר גָּמְרוּ אֶת הַלִּמּוּדִים, כָּל אֶחָד רָצָה 5
	לָשׁוּב לְעִירוֹ, אֶל מִשְׁפַּחְתּוֹ וְאֶל בֵּיתוֹ.
[1] separation	הַפְּרֵידָה[1] הָיְתָה קָשָׁה מְאֹד.

	וְהִנֵּה קָרָה דָּבָר נִפְלָא. בַּבֹּקֶר, בְּיוֹם הַפְּרֵידָה, כָּל אֶחָד
	קִבֵּל מִכְתָּב מֵאִשְׁתּוֹ. בַּמִּכְתָּב, כָּל אִשָּׁה כָּתְבָה שֶׁבְּעוֹד
[1] will give birth	כַּמָּה חֳדָשִׁים הִיא תֵּלֵד[1]. נִיסָן וְסֶנְדֶּר שָׂמְחוּ שִׂמְחָה 10
	גְּדוֹלָה לִשְׁמֹעַ אֶת הַחֲדָשׁוֹת הַטּוֹבוֹת. הַחֲבֵרִים רָצוּ
[1] took an oath	לִשְׁמֹר עַל הַקֶּשֶׁר הֶחָזָק, וְלָכֵן נִשְׁבְּעוּ[1] שְׁבוּעָה זֹאת:

The legend of the Dybbuk is one of the strangest within the Jewish tradition. The word דִּבּוּק comes from the verb דבק, to cling to; it means a spirit that enters into and clings to the body of a human being.
S. Ansky wrote his famous play *The Dybbuk* originally in Russian. He asked the great poet Bialik to translate it into Hebrew.

אִם אִשָּׁה אַחַת תֵּלֵד בַּת, וְהַשְּׁנִיָּה תֵּלֵד בֵּן – יִתְחַתְּנוּ הַיְלָדִים כַּאֲשֶׁר יִגְדְּלוּ, וְיִהְיוּ בַּעַל וְאִשָּׁה. כָּךְ נִשְׁבְּעוּ שְׁנֵי הַחֲבֵרִים, וְכָל אֶחָד יָצָא לְדַרְכּוֹ.

ב

נִיסָן נָסַע בָּאֳנִיָּה כַּמָּה יָמִים. לַיְלָה אֶחָד, קָמָה סְעָרָה[1] גְּדוֹלָה בַּיָּם וְהָאֳנִיָּה טָבְעָה[1] עִם כָּל הָאֲנָשִׁים שֶׁהָיוּ בָּהּ. אַלְמְנָתוֹ[1] הַצְּעִירָה שֶׁל נִיסָן בָּכְתָה עָלָיו יָמִים רַבִּים. אַחֲרֵי חֳדָשִׁים אֲחָדִים יָלְדָה יֶלֶד וְקָרְאָה לוֹ חָנָן. הֵם הָיוּ עֲנִיִּים מְאֹד. הַיֶּלֶד גָּדַל וְהָיָה לְבָחוּר חָכָם וְיָפֶה. הוּא הָלַךְ מִישִׁיבָה לִישִׁיבָה לִלְמֹד תּוֹרָה.

[1]storm
[1]sank
[1]widow

ג

כְּשֶׁעָזַב סֶנְדֶּר אֶת הַיְשִׁיבָה, שָׁב לְעִירוֹ וּלְמוֹלַדְתּוֹ. אַחֲרֵי כַּמָּה חֳדָשִׁים יָלְדָה אִשְׁתּוֹ בַּת וְקָרְאוּ לָהּ לֵאָה. הָאֵם מֵתָה, וְסֶנְדֶּר בָּכָה עָלֶיהָ יָמִים רַבִּים וְלֹא לָקַח אִשָּׁה אַחֶרֶת. לֵאָה גָּדְלָה וְהָיְתָה לְבַחוּרָה יָפָה וְטוֹבַת־לֵב.

הַשָּׁנִים עָבְרוּ וְסֶנְדֶּר הָיָה לַסּוֹחֵר הֶעָשִׁיר בְּכָל הָעֲיָרָה. לְאַט לְאַט שָׁכַח סֶנְדֶּר אֶת נִיסָן, הֶחָבֵר הַטּוֹב שֶׁלּוֹ, וְגַם שָׁכַח אֶת הַשְּׁבוּעָה הַקְּדוֹשָׁה אֲשֶׁר נִשְׁבַּע.

ד

בָּעֲיָרָה שֶׁל סֶנְדֶּר הָיְתָה יְשִׁיבָה. יוֹם אֶחָד בָּא חָנָן אֶל הָעֲיָרָה הַזֹּאת לִלְמֹד בַּיְשִׁיבָה.

אַנְשֵׁי הַמָּקוֹם הִזְמִינוּ אֶת בַּחוּרֵי הַיְשִׁיבָה לֶאֱכֹל בְּבָתֵּיהֶם. סֶנְדֶּר הַסּוֹחֵר הֶעָשִׁיר הִזְמִין אֶת הַבָּחוּר חָנָן לֶאֱכֹל בְּבֵיתוֹ בְּכָל לֵיל שַׁבָּת. מִן הָרֶגַע הָרִאשׁוֹן – חָנָן וְלֵאָה הִתְאַהֲבוּ, כְּאִלּוּ[1] יָדְעוּ עַל הַשְּׁבוּעָה הַקְּדוֹשָׁה שֶׁל הַהוֹרִים.

[1]as if

סֶנְדֶּר הֵבִין מִיָּד שֶׁשְּׁנֵי הַצְּעִירִים אוֹהֲבִים זֶה אֶת זוֹ, וְהַדָּבָר לֹא מָצָא־חֵן[1] בְּעֵינָיו. הוּא הַסּוֹחֵר הֶעָשִׁיר

[1]find favor

לֹא רָצָה לָתֵת אֶת בִּתּוֹ לְבָחוּר יְשִׁיבָה עָנִי שֶׁאֵין לוֹ פְּרוּטָה[1]. הוּא לֹא זָכַר אֶת הַשְּׁבוּעָה שֶׁנִּשְׁבַּע לְנִיסָן.

[1] penny

סֶנְדֶּר בִּקֵּשׁ וּמָצָא חָתָן עָשִׁיר לְבִתּוֹ, וְכָל הָעֲיָרָה שָׂמְחָה. כַּאֲשֶׁר שָׁמַע חָנָן אֶת הַחֲדָשׁוֹת, הָלַךְ לְבֵית־הַכְּנֶסֶת וְהִתְפַּלֵּל לְנֵס כָּל הַלַּיְלָה. נֵס לֹא הָיָה! וּבַבֹּקֶר מָצְאוּ אֶת גּוּף חָנָן עַל רִצְפַּת[1] בֵּית־הַכְּנֶסֶת, מֵת.

[1] floor

ה

כָּל הָעֲנִיִּים שֶׁל הָעֲיָרָה בָּאוּ לַחֲתוּנָה – לְקַבֵּל צְדָקָה, לֶאֱכֹל אֲרוּחָה טוֹבָה, וְלִרְקֹד. תַּחַת הַחֻפָּה[1] עָמְדוּ הֶחָתָן וְהַכַּלָּה. כַּאֲשֶׁר פָּתַח הֶחָתָן אֶת פִּיו לוֹמַר: "הֲרֵי אַתְּ מְקֻדֶּשֶׁת לִי,"[1] צָעֲקָה לֵאָה צְעָקָה נוֹרָאָה, וְנָפְלָה עַל הָאָרֶץ. מִן הַפֶּה שֶׁלָּהּ יָצָא קוֹל חָזָק וּמוּזָר[1]: "שַׁבְתִּי אֶל כַּלָּתִי[1] וְלֹא אֶפָּרֵד[2] מִמֶּנָּה לְעוֹלָם." הָיָה זֶה קוֹלוֹ שֶׁל חָנָן!

[1] marriage canopy

[1] "Behold you are sanctified to me"

[1] strange

[1] my bride [2] will separate

פַּחַד גָּדוֹל נָפַל עַל כֻּלָּם. הֵם הֵבִינוּ שֶׁדִּבּוּק נִכְנַס בַּכַּלָּה! סֶנְדֶּר הֵבִיא אֶת לֵאָה אֶל בֵּית הַצַּדִּיק[1]. סֶנְדֶּר אָמַר: "רַבִּי, רַחֵם עָלַי! תַּצִּיל אֶת נֶפֶשׁ בִּתִּי! גָּרֵשׁ[1] מִמֶּנָּה אֶת הַדִּבּוּק!"

[1] Chasidic leader

[1] chase away

הַצַּדִּיק צִוָּה לַדִּבּוּק לָצֵאת וְאָמַר לוֹ: "אֵין לַמֵּתִים מָקוֹם בֵּין הַחַיִּים." הַדִּבּוּק עָנָה לוֹ: "לֹא מֵת אָנֹכִי וְלֹא אֵצֵא מִלֵּאָה. רַבִּי, יָדַעְתִּי מַה גָּדוֹל אַתָּה וּמָה גָּדוֹל כֹּחֲךָ. אֲבָל, אֲנִי לֹא אֶשְׁמַע לְךָ. לְאָן אֵלֵךְ? אֵין לִי מָקוֹם בָּעוֹלָם. אַתָּה רוֹצֶה לְגָרֵשׁ אוֹתִי – אֲנִי לֹא אֵצֵא!"

הַצַּדִּיק בִּקֵּשׁ מֵרַב הָעִיר לָבוֹא אֵלָיו, כִּי הַצַּדִּיק רָצָה לְגָרֵשׁ אוֹ לְהַחֲרִים[1] אֶת הַדִּבּוּק.

[1] excommunicate

הָרַב בָּא וְאָמַר שֶׁבַּחֲלוֹם בָּא אֵלָיו נִיסָן, הָאָב שֶׁל חָנָן, וְאָמַר לוֹ: "סֶנְדֶּר נִשְׁבַּע לָתֵת אֶת בִּתּוֹ לֵאָה

לִבְנִי חָנָן, וְלֹא נָתַן. לָכֵן, מֵת בְּנִי וְנִכְנְסָה נַפְשׁוֹ
לַגּוּף שֶׁל לֵאָה."

ו

הַצַּדִּיק קָרָא לְבֵית-דִּין, וּבֵית-הַדִּין צִוָּה שֶׁסַּנְדֶּר
יִתֵּן כֶּסֶף לִצְדָקָה וְיֹאמַר קַדִּישׁ[1] לְנִשְׁמַת חָנָן.
[1] memorial prayer

70　וְהַדִּבּוּק צָרִיךְ לַעֲזֹב אֶת הַגּוּף שֶׁל לֵאָה.
אֲבָל הַדִּבּוּק לֹא עָזַב אוֹתָהּ.

עוֹד פַּעַם קָרְאוּ לְלֵאָה. עַכְשָׁו הִזְמִין הַצַּדִּיק מִנְיָן[1]
[1] quorum
שֶׁל אֲנָשִׁים וְהִדְלִיקוּ נֵרוֹת שְׁחוֹרִים. וְעוֹד פַּעַם
פָּנָה הַצַּדִּיק אֶל הַדִּבּוּק: "דִּבּוּק, הַאִם תֵּצֵא?"

75　הַדִּבּוּק בָּכָה: "כֻּלָּם מְצַוִּים לִי לָצֵאת."
וְהַצַּדִּיק אָמַר: "בְּשֵׁם בֵּית-הַדִּין הַקָּדוֹשׁ, אֲנִי מַחֲרִים
אוֹתְךָ מִבְּנֵי-יִשְׂרָאֵל." וְאָז תָּקְעוּ תְּקִיעָה גְּדוֹלָה בַּשּׁוֹפָר.
סוֹף סוֹף אָמַר הַדִּבּוּק: "מוּכָן[1] אֲנִי!"
[1] I am ready
－ "וְלֹא תָּשׁוּב אֵלֶיהָ עוֹד?"

80　－ "לֹא אָשׁוּב עוֹד."
וְהַצַּדִּיק הִתְפַּלֵּל לִשְׁלוֹם נִשְׁמַת[1] חָנָן: "אֱלֹהֵי הָרַחֲמִים,
[1] soul
תֵּן מְנוּחָה[1] לַנֶּפֶשׁ הַזֹּאת."
[1] rest
מִיָּד פָּתְחָה לֵאָה אֶת עֵינֶיהָ, רָאֲתָה אֶת אָבִיהָ וְאָמְרָה:
"רַע לִי, רַע לִי, אַבָּא!"

85　הָאָב נִחֵם[1] אוֹתָהּ, שָׁר לָהּ שִׁיר, וְהִיא נִרְדְּמָה.
[1] comforted

לֵאָה נִרְדְּמָה וְהִנֵּה הִיא חוֹלֶמֶת. בַּחֲלוֹם שֶׁלָּהּ הִיא
מְדַבֶּרֶת אֶל חָנָן: "יוֹם וָלַיְלָה חָשַׁבְתִּי עָלֶיךָ, אֲבָל
הָלַכְתָּ מִמֶּנִּי. מַדּוּעַ עָזַבְתָּ אוֹתִי?"
וְחָנָן עָנָה: "עָבַרְתִּי דֶּרֶךְ הַמָּוֶת. עֲזַבְתִּי אוֹתָךְ רַק
90　כְּדֵי לָשׁוּב אֵלַיִךְ עוֹד פַּעַם."
וְלֵאָה בָּכְתָה: "שׁוּב נָא אֵלַי － חֲתָנִי, בַּעֲלִי[1]!"
[1] my husband
וְחָנָן אָמַר לָהּ: "הֲרֵי אַתְּ מְקֻדֶּשֶׁת לִי..."

הָאֲנָשִׁים בָּאוּ לְהָבִיא אֶת לֵאָה אֶל הַחֻפָּה, אֲבָל הַצַּדִּיק
רָאָה שֶׁהִיא שׁוֹכֶבֶת עַל הָרִצְפָּה, מֵתָה.

מִלּוֹן

respected	כִּבְּדוּ – כבד√
married	נְשׂוּאִים – נשא√
separation, parting	פְּרֵידָה
they took a oath	נִשְׁבְּעוּ – שבע√
oath	שְׁבוּעָה
storm	סְעָרָה
widow	אַלְמָנָה
as if	כְּאִילוּ
found favor, liked	מָצָא־חֵן
penny, small coin	פְּרוּטָה
floor	רִצְפָּה
strange	מוּזָר
chase away	גֵּרֵשׁ – גרש√
ready	מוּכָן – כון√
soul	נְשָׁמָה
rest	מְנוּחָה
husband	בַּעַל

Culture-related words / מִלִּים מִן הַמָּסוֹרֶת

spirit that possesses a person	דִּבּוּק
religious academy where Talmud is studied	יְשִׁיבָה
Chasidic leader, righteous person	צַדִּיק
memorial prayer for the dead	קַדִּישׁ
quorum of ten, required for public prayer	מִנְיָן
marriage canopy	חֻפָּה
excommunication	חֵרֶם

תַּרְגִּילִים בַּהֲבָנַת הַסִּפּוּר

א. תַּעֲנוּ עַל הַשְּׁאֵלוֹת.

1 מָה הָיְתָה הַשְּׁבוּעָה שֶׁנִּיסָן וְסֶנְדֶּר נִשְׁבְּעוּ?
2 מַה קָּרָה לְנִיסָן?
3 לָמָּה שָׁכַח סֶנְדֶּר אֶת הַשְּׁבוּעָה?
4 מִי הָיָה הַדִּבּוּק?
5 לָמָּה נִכְנַס הַדִּבּוּק אֶל הַגּוּף שֶׁל לֵאָה?
6 אֵיךְ הוֹצִיאוּ אֶת הַדִּבּוּק מֵהַגּוּף שֶׁל לֵאָה?
7 אַחֲרֵי שֶׁהַדִּבּוּק עָזַב אֶת גּוּף לֵאָה, מָה הִיא חָלְמָה?
8 מָה קָרָה לְלֵאָה בְּסוֹף הַסִּפּוּר?

Hanna Rovina, who created the role of Leah in Moscow in the 1920s, in a scene from an Israeli production of *The Dybbuk*

ב. תְּשַׁנּוּ (change) אֶת הַמִּלָּה הַלֹּא־נְכוֹנָה בְּכָל מִשְׁפָּט. רוֹב הַמִּלִּים נִמְצָאוֹת בַּמִּלּוֹן שֶׁל הַסִּפּוּר.

0 שְׁנֵי חֲבֵרִים לָמְדוּ ~~בְּקִבּוּץ~~ בְּאֶרֶץ פּוֹלִין. ___בִּישִׁיבָה___

1 אַחֲרֵי הַלִּמּוּדִים שְׁנֵי הַחֲבֵרִים שֶׁהָיוּ גַּנָּבִים נָסְעוּ הַבַּיְתָה.

____

2 לִפְנֵי הַפְּרֵידָה הַחֲבֵרִים נִשְׁבְּעוּ קְדוֹשָׁה.

____

3 נִיסָן נָסַע בָּאֳנִיָּה וְלַיְלָה אֶחָד קָם דִּבּוּק בַּיָּם וְהָאֳנִיָּה טָבְעָה.

____

4 אַחֲרֵי חֳדָשִׁים אֲחָדִים אִשְׁתּוֹ שֶׁל נִיסָן יָלְדָה יֶלֶד וְקָרְאָה לַחָתָן שֶׁלָּהּ חָנָן.

____

5 סֶנְדֶּר שָׁב לְעִירוֹ וְשָׁם נִהְיָה לְאִישׁ עָשִׁיר וְשָׁכַח אֶת הַשְּׁבוּעָה הַקָּרָה.

____

6 סֶנְדֶּר הֶעָשִׁיר הֵכִין אֶת חָנָן לֶאֱכֹל בְּבֵיתוֹ.

____

7 חָנָן וְלֵאָה הִתְרַחֲקוּ כְּאִילוּ יָדְעוּ עַל הַשְּׁבוּעָה שֶׁל הַהוֹרִים שֶׁלָּהֶם.

____

8 כְּשֶׁשָּׁמַע חָנָן עַל הַמְּנוּחָה שֶׁל לֵאָה הוּא הָלַךְ לְבֵית־הַכְּנֶסֶת לְהִתְפַּלֵּל.

____

9 בַּחֲתוּנָּה כָּל הָעֲנִיִּים בָּאוּ לִרְאוֹת אֶת הֶחָתָן וְהַכַּלָּה עוֹמְדִים תַּחַת הָרִצְפָּה.

____

10 מִנְיָן נִכְנַס אֶל גּוּף לֵאָה וְלֹא רָצָה לָצֵאת. ______________

11 הַצַּדִּיק רָצָה לְהַכְנִיס אֶת הַדִּבּוּק מֵהַגּוּף שֶׁל לֵאָה. ______________

12 אַחֲרֵי שֶׁהַדִּבּוּק שָׁמַע אֶת תְּקִיעַת הַשּׁוֹפָר הוּא הָיָה מוֹצֵא־חֵן לַעֲזֹב אֶת גּוּף לֵאָה.

____

13 בַּחֲלוֹם לֵאָה חָלְמָה שֶׁהִיא וְחָנָן נִרְדְּמוּ. ______________

בִּנְיָן נִפְעַל, עָתִיד

	אֶ□ָ□ֵ□	אֶגָּמֵר
	תִּ□ָ□ֵ□	תִּגָּמֵר
	תִּ□ָ□ְ□י	תִּגָּמְרִי
	יִ□ָ□ֵ□	יִגָּמֵר
	תִּ□ָ□ֵ□	תִּגָּמֵר
	נִ□ָ□ֵ□	נִגָּמֵר
	תִּ□ָ□ְ□וּ	תִּגָּמְרוּ
	יִ□ָ□ְ□וּ	יִגָּמְרוּ
שֵׁם הַפֹּעַל	לְהִ□ָ□ֵ□	לְהִגָּמֵר

The future tense of נִפְעַל is identified by its vowel pattern.

יִ□ָ□ֵ□   יִגָּמֵר

The 1st root-letter always has a *dagesh*.

Unlike the past and present tenses of נִפְעַל, the identifying נ does not appear before the שֹׁרֶשׁ in the future tense.

Note: In the שֵׁם הַפֹּעַל of the נִפְעַל, a ה is added before the שֹׁרֶשׁ.

לְהִגָּמֵר   לְהִפָּגֵשׁ

בִּנְיָן נִפְעַל Verbs in ל׳ גְּרוֹנִית

עָתִיד	אֶשָּׁמַע	נִשָּׁמַע
	תִּשָּׁמַע	תִּשָּׁמְעוּ
	תִּשָּׁמְעִי	
	יִשָּׁמַע	יִשָּׁמְעוּ
	תִּשָּׁמַע	
שֵׁם הַפֹּעַל	לְהִשָּׁמַע	

The 2nd root-letter takes the vowel □ַ instead of □ֵ.

Some common ל׳ גְּרוֹנִית verbs are שמע קרע פתח שלח סלח

תַּרְגִּילִים

א. תְּמַלְּאוּ אֶת הַטַּבְלָה בֶּעָתִיד.

גמר√	פגש√	שבר√	מכר√
אֶגָּמֵר			
תִּגָּמֵר			
תִּגָּמְרִי			
יִגָּמֵר			
תִּגָּמֵר			
נִגָּמֵר			
תִּגָּמְרוּ			
יִגָּמְרוּ			
לְהִגָּמֵר			

The wooden synagogue of Piaski, Poland, late eighteenth century

ב. תַּשְׁלִימוּ אֶת הַמִּשְׁפָּטִים הָאֵלֶּה בְּנִפְעַל, עָתִיד.

1 הוּא הִבְטִיחַ לִי לִגְמֹר אֶת הָעֲבוֹדָה; הִיא גמר√ ________ מָחָר.

2 הַתִּינוֹק שאר√ ________ אִתִּי עַד שֶׁאִמּוֹ תַּחְזֹר.

3 בִּגְלַל הָרוּחַ, הַדֶּלֶת סגר√ ________ בְּקוֹל.

4 הַסֶּרֶט משך√ ________ עַד שְׁמוֹנֶה בָּעֶרֶב.

5 חֵלֶק מֵהָעֲבוֹדָה כְּבָר נִכְתַּב, וְחֵלֶק כתב√ ________ הַשָּׁבוּעַ.

6 יְלָדִים, פגש√ ________ עִם חֲבֵרֵיכֶם בַּמִּסְעָדָה?

7 רוּת, מָתַי כנס√ ________ לַיָּם?

8 אִם תַּשְׁאִירוּ אֶת הַתְּמוּנוֹת הַיְקָרוֹת עַל הַשֻּׁלְחָן הֵן בֶּטַח גנב√ ________.

9 הַחֲנֻיּוֹת הַחֲדָשׁוֹת הָאֵלֶּה פתח√ ________ בְּעוֹד חָדְשַׁיִם.

10 אַתְּ חוֹשֶׁבֶת שֶׁהַחַלּוֹן שבר√ ________?

ג. תַּשְׁלִימוּ אֶת הַמִּשְׁפָּטִים הָאֵלֶּה בְּשֵׁם־הַפֹּעַל שֶׁל הַנִּפְעַל.

1 לֹא רָצִיתִי פרד√ ________ מִמֶּנּוּ.

2 הוּא רָצָה פגש√ ________ בְּעוֹד שְׁבוּעַיִם.

3 מַדּוּעַ הוּא לֹא רוֹצֶה כנס√ ________ לַבִּנְיָן?

4 מָתַי הַמִּכְתָּב צָרִיךְ כתב√ ________?

5 מִי יָכוֹל שאר√ ________ כָּאן הַיּוֹם?

6 כַּמָּה זְמַן הַשִּׁעוּר צָרִיךְ משך√ ________?

ד.   תְּשַׁנּוּ (change) אֶת הַמִּשְׁפָּט מִבִּנְיָן קַל לְבִנְיָן נִפְעַל, עָתִיד.

0   הָרוֹעֶה יִשְׁמֹר אֶת הָעֵגֶל.
הָעֵגֶל יִשָּׁמֵר עַל־יְדֵי הָרוֹעֶה.

1   גִּילָה תִּכְתֹּב אֶת הַמִּכְתָּב לַמִּשְׁפָּחָה.

_____

2   הַתַּלְמִידִים יִשְׁלְחוּ אֶת הַמַּתָּנָה לַנֶּהָג.

_____

3   הָרוּחַ תִּשְׁבֹּר אֶת הַחַלּוֹן.

_____

4   דִּינָה וְשׁוֹשַׁנָּה יִשְׁמְעוּ רַעַשׁ מֵהָרְחוֹב.

_____

5   הַסּוֹחֵר יִסְגֹּר אֶת הַחֲנוּת הַיּוֹם בְּחָמֵשׁ.

_____

6   הַשּׁוֹפֵט יִשְׁפֹּט אֶת הַגַּנָּב בְּבֵית־דִּין.

_____

7   הָאָב יִסְלַח לַבֵּן.

_____

8   הַיַּלְדָּה תִּקְרַע אֶת הַמְּעִיל כְּשֶׁהִיא תִּפֹּל.

_____

ה. תַּשְׁלִימוּ אֶת הַמִּשְׁפָּט בְּפֹעַל הַנָּכוֹן. תִּשְׁתַּמְּשׁוּ בְּבִנְיָן קַל, פִּעֵל, הִתְפַּעֵל, הִפְעִיל, אוֹ נִפְעַל.

1 בְּעוֹד שָׁעָה אֲנַחְנוּ פגש√ ________ אוֹתָהּ לִפְנֵי הַקּוֹלְנוֹעַ.

2 שְׁמוּאֵל רָצָה שֶׁהוּא וַאֲנִי פגש√ ________ הָעֶרֶב בְּבֵיתוֹ.

3 הָיָה קַר בַּחוּץ, וְהוּא סגר√ ________ אֶת הַחַלּוֹן.

4 הָרוּחַ הָיְתָה חֲזָקָה, וְהַחַלּוֹן סגר√ ________.

5 אֲנִי מכר√ ________ לוֹ אֶת הַכַּרְטִיסִים לַסֶּרֶט.

6 אֵין עוֹד כַּרְטִיסִים; הֵם מכר√ ________ לִפְנֵי שָׁעָתַיִם.

7 הִיא לבש√ ________ בַּמְּעִיל הָאָדֹם הֶחָדָשׁ.

8 רִנָּה, לבש√ ________ אֶת הַיְלָדִים?

9 הוּא לבש√ ________ כֻּתֹּנֶת כְּחֻלָּה וּלְבָנָה.

10 הֵם בשל√ ________ אֶת הָאֲרוּחָה לְשַׁבָּת.

11 מִי שמר√ ________ אֶת הַבַּיִת?

12 הַיְלָדִים שמר√ ________ עַל־יְדֵי הַכֶּלֶב הַגָּדוֹל.

אַשְׁרֵי אָדָם שֶׁאִשְׁתּוֹ מֵעִירוֹ, תּוֹרָתוֹ מֵעִירוֹ, פַּרְנָסָתוֹ מֵעִירוֹ.

A man is happy if his wife, his studies, and his livelihood all come from his own town. (Midrash Mishle)

ו. תִּכְתְּבוּ אֶת שֵׁם הַגּוּף (pronoun).

______ נִמְשָׁךְ	______ נִפְתְּחָה
______ נִשְׁאַרְנוּ	______ תִּסָּגְרִי
______ תִּפָּגֵשׁ	______ יִסָּגֵר
______ יִכָּנְסוּ	______ נִקְרָעוֹת
______ נִפְרָדִים	______ אֶשָּׁבֵר

דִּבְרֵי חֲזַ״ל

אָמַר רַבִּי יוֹסִי: פַּעַם אַחַת הָיִיתִי הוֹלֵךְ בַּדֶּרֶךְ וּפָגַשׁ אוֹתִי אָדָם אֶחָד וְנָתַן לִי שָׁלוֹם וְהֶחֱזַרְתִּי לוֹ שָׁלוֹם.

אָמַר לִי:

– רַבִּי, מֵאֵיזֶה מָקוֹם אַתָּה?

אָמַרְתִּי לוֹ:

– מֵעִיר גְּדוֹלָה שֶׁל חֲכָמִים וְשֶׁל סוֹפְרִים[1] אֲנִי. — [1] writers

אָמַר לִי:

– רַבִּי, רוֹצֶה אַתָּה לָגוּר בְּעִירֵנוּ? וַאֲנִי אֶתֵּן לְךָ אֶלֶף אֲלָפִים זָהָב וַאֲבָנִים טוֹבוֹת.

אָמַרְתִּי לוֹ:

– בְּנִי, אִם אַתָּה נוֹתֵן לִי כָּל הַכֶּסֶף וְהַזָּהָב וְהָאֲבָנִים הַטּוֹבוֹת שֶׁבָּעוֹלָם, אֵינִי גָּר אֶלָּא[1] בִּמְקוֹם תּוֹרָה, כִּי בִּשְׁעַת מוֹתוֹ שֶׁל אָדָם אֵין מְלַוִּים[1] אוֹתוֹ לֹא כֶּסֶף וְלֹא זָהָב וְלֹא אֲבָנִים טוֹבוֹת, אֶלָּא תּוֹרָה וּמַעֲשִׂים טוֹבִים בִּלְבָד.

[1] except

[1] accompany

גֶּשֶׁם בִּשְׂדֵה־הַקְּרָב[1]

[1]battlefield

מֵאֵת יְהוּדָה עַמִּיחַי

גֶּשֶׁם יוֹרֵד עַל פְּנֵי רֵעַי[1]:
עַל פְּנֵי רֵעַי הַחַיִּים, אֲשֶׁר
מְכַסִּים[1] רָאשֵׁיהֶם בַּשְּׂמִיכָה –
וְעַל פְּנֵי רֵעַי הַמֵּתִים, אֲשֶׁר
אֵינָם מְכַסִּים עוֹד.

[1]my friends

[1]cover

מִלּוֹן

רֵעִים	friends	וְאָהַבְתָּ לְרֵעֲךָ כָּמוֹךָ.
מְכַסֶּה	covers	

(וַיִּקְרָא יט, יח / Leviticus 19:18)

תַּעֲנוּ עַל הַשְּׁאֵלוֹת.

1 אֵיפֹה הָרֵעִים שֶׁל הָ"אֲנִי"?
2 עַל מִי יוֹרֵד גֶּשֶׁם?
3 מִי מְכַסֶּה אֶת רָאשֵׁיהֶם וּמִי לֹא מִתְכַּסֶּה עוֹד?

הֲלִיכָה לְקֵיסַרְיָה

מֵאֵת חַנָּה סֶנֶשׁ

אֵלִי, שֶׁלֹּא יִגָּמֵר לְעוֹלָם
הַחוֹל וְהַיָּם,
רִשְׁרוּשׁ[1] שֶׁל הַמַּיִם
בְּרַק[1] הַשָּׁמַיִם,
תְּפִלַּת הָאָדָם.

[1]murmuring

[1]shining

הדיבוק

א

בישיבה גדולה בארץ פולין, במאה השמונֶה־עשרה, למדו שני חברים. נִיסָן וסֶנְדֶר היו חברים טובים, אהבו וכיבדו זה את זה. הם היו צעירים אבל שניהם היו נשׂואים.

כאשר גמרו את הלימודים, כל אחד רצה לשוב לעירו, אל משפחתו ואל ביתו. הפרֵידה היתה קשה מאוד.

והִנה קרה דבר נפלא. בבוקר, ביום הפרידה, כל אחד קיבל מכתב מאִשתו. במכתב, כל אישה כתבה שבעוד כמה חודָשים היא תילד. ניסָן וסֶנדֶר שמחו שמחה גדולה לשמוע את החדשות הטובות. החברים רצו לשמור על הקשר החזק, ולכן נשבעו שבועה זאת: אם אישה אחת תילד בת, והשנייה תילד בן – יתחתנו הילדים כאשר יגדלו, ויהיו לבעל ואישה.

כך נשבעו החברים, וכל אחד יצא לדרכו.

ב

ניסָן נסע באונייה כמה ימים. לילה אחד, קמה סערה גדולה בים והאונייה טבעה עם כל האנשים שהיו בהּ.

אַלְמָנָתוֹ הצעירה של ניסן בכתה עליו ימים רבים. אחרי חודָשים אחדים ילדה ילד וקראה לו חָנָן. הם היו עניים מאוד. הילד גדל והיה לבָחור חכם ויפה. הוא הלך מישיבה לישיבה ללמוד תורה.

ג

כשעזב סֶנדֶר את הישיבה, שב לעירו ולמולדתו. אחרי כמה חודָשים ילדה אשתו בת וקראו לה לֵאָה. האם מֵתה וסנדר בכה עליה ימים רבים ולא לקח אישה אחרת. לאה גדלה והיתה לבחורה יפה וטובת־לב.

השנים עברו וסנדר היה לַסוחר העשיר בכל העיירה. לאט לאט שכח סנדר את ניסן, החבר הטוב שלו, וגם שכח את השבועה הקדושה אשר נשבע.

ד

בעיירה של סנדר היתה ישיבה. יום אחד בא חנן אל העיירה הזאת ללמוד בישיבה. אנשי המקום הזמינו את בחוּרֵי הישיבה לאכול בבתיהם. סנדר הסוחר העשיר הזמין את הבחור חנן לאכול בביתו בכל ליל־שבת. מן הרגע הראשון חנן ולאה התאהבו, כאילו ידעו על השבועה הקדושה של ההורים.

סנדר הבין מיַד ששני הצעירים אוהבים זה את זו, והדבר לא מצא חן בעיניו. הוא, הסוחר הֶעשיר, לא רצה לתת את בִּתו לבחור ישיבה עני שאין לו פרוטה. הוא לא זכר את השבועה שנשבע לניסן.

סנדר ביקש ומצא חתן עשיר לבִתו, וכל העיירה שָׂמְחה.
כאשר שמע חנן את החדשות, הלך לבית־הכנסת והתפלל לנס כל הלילה. נס לא היה! ובבוקר מצאו את גוף חנן על רִצְפַּת בית־הכנסת, מֵת.

ה

כל העניים של העיירה באו לחתונה – לקבל צדקה, לאכול ארוחה טובה, ולרקוד. תחת החופה עמדו החתן והכלה. כאשר פתח החתן את פיו לומר: "הֲרֵי אַתְּ מקודשת לי," צעקה לאה צעקה נוראה, ונפלה על הארץ. מן הפה שלה יצא קול חזק ומוזר: "שבתי אל כלָתי ולא אֶפָּרֵד ממנה לעולם."
היה זה קולו של חנן!

פחד גדול נפל על כולם. הם הבינו שדיבוק נכנס בכַּלה! סנדר הביא את לאה אל בית הצדיק. סנדר אמר: "רבי, רַחם עלי! תציל את נפש בִּתִּי! גָּרֵש ממנה את הדיבוק!"

הצדיק ציווה על הדיבוק לצאת ואמר לו: "אין למֵתים מקום בין החיים."
הדיבוק ענה לו: "לא מת אנוכי ולא איצא מִלֵאָה. רבי, ידעתי מה גדול אתה ומה גדול כּוֹחֲךָ. אבל, אני לא אשמע לך. לאן אילך? אין לי מקום בעולם. אתה רוצה לגָרש אותי – אני לא איצא!"

הצדיק ביקש מרב העיר לבוא אליו, כי הצדיק רצה לגרש או להחרים
את הדיבוק.

הרב בא וסיפר שבחלום בא אליו ניסן, האב של חנן, ואמר לו: "סנדר
נשבע לתת את בתו לאה לבני חנן, ולא נתן. לכן, מת בני ונכנסה נפשו
לגוף של לאה."

55

ו

הצדיק קרא לבית־דין, ובית־הדין ציווה שסנדר יתן כסף לצדקה
ויאמר קדיש לנשמת חנן. והדיבוק צריך לעזוב את הגוף של לאה.
אבל הדיבוק לא עזב אותה.

עוד פעם קראו ללאה. עכשיו הזמין הצדיק מנין של אנשים והדליקו
נרות שחורים.

60

ועוד פעם פנה הצדיק אל הדיבוק: "דיבוק, האם תיצא?"
הדיבוק בכה: "כולם מצווים לי לצאת."
והצדיק אמר: "בשם בית־הדין הקדוש, אני מחרים אותך
מבני־ישראל." ואז תקעו תקיעה גדולה בשופר.
סוף סוף אמר הדיבוק: "מוכן אני!"

65

"ולא תשוב אליה עוד?"
"לא אשוב עוד."
והצדיק התפלל לשלום נשמת חנן: "אלוהי הרחמים, תן מנוחה לנפש
הזאת."

70

מיד פתחה לאה את את עיניה, ראתה את אביה ואמרה: "רע לי, רע לי,
אבא!"
האב ניחם אותה, שר לה שיר, והיא נרדמה.

לאה נרדמה והנה היא חולמת. בחלום שלה היא מדברת אל חנן: "יום
ולילה חשבתי עליך, אבל הלכת ממני. מדוע עזבת אותי?"

75

וחנן ענה: "עברתי דרך המוות. עזבתי אותך רק כדי לשוב אלייך עוד
פעם."
ולאה בכתה: "שוב נא אלי – חתני, בעלי."
וחנן אמר לה: "הרי אתּ מקודשת לי..."

האנשים באו להביא את לאה אל החופה, אבל הצדיק ראה שהיא
שוכבת על הרצפּה, מתה.

80

The *shuk* (market) in the Old City of Jerusalem

יְחִידָה 12

[1] bells

פַּעֲמוֹנִים[1]

א

בָּעֲיָרָה שֶׁלִּי בְּפוֹלַנְיָה יָשְׁבוּ לִפְנֵי הַמִּלְחָמָה גַּם
יְהוּדִים וְגַם נוֹצְרִים[1]. לַיְהוּדִים הָיוּ כַּמָּה בָּתֵּי־
כְּנֶסֶת, וְלַנּוֹצְרִים כְּנֵסִיָּה גְּדוֹלָה עִם מִגְדָּל[1]
גָּבֹהַּ וּבוֹ פַּעֲמוֹנִים. שָׁמַעְנוּ אֶת צִלְצוּל[1] הַפַּעֲמוֹנִים
פַּעַם אַחַת בְּכָל שָׁעָה וְהַרְבֵּה פְּעָמִים לִפְנֵי
שְׁעַת הַתְּפִלָּה שֶׁלָּהֶם.

[1] Christians
[1] tower
[1] ringing
5

מֵרָחוֹק שָׁמַעְנוּ קוֹל פַּעֲמוֹן אַחֵר. הַקּוֹל בָּא מִן הַמִּנְזָר[1]
שֶׁעָמַד בְּתוֹךְ הַיַּעַר[1]. כַּאֲשֶׁר הָיִיתִי יֶלֶד, לֹא רָאִיתִי
אֶת הַמִּנְזָר מִפְּנֵי שֶׁהוּא הָיָה בְּתוֹךְ הַיַּעַר, וּמֵאֲחוֹרֵי[1]
חוֹמָה[1] אֲרֻכָּה. אָבִי הִכִּיר אֶת הַמִּנְזָר וְאֶת הַנְּזִירִים[2]
מִפְּנֵי שֶׁהָיָה נוֹסֵעַ לְשָׁם לִמְכֹּר בַּד[1] וּכְלֵי־עֲבוֹדָה[2].
הוּא סִפֵּר לָנוּ עַל הַבִּנְיָנִים[1] וְעַל הַחַיִּים מֵאֲחוֹרֵי
הַחוֹמָה, וְעַל הַנְּזִירִים וְעַל תְּמוּנוֹת הַקְּדוֹשִׁים.
שָׁם כָּל אֶחָד דִּבֵּר בְּלַחַשׁ.

[1] monastery
[1] forest
[1] behind
[1] wall [2] monks
[1] cloth [2] tools
[1] buildings
10

ב

בְּבֹקֶר יָפֶה אֶחָד בִּסְתָו 1939, אָבִי הֵעִיר אוֹתִי וְאָמַר
לִי לֹא לָלֶכֶת לְבֵית־הַסֵּפֶר מִפְּנֵי שֶׁחַיָּלִים גֶּרְמָנִיִּים
עָמְדוּ בָּרְחוֹבוֹת וְאָסְרוּ[1] עַל כָּל הַתּוֹשָׁבִים[2] לָצֵאת
מִבָּתֵּיהֶם. בַּיּוֹם הַהוּא שִׂחַקְתִּי עִם אֲחוֹתִי בַּבַּיִת,
וְהוֹרַי דִּבְּרוּ בְּלַחַשׁ בֵּינֵיהֶם – אֲבָל אִתִּי דִּבְּרוּ מְעַט.

[1] forbade [2] residents
15

בַּלַּיְלָה, קָרְאוּ לִי וְלַאֲחוֹתִי וְסִפְּרוּ לָנוּ שֶׁמָּחָר בַּבֹּקֶר יוֹצִיאוּ הַגֶּרְמָנִים אֶת כָּל הַיְּהוּדִים מִן הָעֲיָרָה לְמַחֲנֶה־עֲבוֹדָה, וְלָכֵן הֶחְלִיטוּ הוֹרַי לָשִׂים אוֹתָנוּ בִּמְקוֹמוֹת בְּטוּחִים[1] – אוֹתִי בְּמָקוֹם אֶחָד, וְאֶת אֲחוֹתִי בְּמָקוֹם אַחֵר. אַחֲרֵי הַמִּלְחָמָה, כַּאֲשֶׁר יַעַזְבוּ הַגֶּרְמָנִים, הוֹרֵינוּ יַחֲזִירוּ אוֹתָנוּ לְבֵיתֵנוּ. הֵם דִּבְּרוּ בְּשֶׁקֶט אֲבָל רָאִיתִי אֶת הַדְּמָעוֹת בְּעֵינֵיהֶם.

[1] safe

אִמָּא הִלְבִּישָׁה אוֹתִי, וְנִשְּׁקָה אוֹתִי. יָצָאתִי עִם אָבִי לֶחָצֵר מֵאֲחוֹרֵי בֵּיתֵנוּ, וּמִשָּׁם הָלַכְנוּ לַיַּעַר. הָלַכְנוּ בְּשֶׁקֶט כְּשָׁעָה, וְהִגַּעְנוּ לְשַׁעַר[1]. אָבִי דָּפַק, מִישֶׁהוּ[2] פָּתַח, אָבִי דִּבֵּר אִתּוֹ כַּמָּה דַּקּוֹת, נִשֵּׁק אוֹתִי, מָסַר אוֹתִי לָאִישׁ שֶׁעָמַד בַּשַּׁעַר, וְהָלַךְ. הִסְתַּכַּלְתִּי סְבִיבִי, רָאִיתִי חוֹמָה אֲרֻכָּה, נְזִירִים, כְּנֵסִיָּה, וְהֵבַנְתִּי שֶׁאֲנִי בְּתוֹךְ הַמִּנְזָר.

[1] gate [2] someone

ג

בַּבֹּקֶר קַמְתִּי בְּחֶדֶר קָטָן שֶׁהָיוּ בּוֹ מִטָּה, שֻׁלְחָן, שְׁנֵי כִּסְאוֹת, וְכַמָּה תְּמוּנוֹת שֶׁל קְדוֹשִׁים. הַתְּמוּנוֹת הִפְחִידוּ[1] אוֹתִי. הִתְחַלְתִּי לִבְכּוֹת וְלִקְרֹא לְאָבִי וּלְאִמִּי. אַחֲרֵי שָׁעָה נִכְנַס נָזִיר וְאָמַר לִי: "אָבִיךְ בִּקֵּשׁ מִמֶּנִּי לְהַחְבִּיא[1] אוֹתְךָ בַּמִּנְזָר מִפְּנֵי שֶׁזֶּה מָקוֹם בָּטוּחַ. אַל תֵּצֵא מִן הַבִּנְיָן לֶחָצֵר עַד אֲשֶׁר נַגִּיד[1] לְךָ שֶׁזֶּה בָּטוּחַ. נִתֵּן לְךָ אֹכֶל וּסְפָרִים בְּחַדְרְךָ."

[1] frightened

[1] to hide

[1] we will tell

שָׁאַלְתִּי אוֹתוֹ עַל אֲחוֹתִי, אֲבָל הוּא לֹא יָדַע שׁוּם דָּבָר. הֶאֱמַנְתִּי[1] שֶׁבְּעוֹד כַּמָּה יָמִים יָבוֹאוּ הוֹרַי לָקַחַת אוֹתִי הַבַּיְתָה.

[1] I believed

אַחֲרֵי שְׁלוֹשָׁה שָׁבוּעוֹת הִזְמִין אוֹתִי רֹאשׁ הַנְּזִירִים לְשִׂיחָה: "שָׁמַעְנוּ שֶׁאֵין עוֹד יְהוּדִים בָּעֲיָרָה, וְשֶׁהוֹרֶיךָ נִשְׁלְחוּ לְמַחֲנֶה־עֲבוֹדָה. אֲנַחְנוּ לֹא יוֹדְעִים מָתַי יַחְזְרוּ. אַתָּה תּוּכַל לְהִשָּׁאֵר[1] אֶצְלֵנוּ בַּמִּנְזָר. אֲנַחְנוּ לֹא נִמְסֹר אוֹתְךָ לַגֶּרְמָנִים וְלֹא נְבַקֵּשׁ שֶׁתִּהְיֶה לְנוֹצְרִי. וּמִפְּנֵי

[1] to remain

שֶׁאַתָּה כְּבָר בָּחוּר גָּדוֹל, בֶּן 11, נְבַקֵּשׁ מִמְּךָ לַעֲבֹד בַּגִּנָּה וּבֶחָצֵר שֶׁל הַמִּנְזָר. אַתָּה צָרִיךְ גַּם לִלְמֹד. יֵשׁ לָנוּ כָּאן סִפְרֵי לִמּוּד בְּפּוֹלָנִית. יוֹזֶ'ף, הַפּוֹעֵל הַזָּקֵן, יַעֲזֹר לְךָ. הוּא אֵינֶנּוּ נָזִיר, אֲבָל הוּא לָמַד בְּבֵית־סֵפֶר תִּיכוֹן[1] כְּשֶׁהָיָה נַעַר. הוּא יִהְיֶה לְךָ לְאָב חָדָשׁ." אָמַרְתִּי תּוֹדָה, וְיָצָאתִי לֶחָצֵר עָצוּב וּמֻדְאָג[1].

לֹא רָצִיתִי אָב חָדָשׁ. רָצִיתִי אֶת הָאַבָּא שֶׁלִּי.

[1] high school

[1] worried

ד

יוֹזֶ'ף לֹא דִּבֵּר הַרְבֵּה. כְּשֶׁעָבַדְנוּ יַחַד בַּגִּנָּה אוֹ בֶּחָצֵר, אָמַר לִי מַה עָלַי לַעֲשׂוֹת וְהָלַךְ לוֹ. הָיוּ לוֹ הַרְבֵּה תַּפְקִידִים[1]: הוּא עָבַד בַּגִּנָּה וּבֶחָצֵר, הוּא עָזַר בַּמִּטְבָּח, וְהָיָה מְצַלְצֵל[1] בַּפַּעֲמוֹנִים לִפְנֵי כָּל תְּפִלָּה.

[1] tasks

[1] ring (v.)

פַּעַם אַחַת עָלִיתִי עִם יוֹזֶ'ף לְרֹאשׁ הַמִּגְדָּל לְתַקֵּן[1] פַּעֲמוֹן אֶחָד. רָאִיתִי מֵרָחוֹק כַּמָּה עֲיָרוֹת, וְשָׁאַלְתִּי אֶת יוֹזֶ'ף אֵיפֹה הָעֲיָרָה שֶׁלִּי. הוּא הֶרְאָה לִי. הִסְתַּכַּלְתִּי בָּעֲיָרָה וּמָצָאתִי אֶת מִגְדַּל הַכְּנֵסִיָּה וְלֹא רָחוֹק מִמֶּנּוּ אֶת גַּג בֵּית־הַכְּנֶסֶת. בַּפַּעַם הָרִאשׁוֹנָה מֵאָז[1] בָּאתִי לַמִּנְזָר הִתְחַלְתִּי לִבְכּוֹת. יוֹזֶ'ף לָחַשׁ לִי: "נֵרֵד עַכְשָׁו. אֶגְמֹר לְתַקֵּן אֶת הַפַּעֲמוֹן אַחַר־כָּךְ."

[1] to repair

[1] since

יוֹזֶ'ף הָיָה עוֹזֵר לִי בַּשִּׁעוּר בְּמָתֵימָטִיקָה, אֲבָל תָּמִיד הָיָה יוֹצֵא בִּשְׁעַת הַשִּׁעוּר לְצַלְצֵל בַּפַּעֲמוֹן, וְהָיָה חוֹזֵר לַחֶדֶר לְהַמְשִׁיךְ[1] בַּשִּׁעוּר. גַּם בִּשְׁעַת הַשִּׁעוּרִים לֹא דִּבֵּר הַרְבֵּה – רַק מַה שֶּׁנָּחוּץ[1] הָיָה לַשִּׁעוּר. לִפְעָמִים שָׂנֵאתִי אוֹתוֹ מִפְּנֵי שֶׁחָשַׁבְתִּי שֶׁאֵינוֹ רוֹצֶה לְלַמֵּד אוֹתִי, וְהַשִּׁעוּר בִּשְׁבִילוֹ אֶחָד הַתַּפְקִידִים כְּמוֹ הַגַּן, הֶחָצֵר, וְהַפַּעֲמוֹנִים. אוּלַי אֵינֶנּוּ רוֹצֶה לְלַמֵּד בָּחוּר יְהוּדִי וְרַק עוֹשֶׂה מַה שֶּׁהַנְּזִירִים צִוּוּ עָלָיו לַעֲשׂוֹת.

[1] to continue

[1] necessary

וְעוֹד, לֹא רָצִיתִי שֶׁהוּא יִהְיֶה הָאַבָּא שֶׁלִּי. רָצִיתִי אֶת הָאַבָּא שֶׁלִּי, אַבָּא יְהוּדִי, וְלֹא נוֹצְרִי כְּמוֹ יוֹזֶ'ף.

וְכָךְ עָבְרוּ הַיָּמִים. אֶת הַשָּׁעוֹת יָדַעְתִּי לְפִי צִלְצוּל

¹weather   הַפַּעֲמוֹנִים, וְאֶת הָעוֹנוֹת לְפִי מֶזֶג־הָאֲוִיר¹. יָדַעְתִּי

מָתַי הִתְחִיל הַחַג שֶׁלָּהֶם אֲבָל לֹא יָדַעְתִּי מָתַי הִתְחִיל

80   הַחַגִּים שֶׁלָּנוּ. וְלָכֵן לֹא יָכֹלְתִּי לִשְׁמֹר עֲלֵיהֶם. זָכַרְתִּי

¹to reach   שֶׁאֲנִי צָרִיךְ לְהַגִּיעַ¹ לְבַר־מִצְוָה בְּסִתָו שֶׁל 1941, אֲבָל

לֹא יָדַעְתִּי בְּאֵיזוֹ שַׁבָּת. הִתְחַלְתִּי לָשִׁיר בְּכָל בֹּקֶר אֶת

בִּרְכוֹת הַתּוֹרָה וְאֶת הַבְּרָכוֹת לִפְנֵי וְאַחֲרֵי הַהַפְטָרָה,

שֶׁיָּדַעְתִּי אוֹתָן בְּעַל־פֶּה. לֹא יָכֹלְתִּי לַעֲלוֹת לַתּוֹרָה

¹privacy   85   בְּמִנְיָן שֶׁל יְהוּדִים מִתְפַּלְלִים; הִתְפַּלַּלְתִּי בַּחֶדֶר בִּיחִידוּת¹.

כַּאֲשֶׁר שֶׁרַתִּי זָכַרְתִּי אֶת בֵּית־הַכְּנֶסֶת בָּעֲיָרָה וְאֶת מִשְׁפַּחְתִּי,

וְקָשֶׁה הָיָה לִי לְהַמְשִׁיךְ בַּתְּפִלָּה – אֲבָל גַּם הִתְחַלְתִּי

¹remainder   לִזְכֹּר אֶת יֶתֶר¹ הַתְּפִלּוֹת וְהִתְחַלְתִּי לְהִתְפַּלֵּל תְּפִלָּה

¹usual   רְגִילָה¹ בְּכָל בֹּקֶר.

¹below   90   כַּמָּה פְּעָמִים בִּשְׁעַת תְּפִלָּתִי, רָאִיתִי אֶת יוֹזֶ'ף לְמַטָּה¹

בֶּחָצֵר וְהִפְסַקְתִּי לָשִׁיר כְּדֵי שֶׁלֹּא יִשְׁמַע אוֹתִי. בֶּאֱמֶת

רָצִיתִי לְהַגִּיד לוֹ שֶׁאֲנִי צָרִיךְ לִהְיוֹת לְבַר־מִצְוָה

¹I was silent   אֲבָל שָׁתַקְתִּי¹. רָצִיתִי שֶׁהוֹרַי בְּמַחֲנֵה־הָעֲבוֹדָה יִזְכְּרוּ

אֶת שַׁבָּת בַּר־הַמִּצְוָה שֶׁלִּי.

ה

¹as usual   95   עֶרֶב אֶחָד יָשַׁבְתִּי כָּרָגִיל¹ עִם יוֹזֶ'ף וְעָבַרְתִּי עַל שִׁעוּרַי.

הוּא יָצָא לְצַלְצֵל בַּפַּעֲמוֹן לִתְפִלַּת הָעֶרֶב שֶׁלָּהֶם.

חִכִּיתִי, שָׁמַעְתִּי מִסְפָּר צִלְצוּלִים, וְאַחַר־כָּךְ – שֶׁקֶט.

אַחֲרֵי רֶגַע שָׁמַעְתִּי אֲנָשִׁים רָצִים לַמִּגְדָּל. גַּם אֲנִי

רַצְתִּי לְשָׁם וּמָצָאתִי קְבוּצַת נְזִירִים מִסָּבִיב לְיוֹזֶ'ף

¹silently ²ground   100   שֶׁשָּׁכַב דּוּמָם¹ עַל הַקַּרְקַע².

¹heart attack   "הֶתְקֵף־לֵב¹," לָחַשׁ נָזִיר אֶחָד.

¹lifted   הֵרִימוּ¹ אוֹתוֹ וְלָקְחוּ אוֹתוֹ לְאַחַד הַחֲדָרִים.

חָזַרְתִּי לְחַדְרִי, יָשַׁבְתִּי בְּכִסְאִי עַל־יַד שֻׁלְחַן הָעֲבוֹדָה.

הִסְתַּכַּלְתִּי בְּכִסְאוֹ הָרֵיק וּבָכִיתִי. זָכַרְתִּי אֶת הַזְּמַנִּים

¹face   105   שֶׁעָבְרוּ: הָעֲיָרָה, בֵּית־הַכְּנֶסֶת, בֵּית־אָבִי, פְּנֵי¹ אִמִּי

¹she parted from   כְּשֶׁנִּפְרְדָה¹ מִמֶּנִּי, הַהֲלִיכָה בַּיַּעַר עַד שַׁעַר הַמִּנְזָר,

וְכָל שִׁעוּרַי עִם יוֹזֶ'ף בְּמֶשֶׁךְ שְׁנָתַיִם.

רֹאשׁ הַנְּזִירִים נִכְנַס לַחֲדָרִי וְיָשַׁב בַּכִּסֵּא מוּלִי וְלָחַשׁ:

regret[1] "אֲנִי מִצְטַעֵר[1] לְהוֹדִיעַ לְךָ שֶׁנִּפְטָר יוֹזֶ'ף הַטּוֹב."

110 "אֲנִי כְּבָר יוֹדֵעַ, רָאִיתִי אוֹתוֹ עַל הַקַּרְקַע לְיַד הַמִּגְדָּל."

"כֵּן, שָׁמַעְתָּ? וְעַכְשָׁו יֵשׁ לָנוּ בַּקָּשָׁה אֵלֶיךָ."

"בַּקָּשָׁה?"

"אוּלַי בַּקָּשָׁה מוּזָרָה בְּעֵינֶיךָ."

"מַה הִיא?"

115 "אַתָּה בְּוַדַּאי לֹא יָדַעְתָּ שֶׁיּוֹזֶ'ף הָיָה יְהוּדִי.

conquest[1] כֵּן, יְהוּדִי כָּמוֹךָ. הוּא בָּרַח אֵלֵינוּ בִּזְמַן הַכִּבּוּשׁ[1].

אֲנַחְנוּ לֹא נָתַנּוּ לוֹ לְסַפֵּר לְךָ שֶׁהוּא יְהוּדִי בְּמִקְרֶה

שֶׁיָּבוֹאוּ הַגֶּרְמָנִים וְיִשְׁאֲלוּ אוֹתְךָ."

"הוּא יָדַע שֶׁאֲנִי יְהוּדִי?"

120 "הוּא יָדַע. קָשֶׁה הָיָה לוֹ לִשְׁתֹּק, וְעַל כֵּן הִשְׁתַּדֵּל

לֹא לְדַבֵּר הַרְבֵּה. הוּא רָאָה אוֹתְךָ כִּבְנוֹ. בֵּן חָדָשׁ.

הָיוּ לוֹ בָּנִים לִפְנֵי־כֵן מִחוּץ לַמִּנְזָר."

"הוּא הָיָה יְהוּדִי, הוּא יָדַע שֶׁאֲנִי יְהוּדִי?"

"הוּא סִפֵּר לִי שֶׁשָּׁמַע אוֹתְךָ בִּתְפִלָּתְךָ וַאֲפִילוּ שָׁאַל

125 מַה אֶפְשָׁר לַעֲשׂוֹת בִּשְׁבִיל בַּר־הַמִּצְוָה שֶׁלְּךָ. אִי־אֶפְשָׁר

לָנוּ לַעֲשׂוֹת כְּלוּם בְּיָמִים כָּאֵלֶּה. וְעַכְשָׁו הַבַּקָּשָׁה.

עָלֵינוּ לִקְבֹּר אוֹתוֹ אֶצְלֵנוּ בַּמִּנְזָר. אֵין בְּרֵירָה

בְּיָמִים אֵלֶּה. אֲנִי מֵבִין שֶׁיֵּשׁ אֶצְלְכֶם תְּפִלָּה שֶׁאוֹמְרִים

לִכְבוֹד הַמֵּת, קוֹרְאִים לָהּ 'קַדִּישׁ'. אַתָּה מַכִּיר אוֹתָהּ?"

most[1] 130 "בְּוַדַּאי. אֲנִי זוֹכֵר אֶת רֹב[1] הַתְּפִלּוֹת וְגַם אֶת הַקַּדִּישׁ."

"הַאִם תֹּאמַר אֶת הַקַּדִּישׁ בְּכָל יוֹם לִכְבוֹד נִשְׁמָתוֹ?"

willingly[1] "כֵּן, בְּרָצוֹן[1]. הוּא הָיָה כְּאָב חָדָשׁ לִי. מָתַי אֹמַר

אֶת הַקַּדִּישׁ וְאֵיפֹה?"

הַנָּזִיר חָשַׁב רֶגַע: "בִּשְׁעַת הַתְּפִלָּה שֶׁלָּנוּ, תֹּאמַר

135 אֶת הַקַּדִּישׁ כָּאן בַּחֶדֶר. לֹא בַּחוּץ עַל־יַד הַקֶּבֶר.

בַּחֶדֶר יוֹתֵר בָּטוּחַ. אַתָּה מֵבִין?"

כְּשֶׁאָמַרְתִּי "כֵּן" הוּא קָם לָצֵאת. עַל־יַד הַדֶּלֶת הוּא

פָּנָה אֵלַי וְהִמְשִׁיךְ: "רַק עַכְשָׁו חָשַׁבְתִּי עַל עוֹד בַּקָּשָׁה.

הַמִּלְחָמָה תִּהְיֶה אֲרֻכָּה וְאַתָּה תִּשָּׁאֵר אֶצְלֵנוּ.

140 הַאִם תּוּכַל לְצַלְצֵל בַּפַּעֲמוֹנִים בִּשְׁבִילֵנוּ?"

מִלּוֹן

א

פַּעֲמוֹן	bell
מִגְדָּל	tower
צִלְצוּל	ringing
יַעַר	forest
חוֹמָה	wall
בַּד	cloth
בִּנְיָן	building

ב

אָסְרוּ — אסר√	forbade
תּוֹשָׁב	resident
בָּטוּחַ, בְּטוּחִים	safe, secure, sure
מִישֶׁהוּ	someone
שַׁעַר	gate

ג

הִפְחִידוּ — פחד√	frightened
הֶאֱמַנְתִּי — אמן√	believed
אֱמוּנָה	faith
לְהִשָּׁאֵר — שאר√	to remain
מֻדְאָג — דאג√	worried

ד

תַּפְקִיד	task, function, role
מְצַלְצֵל — צלצל√	rings (v.)
לְתַקֵּן — תקן√	to repair, correct
מֶזֶג־אֲוִיר	weather
יֶתֶר	remainder
רְגִילָה	usual
שָׁתַקְתִּי — שתק√	was silent

ה

כָּרָגִיל	as usual
קַרְקַע	ground (n.)
הֵרִימוּ — רום√	lifted
מִצְטַעֵר — צער√	regret (v.)
כִּבּוּשׁ	conquest
רוֹב	most, majority
בְּרָצוֹן	willingly

נֵר ה׳ נִשְׁמַת אָדָם.

The soul of man is the lamp of the Lord.

(Proverbs 20, 27 / מִשְׁלֵי כ, כז)

תַּרְגִּילִים בַּהֲבָנַת הַסִּפּוּר

א. תַּעֲנוּ עַל הַשְּׁאֵלוֹת הָאֵלֶּה.

חֵלֶק א

1 אֵיפֹה גָּר הַיֶּלֶד?

2 מִי גָּר בָּעֲיָרָה?

3 אֵיזוּ בִּנְיָנִים הָיוּ בָּעֲיָרָה?

4 אֵיפֹה הָיוּ הַפַּעֲמוֹנִים?

5 מָתַי צִלְצְלוּ הַפַּעֲמוֹנִים?

6 מַה הָיָה בַּיַּעַר?

7 מִי גָּר בַּיַּעַר?

8 מַה הִיא הָעֲבוֹדָה שֶׁל אַב־הַיֶּלֶד?

חֵלֶק ב

9 מָתַי בָּאוּ הַגֶּרְמָנִים לָעֲיָרָה?

10 לָמָּה לָקַח הָאָב אֶת הַיֶּלֶד לַמִּנְזָר?

11 מַה הָיָה מִסָּבִיב לַמִּנְזָר?

חֵלֶק ג

12 מִי הָיָה יוֹזֵ'ף?

חֵלֶק ד

13 מַה הָיוּ הַתַּפְקִידִים שֶׁל יוֹזֵ'ף?

14 לָמָּה הוּא לִמֵּד אֶת הַיֶּלֶד?

15 אֵיךְ הִתְכּוֹנֵן (prepared) הַיֶּלֶד לְבַר־הַמִּצְוָה שֶׁלּוֹ?

16 הָיוּ פְּעָמִים שֶׁהַיֶּלֶד שָׂנָא אֶת יוֹזֵ'ף. לָמָּה?

17 אֵיךְ יָדַע הַיֶּלֶד שֶׁהַזְּמַן עוֹבֵר?

חֵלֶק ה

18 לָמָּה לֹא סִפְּרוּ לַיֶּלֶד אֶת הָאֱמֶת עַל יוֹזֵ'ף?

____

19 אַחֲרֵי מוֹת יוֹזֵ'ף, מֶה הָיְתָה הַבַּקָּשָׁה הָרִאשׁוֹנָה שֶׁל רֹאשׁ־הַנְּזִירִים?

____

20 אֵיךְ סָבַל (suffered) הַיֶּלֶד בַּמִּלְחָמָה?

____

21 לָמָּה קוֹרְאִים לַסִּפּוּר "פַּעֲמוֹנִים"?

____

____

ב. תִּכְתְּבוּ אֶת הַהֵפֶךְ.

אָבִיב / לְהַפְסִיק / לִשְׁבֹּר / אָהַבְתִּי / מֻתָּר / הוֹרִיד
גָּמַר / מְסֻכָּן / מְיוּחָד / בִּפְנִים / דִּבַּרְתִּי / נַעֲלֶה

1 נֵרֵד ______ 7 שָׂנֵאתִי ______

2 לְהַמְשִׁיךְ ______ 8 הִתְחִיל ______

3 אָסוּר ______ 9 רָגִיל ______

4 בָּטוּחַ ______ 10 שָׁתַקְתִּי ______

5 הֵרִים ______ 11 בַּחוּץ ______

6 סְתָו ______ 12 לְתַקֵּן ______

ג. Arrange the following sentences in the correct chronological order according to the story.

1 בִּסְתָו 1939 חַיָּלִים גֶּרְמָנִיִּים בָּאוּ לָעֲיָרָה. ____

2 לִפְנֵי הַמִּלְחָמָה יָשְׁבוּ בָּעֲיָרָה שֶׁלִּי בְּפּוֹלַנְיָה יְהוּדִים וְנוֹצְרִים. __1__

3 הַנְּזִירִים הֶחְבִּיאוּ אוֹתִי, נָתְנוּ לִי אֹכֶל וּסְפָרִים. ____

4 לִפְנֵי הַמִּלְחָמָה אָבִי הִכִּיר אֶת הַנְּזִירִים בַּמִּנְזָר כִּי הוּא מָכַר לָהֶם בַּד וּכְלֵי־עֲבוֹדָה. ____

5 עֶרֶב אֶחָד כְּשֶׁלָּמַדְתִּי עִם יוֹזֶ'ף, הוּא יָצָא לְצַלְצֵל בַּפַּעֲמוֹנִים וְאַחֲרֵי מִסְפַּר צִלְצוּלִים הָיָה שֶׁקֶט. ____

6 רֹאשׁ הַנְּזִירִים בִּקֵּשׁ מִמֶּנִּי שֶׁאֹמַר קַדִּישׁ לִכְבוֹד נִשְׁמַת יוֹזֶ'ף, וְגַם אֲצַלְצֵל בַּפַּעֲמוֹנִים. ____

7 אָבִי הֵבִיא אוֹתִי לַמִּנְזָר וּמָסַר אוֹתִי לַנְּזִירִים. ____

8 לְיוֹזֶ'ף הָיוּ תַּפְקִידִים רַבִּים: הוּא עָבַד בַּגִּנָּה, בֶּחָצֵר, בַּמִּטְבָּח, וְגַם צִלְצֵל בַּפַּעֲמוֹנִים לִפְנֵי כָּל תְּפִלָּה. ____

9 בִּסְתָו 1941 הִגִּיעַ בַּר־הַמִּצְוָה שֶׁלִּי, וַאֲנִי הִתְפַּלַּלְתִּי בְּחֶדְרִי לְבַד. ____

10 הַהוֹרִים הֶחְלִיטוּ לָשִׂים אוֹתִי וְאֶת אֲחוֹתִי בִּמְקוֹמוֹת בְּטוּחִים. ____

11 רֹאשׁ הַנְּזִירִים סִפֵּר לִי שֶׁיּוֹזֶ'ף הָיָה יְהוּדִי וְשֶׁהוּא הִתְחַבֵּא בַּמִּנְזָר כָּמוֹנִי. ____

12 אֲנִי נִשְׁאַרְתִּי בַּמִּנְזָר, עָבַדְתִּי בַּגִּנָּה וּבֶחָצֵר וְגַם לָמַדְתִּי. ____

13 אֲנִי עָזַרְתִּי לְיוֹזֶ'ף בָּעֲבוֹדוֹת הַשּׁוֹנוֹת בַּמִּנְזָר וְהוּא לִמֵּד אוֹתִי, אֲבָל הוּא לֹא דִּבֵּר הַרְבֵּה אִתִּי. ____

14 יוֹזֶ'ף הָיָה פּוֹעֵל זָקֵן שֶׁעָבַד בַּמִּנְזָר אֲבָל לֹא הָיָה נָזִיר. ____

15 יוֹזֶ'ף מֵת מֵהֶתְקֵף־לֵב בִּזְמַן שֶׁצִּלְצֵל בַּפַּעֲמוֹנִים. ____

What is being described here?

וַיַּעֲשׂוּ פַעֲמֹנֵי זָהָב טָהוֹר, וַיִּתְּנוּ אֶת הַפַּעֲמֹנִים בְּתוֹךְ הָרִמֹּנִים עַל שׁוּלֵי הַמְּעִיל סָבִיב בְּתוֹךְ הָרִמֹּנִים.

(שְׁמוֹת ל"ט, כה / Exodus 39:25)

ד. תִּמְצְאוּ 35 מִלִּים מֵהַסִּפּוּר.

נ	ה	כ	ב	ו	ש	ע	צ	ר	ה	כ	א	ב	ק	ש	ה	ק	ו	ש
ג	ס	ל	נ	ס	א	י	ו	ק	כ	ר	י	מ	כ	ל	צ	ז	ר	צ
ל	ת	ס	ר	נ	ס	ד	ו	ל	י	ע	ל	ה	ו	ד	ב	ח	צ	ר
ע	י	ת	ד	ק	ר	ל	ע	ב	ר	י	ג	ט	י	ח	ה	א	ש	א
ט	ו	ב	נ	ע	ו	ש	ק	ל	מ	ג	ד	ל	ה	ל	ת	מ	א	ז
פ	ר	ב	ר	מ	ז	ג	א	ו	י	ר	ד	ח	ד	ז	ו	ג	ג	פ
מ	ש	מ	ח	פ	מ	ל	ה	ו	ד	י	ע	ה	ש	ה	פ	ס	ה	ה
ו	נ	ט	ה	י	ש	ז	ר	מ	ד	א	ג	ר	ת	ב	ד	ח	ע	ר
ז	מ	ב	ש	ת	א	ע	ו	נ	ה	מ	ה	ג	ק	ט	ב	מ	ש	כ
ר	א	ח	ת	ר	ר	ד	ע	ד	ס	ט	ה	י	ת	ו	ש	ט	ב	א
מ	י	צ	ד	ק	ב	פ	ע	מ	ו	נ	ע	ל	י	ח	ח	ו	מ	ה
ו	צ	ד	ל	ה	פ	ס	ק	ת	י	ג	ו	ה	נ	י	כ	נ	ס	ר
ל	ה	ק	ת	ר	א	ל	ד	פ	ז	ק	נ	ד	ס	ג	מ	ס	ר	י
י	ה	ד	ו	א	ס	ע	פ	ז	ל	ה	ש	א	ר	מ	ה	א	ד	ם
ז	ל	ו	ע	ה	ש	ב	ס	ד	צ	ח	צ	ב	נ	י	נ	ע	ל	ו
ד	ל	ש	ט	מ	ע	פ	ד	ה	פ	ח	י	ד	ו	ק	ר	ת	פ	ש

they commanded · he showed · began · strange

the rest of · safe, secure · during · building

as usual (f.) · handed over · bell · autumn

I was silent · they frightened · tower · weather

the occupation · from then on · cloth · to inform

opposite me · was worried · holy · to remain

fortress wall · in the kitchen · yard · a request

know, recognize · we will go down · season · I stopped

they forbade · he tried · they lifted

תַּרְגִּילִים לַחֲזָרָה

א. תְּמַלְאוּ אֶת הַטַּבְלָה.

		שֹׁרֶשׁ	גִּזְרָה	בִּנְיָן	זְמַן	תִּרְגּוּם
0	נֵצֵא	יצא	פ״י–ל״א	קַל	עָתִיד	we will go out
1	הִתְחִילָה					
2	הִתְכַּנַּסְתָּ					
3	לְהִזָּהֵר					
4	מְסָרֶבֶת					
5	נָבוֹא					
6	לָרֶדֶת					
7	אֲבַשֵּׁל					
8	מַבְטִיחִים					
9	שִׁגְּעָה					
10	נִזְכַּרְתִּי					
11	לְהִתְרַחֵץ					
12	יַשְׁלִים					
13	תִּסַּע					
14	יוֹצֵאת					

	שֹׁרֶשׁ	גִּזְרָה	בִּנְיָן	זְמַן	תִּרְגּוּם
15 נִשְׁמַעַת					
16 נִשְׁמַע			*	*	
17 פָּנְתָה					
18 רָצִית					
19 רַצְתָּ					

* There are two possible answers.

ב. תִּבְחֲרוּ בַּמִּלָּה הַנְּכוֹנָה.

1 הוּא סוֹפֵר יוֹתֵר חָשׁוּב בּוֹ מִמֶּנּוּ .
2 הִיא קָנְתָה אֶת שִׂמְלַת הַשִּׂמְלָה הָאֲדֻמָּה.
3 הֵם שָׁרוּ שִׁירִים שִׁירֵי עִבְרִיִּים.
4 אֲנִי קָרָאתִי אֶת שִׁירֵי הַשִּׁירִים הַמְשׁוֹרֶרֶת.
5 הֵם יוֹתֵר הֲכִי חֲכָמִים בַּמִּשְׁפָּחָה.
6 אִם לָמַדְתָּ תִּלְמַד , הִצְלַחְתָּ תַּצְלִיחַ .
7 הֶעָשִׁיר קָנָה סְפָרִים סְפָרָיו לְבֵית־הַסֵּפֶר.
8 חֲבֵרִי חֲבֶרְתִּי לֹא הָיְתָה בַּבַּיִת.
9 הוּא רָץ אֵלֶיהָ עָלֶיהָ מָהֵר.
10 שְׁלֹמֹה, אֲנִי אוֹהֶבֶת אֶת סִפּוּרֶיךָ סִפּוּרָיו .
11 הוּא הָיָה רָצָה רוֹצֶה לָלֶכֶת אִתִּי.
12 הוּא לֹא חָכָם הֶחָכָם בַּבָּנִים.
13 רֹאשׁ הַנְּזִירִים דִּבֵּר לוֹ עָלָיו בַּכְּנֵסִיָּה.
14 אֲנַחְנוּ רָצִינוּ לִנְסֹעַ אִתָּם אוֹתָם .
15 רֹאשׁ הָעִיר שָׁלַח לִי אוֹתִי מִכְתָּבִים מְעַנְיְנִים.

ג. תְּחַבְּרוּ מִשְׁפָּטִים מֵהַשָּׁרָשִׁים הָאֵלֶּה.

1 שאר√ (הִפְעִיל) ________________

2 שאר√ (נִפְעַל) ________________

3 משך√ (הִפְעִיל) ________________

4 משך√ (נִפְעַל) ________________

5 מכר√ (קַל) ________________

6 מכר√ (נִפְעַל) ________________

7 כנס√ (הִפְעִיל) ________________

8 כנס√ (נִפְעַל) ________________

9 פתח√ (קַל) ________________

10 פתח√ (נִפְעַל) ________________

11 כתב√ (קַל) ________________

12 כתב√ (נִפְעַל) ________________

13 כתב√ (הִפְעִיל) ________________

ד. תַּרְגְּמוּ לְעִבְרִית.

1 The strange voice was heard in the building.

____

2   Perhaps we could meet this evening at my home?

_____

3   The Hebrew books were sent by the class to the Russian *refuseniks*.

_____

4   They will send the packages to the hungry children.

_____

5   I was born in the fall of 1940.

_____

6   A winter storm struck the city.

_____

7   The lesson continued for two hours.

_____

8   He refused to continue telling the story of his life.

_____

9   I entered the building without permission.

_____

10   The sack was handed over to the police this morning.

_____

11   Please write the details in your diary.

_____

Here are two translations of poems written by children in concentration camps during the Holocaust. They appeared in the collection *I Never Saw Another Butterfly*.

גִּנָּה

קָטָן, אַךְ מָלֵא
וְרָדִים¹ הַגַּן,
הוֹלֵךְ לוֹ בַּשְּׁבִיל¹
יֶלֶד קָטָן
יֶלֶד חָמוּד¹
יָפֶה כְּנִצָּן¹.
כְּשֶׁיִּפְרַח¹ הַנִּצָּן,
לֹא יִחְיֶה כִּי יָמוּת
אוֹתוֹ יֶלֶד קָטָן.

¹roses
¹path
¹charming
¹bud
¹will blossom

לִבְרֹחַ לְמָקוֹם אַחֵר

לִבְרֹחַ לְמָקוֹם אַחֵר,
לָנוּד¹, לִמְצֹא אֶת הַדְּרָכִים
אֶל אֲנָשִׁים טוֹבִים יוֹתֵר,
אֶל אֵלֶּה שֶׁאֵינָם רוֹצְחִים¹.

הֵן¹ פֹּה בְּאֶלֶף לְבָבוֹת
תְּפִלָּה אַחַת לֹא דָעֲכָה¹;
כִּי יוֹם יָבוֹא, זֶה יוֹם תִּקְוָה –
שְׁעַת הַשִּׁחְרוּר וְהַבְּרָכָה.

¹to wander
¹murderers
¹surely
¹die out

פַּעֲמונים

א

בָּעֲיירָה שלי בפּולָנְיָה ישבו לפנֵי המִלחמה גם יהודים וגם נוֹצְרים. לַיהודים היו כמה בָּתֵי־כנסת קטנים, ולנוצרים כְּנֵסייה גדולה עם מִגְדָּל גבוה וּבו פַּעֲמונים. שמענו את צִלצול הפעמונים פעם אחת בכל שעה והרבה פעמים לפני שְׁעַת התפילה שלהם.

מֵרחוק שמענו קול פעמון אחר. הקול בא מן המִנזָר שעמד בתוך היַּעַר. כאשר הייתי ילד לא ראיתי את המנזר מִפְּנֵי שהוא היה בתוך היַּעַר, ומֵאחורֵי חומה ארוכה. אבי הכּיר את המנזר ואת הנזירים מפני שהיה נוסע לשם למכור בַּד וּכְלֵי־עֲבודה. הוא סיפר לנו על הבִּניינִים ועל החיים מֵאחורי החומה, ועל הנזירים ועל תמונות הקדושים. שָׁם כל אחד דיבר בלחש.

ב

בְּבוקר יפֶה אחד בְּסתיו 1939, אבי הֵעיר אותי ואמר לי לא ללכת לבית־הספר מִפני שחיילים גרמניים עמדוּ ברחובות ואָסרוּ על כל התוֹשָׁבים לצאת מבָּתיהם. ביום ההוא שׂיחקתי עם אחותי בבית והוֹרַי דיברוּ בלחש ביניהם – אבל אִתִּי דיברוּ מעט.

בלילה, קראו לי ולאחותי וסיפרוּ לנו שֶׁמָּחָר בבוקר יוציאוּ הגרמנים את כל היהודים מן העיירה לְמַחֲנֵה עבודה, ולכן החליטוּ הוֹרַי לשׂים אותנו בִּמקומות בטוּחים – אותי במקום אחד, ואת אחותי במקום אחֵר. אחרֵי המלחמה, כאשר יַעַזבוּ הגרמנים, הוֹרינוּ יחזירוּ אותנו לביתנוּ.

הם דיברוּ בשקט אבל ראיתי את הדמעות בעיניהם. אמא הִלבּישה אותי, ונישקה אותי. יצאתי עם אבי לחָצֵר מֵאחורי בֵּיתנוּ, ומשם הלכנו ליַער. הלכנו בשקט כשעה והגענו לשַׁער. אבי דָּפַק, מישהו פתח, אבי דיבר אִתּו כמה דקות, נישֵׁק אותי, מסר אותי לאיש שעמד בשער והלך. הסתכלתי סביבי, ראיתי חומה ארוכה, נזירים, כנֵסייה, והֵבנתי שאני בתוך המִנזר.

ג

בַּבוקר קמתי בחדר קטן שהיו בו מיטה, שולחן, שני כסאות, וכמה

תמונות של קדושים. התמונות הִפחידו אותי. התחלתי לבכות ולקרוא לאבי ולאימי. אחרי שעה נכנס נזיר ואמר לי: "אביך בקש ממני לְהַחְבִּיא אותך בְּמִנזר מפני שזה מקום בטוח. אַל תיצא מן הבניין לחצר עד אשר נַגִּיד לך שזה בטוח. ניתֵּן לך אוכל וספרים בחדרךָ."

שאלתי אותו על אחותי, אבל הוא לא ידע שום דבר. הֶאֱמַנתי שֶׁבְּעוד כמה ימים יבואו הורַי לקחת אותי הביתה.

אחרי שלושה שבועות הִזמין אותי ראש הנזירים לשיחה: "שמענו שאין עוד יהודים בעיירה, ושהורֶיךָ נִשְׁלחוּ למחנה־עבודה. אנחנו לא יודעים מתי יַחְזרוּ. אתה תוכל להישָּׁאֵר אצלנו במנזר. אנחנו לא נמסור אותךָ לגרמנים ולא נבקש שתהיה לנוצרי. וּמִפְּני שאתה כבר בחור גדול, בן 11, נְבַקֵּש ממך לעבוד בגינה וּבחצר של המנזר. אתה צריך גם ללמוד. יש לנו כאן סִפְרֵי לימוד בפולנית. יוזֵ'ף, הפועל הזקן, יעזור לך. הוא איננו נזיר אבל הוא למד בבית־ספר תיכון כְּשֶׁהיה נער. הוא יהיה לך לאב חָדָשׁ."
אמרתי תודה ויצאתי לחצר עצוב ומוּדאג. לא רציתי אב חדש. רציתי את האבא שלי.

ד

יוז'ף לא דיבר הרבה. כְּשֶׁעבדנו יחד בגינה או בחצר, אמר לי מה עלי לַעֲשות והלך לו. היו לו הרבה תַּפְקידים: הוא עבד בגינה וּבחצר, הוא עזר בַּמִּטבָּח, והיה מְצַלְצֵל בפעמונים לפני כל תפילה.

פעם אחת עליתי עם יוז'ף לראש המגדל לתַקֵּן פעמון אחד. ראיתי מֵרחוק כמה עיירות, שאלתי את יוז'ף איפה העיירה שלי. הוא הֶרְאָה לי. הסתכלתי בעיירה וּמצאתי את מִגְדַּל הכנֵסייה ולא רחוק ממנוּ את גג בית־הכנסת. בפעם הראשונה מֵאָז באתי למנזר התחלתי לבכות. יוז'ף לחש לי: "נֵרֵד עכשיו. אֶגמור לתַקֵּן את הפעמון אחר־כך."

יוז'ף היה עוזר לי בְּשיעור בְּמָתֵימָטִיקָה, אבל תמיד היה יוצא בשעת השיעור לצלצל בפעמון, והיה חוזר לחדר לְהַמְשיך בשיעור. גם בשעת השיעורים לא דיבר הרבה – רק מה שנָחוּץ היה לשיעור. לִפְעָמים שָׂנֵאתי אותו מפני שחשבתי שאינו רוצה ללַמֵּד אותי והשיעור בִּשְׁבילו

אחד התַּפְקידים כמו הגן, הֶחצר והפעמונים. אוּלַי איננו רוצה לְלַמֵּד בחוּר יהודי ורק עושה מה שהנזירים צִיווּ עליו לַעֲשׂוֹת. ועוד, לא רציתי שהוא יהיה האבא שלי, רציתי את האבא **שלי**, אבא יהודי ולא נוצרי כמו יוז'ף.

וכך עברו הימים. את השעות ידעתי לפי צלצול הפעמונים, ואת הָעוֹנוֹת לפי מֶזֶג־הָאֲוויר. ידעתי מתַי התחיל החג שלהם, אבל לא ידעתי מתַי התחילו החגים שלנו. ולכן לא יכולתי לשמור עליהם. זכרתי שאני צריך להגיע לבר־מצווה בסתיו של 1941, אבל לא ידעתי בְּאֵיזוֹ שבת. התחלתי לשיר בכל בוקר את בִּרְכּוֹת התורה ואת הַבְּרָכוֹת לפני ואחרי ההַפְטָרָה, שידעתי אותן בְּעַל־פֶּה. לא יכולתי לעלות לתורה בְּמִנְיין של יהודים מתפללים; התפללתי בחדר בִּיחִידוּת.
כאשר שַׁרְתִּי זָכַרתי את בית־הכנסת בעיירה ואת משפחתי, וקשה היה לי להמשיך בתפילה – אבל גם התחלתי לזכּוֹר את יֶתֶר התפילות והתחלתי להתפלל תפילה רגילה בכל בוקר.

כמה פעמים בִּשְׁעַת תפילתי ראיתי את יוז'ף לְמַטה בחצר והִפְסַקְתי לשיר כדי שלא ישמע אותי. באמת רציתי להגיד לו שאני צריך להיות לבר־מצווה אבל שתקתי. רציתי שהוֹרַי בְּמַחֲנֵה־העבודה יזכּרו את שבת בר־המצווה שלי.

ה

ערב אחד ישבתי כְּרָגיל עם יוז'ף ועברתי על שיעורַי. הוא יצא לְצַלְצֵל בפעמון לתפילת הערב שלהם. חיכיתי, שמעתי מספר צלצולים ואחר־כך – שקט.
אחרי רגע שמעתי אנשים רצים לְמִגְדָּל. גם אני רצתי לשם וּמצאתי קבוצת נזירים מסביב ליוז'ף ששכב דוּמָם על הקרקע. "הֶתְקֵף־לֵב," לָחַש נזיר אחד. "כְּבָר מֵת," ענה השני.

הֵרימוּ אותו ולקחו אותו לאחד החדרים. חזרתי לחדרי, ישבתי בְּכִסְאִי על־יד שולחן העבודה. הסתכלתי בכסאו הריק ובכיתי. זכרתי את הזמנים שעברו: העיירה, בית־הכנסת, בית־אבי, פְּנֵי אִמִּי כשנפרדה ממני, הַהֲלִיכָה בַּיַּעַר עד שער המנזר, וכל שיעוּרַי עם יוז'ף בְּמֶשֶׁךְ שנתיים.

ראש הנזירים נכנס לחדרִי וְישב בכיסֵא מולי ולחש לי: "אני מִצטָעֵר להודיעַ לך שנִפטַר יוז'ף הטוב."

"אני כבר יודע, ראיתי אותו על הקרקע ליד המגדל."

"כן, שמעת? ועכשיו יש לנו בַּקָשָה אליך."

"בקשה?"

"אולי בקשה מוזרה בעיניך."

"מה היא?"

"אתה בוודאי לא ידעת שיוז'ף היה יהודי. כן, יהודי כמוךָ. הוא בָּרח אלינו בזמן הכיבוש. אנחנו לא נתַנו לו לספר לך שהוא יהודי במִקרֶה שיבואו הגרמנים וישאלו אותך."

"הוא ידע שאני יהודי?"

"הוא ידע. קשה היה לו לשתוק, ועל כן הִשתַדֵל לא לדַבֵּר הרבֵה. הוא ראה אותך כִּבנו. בן חדָש. היו לו בנים לפני כן מֵחוץ למנזר."

"הוא היה יהודי, הוא ידע שאני יהודי!"

"הוא סיפר לי ששָמע אותך בִּתפילָתךָ ואפילו שאל מה אפשר לעשות בשביל בר־המצווה שלךָ. אי אפשר לנו לעשות כלום בימים כאלה. ועכשיו הבקשה.

עלינו לקבור אותו אצלנו במנזר. אין בְּרֵירָה בימים אלה. אני מבין שיש אצלכם תפילה שאומרים לכבוד המֵת, קוראים לה 'קַדִיש'. אתה מַכיר אותה?"

"בוודאי. אני זוכר את רוב התפילות וגם את הקַדיש."

"האם תאמר את הקַדיש בכל יום לכבוד נִשמָתו?"

"כן, בּרָצון. הוא היה כּאָב חדש לי. מתי אומַר את הקדיש ואֵיפה?"

הנזיר חשב רֶגַע: "בִּשעַת התפילה שלנו, תאמַר את הקדיש כאן בחדר. לא בחוץ על־יד הקֶבר. בחדר יותר בטוח. אתה מבין?"

כשאמרתי "כן" הוא קם לצאת. על־יד הדלת הוא פָּנה אלַי והמשיך: "רק עכשיו חשבתי על עוד בקשה. המלחמה תהיה ארוכּה ואתה תישאֵר אצלנו. האִם תוכל לצַלְצֵל בפעמונים בִּשְׁבִילנו?"

חֲזָרָה

Review of Grammatical Principles

Declension of Nouns

Masculine Singular

הַדּוֹד שֶׁלִּי	דּוֹדִי
הַדּוֹד שֶׁלְּךָ	דּוֹדְךָ
הַדּוֹד שֶׁלָּךְ	דּוֹדֵךְ
הַדּוֹד שֶׁלּוֹ	דּוֹדוֹ
הַדּוֹד שֶׁלָּהּ	דּוֹדָהּ
הַדּוֹד שֶׁלָּנוּ	דּוֹדֵנוּ
הַדּוֹד שֶׁלָּכֶם	דּוֹדְכֶם
הַדּוֹד שֶׁלָּכֶן	דּוֹדְכֶן
הַדּוֹד שֶׁלָּהֶם	דּוֹדָם
הַדּוֹד שֶׁלָּהֶן	דּוֹדָן

Masculine Plural

הַדּוֹדִים שֶׁלִּי	דּוֹדַי
הַדּוֹדִים שֶׁלְּךָ	דּוֹדֶיךָ
הַדּוֹדִים שֶׁלָּךְ	דּוֹדַיִךְ
הַדּוֹדִים שֶׁלּוֹ	דּוֹדָיו
הַדּוֹדִים שֶׁלָּהּ	דּוֹדֶיהָ
הַדּוֹדִים שֶׁלָּנוּ	דּוֹדֵינוּ
הַדּוֹדִים שֶׁלָּכֶם	דּוֹדֵיכֶם
הַדּוֹדִים שֶׁלָּכֶן	דּוֹדֵיכֶן
הַדּוֹדִים שֶׁלָּהֶם	דּוֹדֵיהֶם
הַדּוֹדִים שֶׁלָּהֶן	דּוֹדֵיהֶן

Feminine Singular

הַדּוֹדָה שֶׁלִּי	דּוֹדָתִי
הַדּוֹדָה שֶׁלְּךָ	דּוֹדָתְךָ
הַדּוֹדָה שֶׁלָּךְ	דּוֹדָתֵךְ
הַדּוֹדָה שֶׁלּוֹ	דּוֹדָתוֹ
הַדּוֹדָה שֶׁלָּהּ	דּוֹדָתָהּ
הַדּוֹדָה שֶׁלָּנוּ	דּוֹדָתֵנוּ
הַדּוֹדָה שֶׁלָּכֶם	דּוֹדַתְכֶם
הַדּוֹדָה שֶׁלָּכֶן	דּוֹדַתְכֶן
הַדּוֹדָה שֶׁלָּהֶם	דּוֹדָתָם
הַדּוֹדָה שֶׁלָּהֶן	דּוֹדָתָן

Feminine Plural

הַדּוֹדוֹת שֶׁלִּי	דּוֹדוֹתַי
הַדּוֹדוֹת שֶׁלְּךָ	דּוֹדוֹתֶיךָ
הַדּוֹדוֹת שֶׁלָּךְ	דּוֹדוֹתַיִךְ
הַדּוֹדוֹת שֶׁלּוֹ	דּוֹדוֹתָיו
הַדּוֹדוֹת שֶׁלָּהּ	דּוֹדוֹתֶיהָ
הַדּוֹדוֹת שֶׁלָּנוּ	דּוֹדוֹתֵינוּ
הַדּוֹדוֹת שֶׁלָּכֶם	דּוֹדוֹתֵיכֶם
הַדּוֹדוֹת שֶׁלָּכֶן	דּוֹדוֹתֵיכֶן
הַדּוֹדוֹת שֶׁלָּהֶם	דּוֹדוֹתֵיהֶם
הַדּוֹדוֹת שֶׁלָּהֶן	דּוֹדוֹתֵיהֶן

Prepositions מִלּוֹת־יַחַס

Prepositions declined like single nouns

שֶׁל	ל	ב	עִם	אֵת	בֵּין	בִּשְׁבִיל	אֵצֶל
שֶׁלִּי	לִי	בִּי	עִמִּי	אִתִּי	בֵּינִי	בִּשְׁבִילִי	אֶצְלִי
שֶׁלְּךָ	לְךָ	בְּךָ	עִמְּךָ	אִתְּךָ	בֵּינְךָ	בִּשְׁבִילְךָ	אֶצְלְךָ
שֶׁלָּךְ	לָךְ	בָּךְ	עִמָּךְ	אִתָּךְ	בֵּינֵךְ	בִּשְׁבִילֵךְ	אֶצְלֵךְ
שֶׁלּוֹ	לוֹ	בּוֹ	עִמּוֹ	אִתּוֹ	בֵּינוֹ	בִּשְׁבִילוֹ	אֶצְלוֹ
שֶׁלָּהּ	לָהּ	בָּהּ	עִמָּהּ	אִתָּהּ	בֵּינָהּ	בִּשְׁבִילָהּ	אֶצְלָהּ
שֶׁלָּנוּ	לָנוּ	בָּנוּ	עִמָּנוּ	אִתָּנוּ		בִּשְׁבִילֵנוּ	אֶצְלֵנוּ
שֶׁלָּכֶם/כֶן	לָכֶם/ן	בָּכֶם/ן	עִמָּכֶם/ן	אִתְּכֶם/ן		בִּשְׁבִילְכֶם/ן	אֶצְלְכֶם/ן
שֶׁלָּהֶם/ן	לָהֶם/ן	בָּהֶם/ן	עִמָּהֶם/ן	אִתָּם/ן		בִּשְׁבִילָם/ן	אֶצְלָם/ן
			עִמָּם/ן				

Prepositions declined like plural nouns

אֶל	עַל	לִפְנֵי	אַחֲרֵי	תַּחַת	בֵּין*
אֵלַי	עָלַי	לְפָנַי	אַחֲרַי	תַּחְתַּי	
אֵלֶיךָ	עָלֶיךָ	לְפָנֶיךָ	אַחֲרֶיךָ	תַּחְתֶּיךָ	
אֵלַיִךְ	עָלַיִךְ	לְפָנַיִךְ	אַחֲרַיִךְ	תַּחְתַּיִךְ	
אֵלָיו	עָלָיו	לְפָנָיו	אַחֲרָיו	תַּחְתָּיו	
אֵלֶיהָ	עָלֶיהָ	לְפָנֶיהָ	אַחֲרֶיהָ	תַּחְתֶּיהָ	
אֵלֵינוּ	עָלֵינוּ	לְפָנֵינוּ	אַחֲרֵינוּ	תַּחְתֵּינוּ	בֵּינֵינוּ
אֲלֵיכֶם/ן	עֲלֵיכֶם/ן	לִפְנֵיכֶם/ן	אַחֲרֵיכֶם/ן	תַּחְתֵּיכֶם/ן	בֵּינֵיכֶם/כֶן
אֲלֵיהֶם/ן	עֲלֵיהֶם/ן	לִפְנֵיהֶם/ן	אַחֲרֵיהֶם/ן	תַּחְתֵּיהֶם/ן	בֵּינֵיהֶם/הֶן

* בֵּין is declined as a plural noun only in the plural.

The direct object pronoun

אֶת
אוֹתִי
אוֹתְךָ
אוֹתָךְ
אוֹתוֹ
אוֹתָהּ
אוֹתָנוּ
אֶתְכֶם/ן
אוֹתָם/ן

Frequently used prepositions

מִן	כְּמוֹ
מִמֶּנִּי	כָּמוֹנִי
מִמְּךָ	כָּמוֹךָ
מִמֵּךְ	כָּמוֹךְ
מִמֶּנּוּ	כָּמוֹהוּ
מִמֶּנָּה	כָּמוֹהָ
מִמֶּנּוּ	כָּמוֹנוּ
מִכֶּם/ן	כְּמוֹכֶם/ן
מֵהֶם/ן	כְּמוֹהֶם/ן

Comparative and Superlative Forms

גָּבֹהַּ	הָעֵץ גָּבֹהַּ.
יוֹתֵר גָּבֹהַּ מ...	הָעֵץ הַזֶּה יוֹתֵר גָּבֹהַּ מֵהָעֵץ הַהוּא.
גָּבֹהַּ יוֹתֵר מ...	הָעֵץ הַזֶּה גָּבֹהַּ יוֹתֵר מֵהָעֵץ הַהוּא.
הַגָּבֹהַּ ב...	הָעֵץ הַזֶּה הַגָּבֹהַּ בַּגַּן.
הַגָּבֹהַּ בְּיוֹתֵר ב...	הָעֵץ הַגָּבֹהַּ בְּיוֹתֵר בַּגַּן.
הַיּוֹתֵר גָּבֹהַּ ב...	הָעֵץ הַזֶּה הַיּוֹתֵר גָּבֹהַּ בַּגַּן.
הֲכִי גָּבֹהַּ ב...	הָעֵץ הַזֶּה הֲכִי גָּבֹהַּ בַּגַּן.

Gerunds   שֵׁם הַפְּעוּלָה

Nouns derived from בִּנְיָן קַל verbs   ◻ְ◻ִי◻ָה
כְּתִיבָה   כְּתִיבוֹת

Nouns derived from בִּנְיָן פִּעֵל verbs   ◻ִ◻וּ◻
סִפּוּר   סִפּוּרִים

Nouns derived from בִּנְיָן הִתְפַּעֵל verbs   הִתְ◻ַ◻ְ◻וּת
הִתְכַּתְּבוּת   הִתְכַּתְּבוּיוֹת

Nouns derived from בִּנְיָן הִפְעִיל verbs   הַ◻ְ◻ָ◻ָה
הַזְמָנָה   הַזְמָנוֹת

Dual-Plural,   רִבּוּי־זוּגִי

◻ַ◻יִם

שְׁעָתַיִם	2 שָׁעוֹת
יוֹמַיִם	2 יָמִים
שְׁבוּעַיִם	2 שָׁבוּעוֹת
חָדְשַׁיִם	2 חֳדָשִׁים
שְׁנָתַיִם	2 שָׁנִים
פַּעֲמַיִם	2 פְּעָמִים
מָאתַיִם	2 מֵאוֹת
אַלְפַּיִם	2 אֲלָפִים

Stative Verbs

עָיֵף	שָׁמֵן
עֲיֵפָה	שְׁמֵנָה
עֲיֵפִים	שְׁמֵנִים
עֲיֵפוֹת	שְׁמֵנוֹת

Adjectives Derived from Verbs   פָּעוּל, בִּנְיָן קַל

| ◻ְ◻וּ◻וֹת | ◻ְ◻וּ◻ִים | ◻ְ◻וּ◻ָה | ◻ָ◻וּ◻ |
| כְּתוּבוֹת | כְּתוּבִים | כְּתוּבָה | כָּתוּב |

Verb Paradigms

פָּעַל – קַל

	שְׁלֵמִים		ע׳ גְרוֹנִית*	ל׳ גְרוֹנִית*	פ״י
הֹוֶה	שׁוֹמֵר	כּוֹתֵב	כּוֹעֵס	שׁוֹמֵעַ	יוֹשֵׁב
	שׁוֹמֶרֶת	כּוֹתֶבֶת	כּוֹעֶסֶת	שׁוֹמַעַת	יוֹשֶׁבֶת
	שׁוֹמְרִים	כּוֹתְבִים	כּוֹעֲסִים	שׁוֹמְעִים	יוֹשְׁבִים
	שׁוֹמְרוֹת	כּוֹתְבוֹת	כּוֹעֲסוֹת	שׁוֹמְעוֹת	יוֹשְׁבוֹת
עָבָר	שָׁמַרְתִּי	כָּתַבְתִּי	כָּעַסְתִּי	שָׁמַעְתִּי	יָשַׁבְתִּי
	שָׁמַרְתָּ	כָּתַבְתָּ	כָּעַסְתָּ	שָׁמַעְתָּ	יָשַׁבְתָּ
	שָׁמַרְתְּ	כָּתַבְתְּ	כָּעַסְתְּ	שָׁמַעַתְּ	יָשַׁבְתְּ
	שָׁמַר	כָּתַב	כָּעַס	שָׁמַע	יָשַׁב
	שָׁמְרָה	כָּתְבָה	כָּעֲסָה	שָׁמְעָה	יָשְׁבָה
	שָׁמַרְנוּ	כָּתַבְנוּ	כָּעַסְנוּ	שָׁמַעְנוּ	יָשַׁבְנוּ
	שְׁמַרְתֶּם	כְּתַבְתֶּם	כְּעַסְתֶּם	שְׁמַעְתֶּם	יְשַׁבְתֶּם
	שְׁמַרְתֶּן	כְּתַבְתֶּן	כְּעַסְתֶּן	שְׁמַעְתֶּן	יְשַׁבְתֶּן
	שָׁמְרוּ	כָּתְבוּ	כָּעֲסוּ	שָׁמְעוּ	יָשְׁבוּ
עָתִיד	אֶשְׁמֹר	אֶכְתֹּב	אֶכְעַס	אֶשְׁמַע	אֵשֵׁב
	תִּשְׁמֹר	תִּכְתֹּב	תִּכְעַס	תִּשְׁמַע	תֵּשֵׁב
	תִּשְׁמְרִי	תִּכְתְּבִי	תִּכְעֲסִי	תִּשְׁמְעִי	תֵּשְׁבִי
	יִשְׁמֹר	יִכְתֹּב	יִכְעַס	יִשְׁמַע	יֵשֵׁב
	תִּשְׁמֹר	תִּכְתֹּב	תִּכְעַס	תִּשְׁמַע	תֵּשֵׁב
	נִשְׁמֹר	נִכְתֹּב	נִכְעַס	נִשְׁמַע	נֵשֵׁב
	תִּשְׁמְרוּ	תִּכְתְּבוּ	תִּכְעֲסוּ	תִּשְׁמְעוּ	תֵּשְׁבוּ
	יִשְׁמְרוּ	יִכְתְּבוּ	יִכְעֲסוּ	יִשְׁמְעוּ	יֵשְׁבוּ
שֵׁם הַפֹּעַל	לִשְׁמֹר	לִכְתֹּב	לִכְעֹס	לִשְׁמֹעַ	לָשֶׁבֶת
שֵׁם הַפְּעוּלָּה	שְׁמִירָה	כְּתִיבָה		שְׁמִיעָה	יְשִׁיבָה

---

* גְרוֹנִית means *gutteral*, i.e. ח, ע.

פָּעַל – קַל

	פ"י-ל' גְרוֹנִית	ל' גְרוֹנִית	פ"נ	פ"נ-ל' גְרוֹנִית	**Irregular**	
הֹוֶה	יוֹצֵא	יוֹדֵעַ	נוֹפֵל	נוֹסֵעַ	נוֹתֵן	יָכוֹל
	יוֹצֵאת	יוֹדַעַת	נוֹפֶלֶת	נוֹסַעַת	נוֹתֶנֶת	יְכוֹלָה
	יוֹצְאִים	יוֹדְעִים	נוֹפְלִים	נוֹסְעִים	נוֹתְנִים	יְכוֹלִים
	יוֹצְאוֹת	יוֹדְעוֹת	נוֹפְלוֹת	נוֹסְעוֹת	נוֹתְנוֹת	יְכוֹלוֹת
עָבָר	יָצָאתִי	יָדַעְתִּי	נָפַלְתִּי	נָסַעְתִּי	נָתַתִּי	יָכֹלְתִּי
	יָצָאתָ	יָדַעְתָּ	נָפַלְתָּ	נָסַעְתָּ	נָתַתָּ	יָכֹלְתָּ
	יָצָאתְ	יָדַעַתְּ	נָפַלְתְּ	נָסַעַתְּ	נָתַתְּ	יָכֹלְתְּ
	יָצָא	יָדַע	נָפַל	נָסַע	נָתַן	יָכֹל
	יָצְאָה	יָדְעָה	נָפְלָה	נָסְעָה	נָתְנָה	יָכְלָה
	יָצָאנוּ	יָדַעְנוּ	נָפַלְנוּ	נָסַעְנוּ	נָתַנּוּ	יָכֹלְנוּ
	יְצָאתֶם	יְדַעְתֶּם	נְפַלְתֶּם	נְסַעְתֶּם	נְתַתֶּם	יְכָלְתֶּם
	יְצָאתֶן	יְדַעְתֶּן	נְפַלְתֶּן	נְסַעְתֶּן	נְתַתֶּן	יְכָלְתֶּן
	יָצְאוּ	יָדְעוּ	נָפְלוּ	נָסְעוּ	נָתְנוּ	יָכְלוּ
עָתִיד	אֵצֵא	אֵדַע	אֶפֹּל	אֶסַּע	אֶתֵּן	אוּכַל
	תֵּצֵא	תֵּדַע	תִּפֹּל	תִּסַּע	תִּתֵּן	תּוּכַל
	תֵּצְאִי	תֵּדְעִי	תִּפְּלִי	תִּסְּעִי	תִּתְּנִי	תּוּכְלִי
	יֵצֵא	יֵדַע	יִפֹּל	יִסַּע	יִתֵּן	יוּכַל
	תֵּצֵא	תֵּדַע	תִּפֹּל	תִּסַּע	תִּתֵּן	תּוּכַל
	נֵצֵא	נֵדַע	נִפֹּל	נִסַּע	נִתֵּן	נוּכַל
	תֵּצְאוּ	תֵּדְעוּ	תִּפְּלוּ	תִּסְּעוּ	תִּתְּנוּ	תּוּכְלוּ
	יֵצְאוּ	יֵדְעוּ	יִפְּלוּ	יִסְּעוּ	יִתְּנוּ	יוּכְלוּ
שֵׁם הַפֹּעַל	לָצֵאת	לָדַעַת	לִנְפֹּל/לִפֹּל	לִנְסֹעַ	לָתֵת	
שֵׁם הַפְּעוּלָה	יְצִיאָה	יְדִיעָה	נְפִילָה	נְסִיעָה	נְתִינָה	

Verb Paradigms

פ״א	ל״א	ל״ה	ל״ה	ע״ו	ע״י	ע״ו–ל״א
אוֹכֵל	קוֹרֵא	קוֹנֶה	בּוֹכֶה	קָם	שָׁר	בָּא
אוֹכֶלֶת	קוֹרֵאת	קוֹנָה	בּוֹכָה	קָמָה	שָׁרָה	בָּאָה
אוֹכְלִים	קוֹרְאִים	קוֹנִים	בּוֹכִים	קָמִים	שָׁרִים	בָּאִים
אוֹכְלוֹת	קוֹרְאוֹת	קוֹנוֹת	בּוֹכוֹת	קָמוֹת	שָׁרוֹת	בָּאוֹת

אָכַלְתִּי	קָרָאתִי	קָנִיתִי	בָּכִיתִי	קַמְתִּי	שַׁרְתִּי	בָּאתִי
אָכַלְתָּ	קָרָאתָ	קָנִיתָ	בָּכִיתָ	קַמְתָּ	שַׁרְתָּ	בָּאתָ
אָכַלְתְּ	קָרָאת	קָנִית	בָּכִית	קַמְתְּ	שַׁרְתְּ	בָּאת
אָכַל	קָרָא	קָנָה	בָּכָה	קָם	שָׁר	בָּא
אָכְלָה	קָרְאָה	קָנְתָה	בָּכְתָה	קָמָה	שָׁרָה	בָּאָה
אָכַלְנוּ	קָרָאנוּ	קָנִינוּ	בָּכִינוּ	קַמְנוּ	שַׁרְנוּ	בָּאנוּ
אֲכַלְתֶּם	קְרָאתֶם	קְנִיתֶם	בְּכִיתֶם	קַמְתֶּם	שַׁרְתֶּם	בָּאתֶם
אֲכַלְתֶּן	קְרָאתֶן	קְנִיתֶן	בְּכִיתֶן	קַמְתֶּן	שַׁרְתֶּן	בָּאתֶן
אָכְלוּ	קָרְאוּ	קָנוּ	בָּכוּ	קָמוּ	שָׁרוּ	בָּאוּ

אֹכַל	אֶקְרָא	אֶקְנֶה	אֶבְכֶּה	אָקוּם	אָשִׁיר	אָבוֹא
תֹּאכַל	תִּקְרָא	תִּקְנֶה	תִּבְכֶּה	תָּקוּם	תָּשִׁיר	תָּבוֹא
תֹּאכְלִי	תִּקְרְאִי	תִּקְנִי	תִּבְכִּי	תָּקוּמִי	תָּשִׁירִי	תָּבוֹאִי
יֹאכַל	יִקְרָא	יִקְנֶה	יִבְכֶּה	יָקוּם	יָשִׁיר	יָבוֹא
תֹּאכַל	תִּקְרָא	תִּקְנֶה	תִּבְכֶּה	תָּקוּם	תָּשִׁיר	תָּבוֹא
נֹאכַל	נִקְרָא	נִקְנֶה	נִבְכֶּה	נָקוּם	נָשִׁיר	נָבוֹא
תֹּאכְלוּ	תִּקְרְאוּ	תִּקְנוּ	תִּבְכּוּ	תָּקוּמוּ	תָּשִׁירוּ	תָּבוֹאוּ
יֹאכְלוּ	יִקְרְאוּ	יִקְנוּ	יִבְכּוּ	יָקוּמוּ	יָשִׁירוּ	יָבוֹאוּ

לֶאֱכֹל	לִקְרֹא	לִקְנוֹת	לִבְכּוֹת	לָקוּם	לָשִׁיר	לָבוֹא
אֲכִילָה	קְרִיאָה	קְנִיָּה	בְּכִיָּה		שִׁירָה	

	פִּעֵל	הִתְפַּעֵל		
	שְׁלֵמִים	שְׁלֵמִים	ל׳ גְּרוֹנִית	ע״ו
הֹוֶה	מְסַפֵּר	מִתְלַבֵּשׁ	מִשְׁתַּגֵּעַ	מִתְעוֹרֵר
	מְסַפֶּרֶת	מִתְלַבֶּשֶׁת	מִשְׁתַּגַּעַת	מִתְעוֹרֶרֶת
	מְסַפְּרִים	מִתְלַבְּשִׁים	מִשְׁתַּגְּעִים	מִתְעוֹרְרִים
	מְסַפְּרוֹת	מִתְלַבְּשׁוֹת	מִשְׁתַּגְּעוֹת	מִתְעוֹרְרוֹת
עָבָר	סִפַּרְתִּי	הִתְלַבַּשְׁתִּי	הִשְׁתַּגַּעְתִּי	הִתְעוֹרַרְתִּי
	סִפַּרְתָּ	הִתְלַבַּשְׁתָּ	הִשְׁתַּגַּעְתָּ	הִתְעוֹרַרְתָּ
	סִפַּרְתְּ	הִתְלַבַּשְׁתְּ	הִשְׁתַּגַּעַתְּ	הִתְעוֹרַרְתְּ
	סִפֵּר	הִתְלַבֵּשׁ	הִשְׁתַּגֵּעַ	הִתְעוֹרֵר
	סִפְּרָה	הִתְלַבְּשָׁה	הִשְׁתַּגְּעָה	הִתְעוֹרְרָה
	סִפַּרְנוּ	הִתְלַבַּשְׁנוּ	הִשְׁתַּגַּעְנוּ	הִתְעוֹרַרְנוּ
	סִפַּרְתֶּם	הִתְלַבַּשְׁתֶּם	הִשְׁתַּגַּעְתֶּם	הִתְעוֹרַרְתֶּם
	סִפַּרְתֶּן	הִתְלַבַּשְׁתֶּן	הִשְׁתַּגַּעְתֶּן	הִתְעוֹרַרְתֶּן
	סִפְּרוּ	הִתְלַבְּשׁוּ	הִשְׁתַּגְּעוּ	הִתְעוֹרְרוּ
עָתִיד	אֲסַפֵּר	אֶתְלַבֵּשׁ	אֶשְׁתַּגֵּעַ	אֶתְעוֹרֵר
	תְּסַפֵּר	תִּתְלַבֵּשׁ	תִּשְׁתַּגֵּעַ	תִּתְעוֹרֵר
	תְּסַפְּרִי	תִּתְלַבְּשִׁי	תִּשְׁתַּגְּעִי	תִּתְעוֹרְרִי
	יְסַפֵּר	יִתְלַבֵּשׁ	יִשְׁתַּגֵּעַ	יִתְעוֹרֵר
	תְּסַפֵּר	תִּתְלַבֵּשׁ	תִּשְׁתַּגֵּעַ	תִּתְעוֹרֵר
	נְסַפֵּר	נִתְלַבֵּשׁ	נִשְׁתַּגֵּעַ	נִתְעוֹרֵר
	תְּסַפְּרוּ	תִּתְלַבְּשׁוּ	תִּשְׁתַּגְּעוּ	תִּתְעוֹרְרוּ
	יְסַפְּרוּ	יִתְלַבְּשׁוּ	יִשְׁתַּגְּעוּ	יִתְעוֹרְרוּ
שֵׁם הַפֹּעַל	לְסַפֵּר	לְהִתְלַבֵּשׁ	לְהִשְׁתַּגֵּעַ	לְהִתְעוֹרֵר
שֵׁם הַפְּעוּלָּה	סִפּוּר	הִתְלַבְּשׁוּת		הִתְעוֹרְרוּת

Verb Paradigms הִפְעִיל

ע"ו-ע"י	ל' גְּרוֹנִית	שְׁלֵמִים	מְרֻבָּעִים	ל"א
מֵבִין	מַשְׁפִּיעַ	מַדְלִיק	מִתְגַּלְגֵּל	מִתְמַלֵּא
מְבִינָה	מַשְׁפִּיעָה	מַדְלִיקָה	מִתְגַּלְגֶּלֶת	מִתְמַלֵּאת
מְבִינִים	מַשְׁפִּיעִים	מַדְלִיקִים	מִתְגַּלְגְּלִים	מִתְמַלְּאִים
מְבִינוֹת	מַשְׁפִּיעוֹת	מַדְלִיקוֹת	מִתְגַּלְגְּלוֹת	מִתְמַלְּאוֹת
הֵבַנְתִּי	הִשְׁפַּעְתִּי	הִדְלַקְתִּי	הִתְגַּלְגַּלְתִּי	הִתְמַלֵּאתִי
הֵבַנְתָּ	הִשְׁפַּעְתָּ	הִדְלַקְתָּ	הִתְגַּלְגַּלְתָּ	הִתְמַלֵּאתָ
הֵבַנְתְּ	הִשְׁפַּעַתְּ	הִדְלַקְתְּ	הִתְגַּלְגַּלְתְּ	הִתְמַלֵּאת
הֵבִין	הִשְׁפִּיעַ	הִדְלִיק	הִתְגַּלְגֵּל	הִתְמַלֵּא
הֵבִינָה	הִשְׁפִּיעָה	הִדְלִיקָה	הִתְגַּלְגְּלָה	הִתְמַלְּאָה
הֵבַנּוּ	הִשְׁפַּעְנוּ	הִדְלַקְנוּ	הִתְגַּלְגַּלְנוּ	הִתְמַלֵּאנוּ
הֲבַנְתֶּם	הִשְׁפַּעְתֶּם	הִדְלַקְתֶּם	הִתְגַּלְגַּלְתֶּם	הִתְמַלֵּאתֶם
הֲבַנְתֶּן	הִשְׁפַּעְתֶּן	הִדְלַקְתֶּן	הִתְגַּלְגַּלְתֶּן	הִתְמַלֵּאתֶן
הֵבִינוּ	הִשְׁפִּיעוּ	הִדְלִיקוּ	הִתְגַּלְגְּלוּ	הִתְמַלְּאוּ
אָבִין	אַשְׁפִּיעַ	אַדְלִיק	אֶתְגַּלְגֵּל	אֶתְמַלֵּא
תָּבִין	תַּשְׁפִּיעַ	תַּדְלִיק	תִּתְגַּלְגֵּל	תִּתְמַלֵּא
תָּבִינִי	תַּשְׁפִּיעִי	תַּדְלִיקִי	תִּתְגַּלְגְּלִי	תִּתְמַלְּאִי
יָבִין	יַשְׁפִּיעַ	יַדְלִיק	יִתְגַּלְגֵּל	יִתְמַלֵּא
תָּבִין	תַּשְׁפִּיעַ	תַּדְלִיק	תִּתְגַּלְגֵּל	תִּתְמַלֵּא
נָבִין	נַשְׁפִּיעַ	נַדְלִיק	נִתְגַּלְגֵּל	נִתְמַלֵּא
תָּבִינוּ	תַּשְׁפִּיעוּ	תַּדְלִיקוּ	תִּתְגַּלְגְּלוּ	תִּתְמַלְּאוּ
יָבִינוּ	יַשְׁפִּיעוּ	יַדְלִיקוּ	יִתְגַּלְגְּלוּ	יִתְמַלְּאוּ
לְהָבִין	לְהַשְׁפִּיעַ	לְהַדְלִיק	לְהִתְגַּלְגֵּל	לְהִתְמַלֵּא
הֲבָנָה	הַשְׁפָּעָה	הַדְלָקָה	הִתְגַּלְגְּלוּת	הִתְמַלְּאוּת

Verb Paradigms

נִפְעַל

שְׁלֵמִים

הֹוֶה	נִכְנָס
	נִכְנֶסֶת
	נִכְנָסִים
	נִכְנָסוֹת

עָבָר	נִכְנַסְתִּי
	נִכְנַסְתָּ
	נִכְנַסְתְּ
	נִכְנַס
	נִכְנְסָה
	נִכְנַסְנוּ
	נִכְנַסְתֶּם
	נִכְנַסְתֶּן
	נִכְנְסוּ

עָתִיד	אֶכָּנֵס
	תִּכָּנֵס
	תִּכָּנְסִי
	יִכָּנֵס
	תִּכָּנֵס
	נִכָּנֵס
	תִּכָּנְסוּ
	יִכָּנְסוּ

שֵׁם הַפֹּעַל	לְהִכָּנֵס

מִלּוֹן

Cumulative Vocabulary Level 1 and 2

It is assumed that the student has already mastered the following Hebrew vocabulary before beginning this text. The following words, therefore, do not appear in the vocabulary lists of each unit, but are used in the reading selections and exercises.

Nouns are listed in their singular form; **adjectives** in their masculine singular form.

Verbs appear in the base form (past tense, third person masculine singular).

A number of verbs appear in the infinitive form — לִרְאוֹת, לָלֶכֶת.

A number of verbs appear in the command form — שֵׁב, שְׁבִי, שְׁבוּ.

א

אָב, אַבָּא	father
אָבִיב	spring
אֲבָל	but
אֶבֶן, אֲבָנִים	stone, stones
אָדוֹן	sir, Mr., master
אֲדוֹנִי	sir
אָדָם	Adam, man
אָדֹם	red
אָהַב	liked, loved
אַהֲבָה	love (noun)
אֹהֶל	tent
אוֹ	or
אוּלַי	maybe
אוֹר	light
אוֹתוֹ	him
אֹזֶן, אָזְנַיִם	ear (f.)
אָח	brother
אֶחָד, אַחַת	one (m., f.)
אַחַד־עָשָׂר, אַחַת־עֶשְׂרֵה	eleven (m., f.)
אָחוֹת	sister
אָחַז בּ...	held
אַחֵר	another
אַחֲרֵי	after
אַחַר־כָּךְ	afterwards

אֵיךְ	how
אֵין	there is no, none
אֵין דָּבָר	it's nothing
אֵיפֹה	where
אִישׁ	man
אָכַל	ate
אֹכֶל	food
אֶל	to
אֵלֶּה	these
אֱלֹהִים	God
אֵלֵינוּ	to us
אֵלֵךְ	I will go
אָלֶף־בֵּית	alphabet
אִם	if
אֵם, אִמָּא	mother
אָמַר	said
אֱמֶת	truth
אֲנַחְנוּ	we
אֲנִי	I
אֲנָשִׁים	people
אָסוּר	forbidden
אֲפִילוּ	even
אֶפֶס	zero
אַרְבָּעָה, אַרְבַּע	four (m., f.)
אַרְבָּעָה־עָשָׂר, אַרְבַּע־עֶשְׂרֵה	fourteen (m., f.)
אֲרוּחַת־צָהֳרַיִם	lunch
אָרוֹן	closet, cabinet
אָרֹךְ	long
אֶרֶץ	ground, land
אֶרֶץ־יִשְׂרָאֵל	Land of Israel
אֵשׁ	fire
אִשָּׁה	woman
אַתָּה, אַתְּ	you (m.s., f.s.)
אַתֶּם, אַתֶּן	you (m.pl., f.pl.)
אֶתְמוֹל	yesterday

ב

ב...	in, on, at, by, with
בָּא	came, comes
בֶּאֱמֶת	really, truly
בְּבַקָּשָׁה	please
בֶּגֶד	clothing
בְּדִיחָה	joke
בַּדֶּרֶךְ	on the way
בָּהּ, בּוֹ	in her, in him
בָּהֶם, בָּהֶן	in them (m., f.)
בְּוַדַּאי	certainly
בְּזוֹל	cheaply
בַּחוּץ	outside
בָּחוּר, בַּחוּרָה	teenager
בְּחִינָה	test (noun)
בְּחִירָה	choice
בֶּטַח	certainly
בִּי	in me
בְּיָדָיו	in his hands
בֵּין	between, among
בֵּינֵיהֶם	between them (among)
בַּיִת	house
בֵּית־הַמִּקְדָּשׁ	the Temple (biblical)
בֵּית־כְּנֶסֶת	synagogue
בֵּית־מִדְרָשׁ	house of study
בֵּית־סֵפֶר	school
בְּךָ, בָּךְ	in you (m.s., f.s.)
בָּכָה	cried
בְּכָל מָקוֹם	everywhere
בְּכַעַס	angrily
בְּלַחַשׁ	in a whisper
בְּלִי	without
בֵּן	son
בֶּן־דּוֹד	cousin
בָּנָה	built
בָּנוּ	in us
בַּנָּנָה	banana
בְּסֵדֶר	O.K. (in order)
בְּעוֹד חֹדֶשׁ	in a month
בַּעַל הַבַּיִת	host, landlord
בָּעַר	burnt (intransitive)
בְּקוֹל	loudly
בִּקּוּר	visit (noun)
בִּקֵּר	visited
בֹּקֶר	morning
בִּקֵּשׁ	asked, requested
בַּקָּשָׁה	request (noun)
בָּרָא	created
בָּרֶגֶל	on foot
בָּרוּךְ הַבָּא	welcome!
בָּרוּךְ הַשֵּׁם	thank God!
בָּרַח מ...	fled from
בֵּרֵךְ	blessed
בְּרָכָה	blessing

בַּר־מִצְוָה, בַּת־מִצְוָה	Bar/Bat-Mitzvah
בִּשֵּׁל	cooked
בְּשָׂמִים	spices, perfumes
בָּשָׂר	meat

ג

גַּבַּאי	gabbai
גָּבֹהַּ	high, tall
גְּבִינָה	cheese
גְּבֶרֶת	Mrs., lady, Ms.
גַּג	roof
גָּדוֹל	big, large
גָּדַל	grew
גִּדֵּל	brought up, raised
גּוֹרָל	fate
גִּיר	chalk
גָּלוּת	diaspora, exile
גְּלִידָה	ice-cream
גַּם	also
גָּמָל	camel
גָּמַר	finished
גַּן	garden
גַּן־עֵדֶן	Garden of Eden, paradise
גָּנַב	stole
גָּר	lived, resided
גֶּשֶׁם	rain

ד

דָּאַג ל...	worried
דִּבּוּר	speech, act of speaking
דִּבֵּר	spoke
דָּבָר	thing
דָּג	fish
דּוֹד, דּוֹדָה	uncle, aunt
דָּחַף	pushed
דִּירָה	apartment
דֶּלֶת	door
דָּן	judged
דַּקָּה	minute
דְּרִישַׁת־שָׁלוֹם	regards, greetings
דֶּרֶךְ	road, way

ה

הֵבִיא	brought
הֵבִין	understood
הַבַּיְתָה	home, homewards
הִגִּיעַ	arrived
הוּא, הִיא	he, she
הוֹצִיא	took out
הוֹרִיד	lowered
הוֹרִים	parents
הִזְמִין	invited, ordered
הַזְמָנָה	invitation
הַחוּצָה	outside
הֶחְזִיק	held
הֶחְזִיר	returned, gave back
הַחְלָטָה	decision
הֶחְלִיט	decided
הָיָה, הָיְתָה	was (m., f.)
הָיָה ל..., הָיְתָה ל...	became (m.s., f.s.)
הַיּוֹם	today
הַכֹּל	everything
הַכֹּל בְּסֵדֶר	everything's fine!
הִכְנִיס	brought in
הִכְתִּיב	dictated
הַלְוַאי	I only wish that
הָלַךְ	went, walked
הֵם, הֵן	they (m., f.)
הִנֵּה	here is
הִסְתַּכֵּל בּ...	looked at
הַצָּגָה	performance
הִצִּיל	saved
הַצָּלָה	saving, rescue
הַצְלָחָה	success
הִצְלִיחַ	succeeded
הַר	mountain
הַרְבֵּה	much, many
הָרַג	killed
הִשְׁאִיר	left (something)
הִשְׁתַּגֵּעַ	became crazy
הִתְחִיל	began
הִתְכַּתֵּב	corresponded
הִתְעַטֵּף בּ...	wrapped himself in

ו

...וְ	and
וָרֹד	pink

ז

זֶה, זֹאת	this (m., f.)
זָהָב	gold
זוֹל	cheap
זָז	moved
זָכַר	remembered
זְמַן	time
זָנָב	tail
זָקֵן	old, old man
זָרַק	threw

ח

חִבּוּר	composition
חֲבִילָה	package, bundle
חֶבֶל	rope
חָבֵר, חֲבֵרָה	friend (m., f.)
חַג	holiday
חֶדֶר	room
חָדָשׁ	new
חֹדֶשׁ, חֳדָשִׁים	month(s)
חַוָּה	Eve
חוֹלֶה	sick
חוּלְצָה	shirt, blouse
חוּם	brown
חַזָּן	cantor
חָזָק	strong
חָזַר	returned
חִטָּה	wheat
חַי	alive, living
חַיָּה	animal
חַיִּים	life
חַיָּל	soldier
חִכָּה	waited
חָכָם	smart, wise
חָכְמָה	wisdom
חָלָב	milk
חַלָּה	challah
חֲלוֹם, חֲלוֹמוֹת	dream(s) (m.)
חַלּוֹן, חַלּוֹנוֹת	window(s) (m.)
חָלַם	dreamt
חִלֵּק	divided
חֵלֶק	portion, part
חַם	warm
חַם לִי	I'm hot
חֶמְאָה	butter
חֲמוֹר	donkey
חֲמִשָּׁה, חָמֵשׁ	five (m., f.)
חֲמִשָּׁה־עָשָׂר, חֲמֵשׁ־עֶשְׂרֵה	fifteen (m., f.)
חֲמִשִּׁים	fifty
חֲנוּת	store
חֲנֻכָּה	Hanukkah
חִפּוּשׂ	search (noun)
חִפֵּשׂ	searched
חֲצִי	half
חֹרֶף	winter
חָשַׁב	thought
חָשׁוּב	important
חֹשֶׁךְ	darkness
חָתוּל	cat

ט

ט"ו בִּשְׁבָט	Tu B'Shvat
טוֹב	good
טוֹבָה	favor
טִיּוּל	hike, trip
טִיֵּל	went for a walk, hiked
טַלִּית	prayer shawl
טִלְפֵּן	telephoned
טָס	flew (airplane)
טַעַם	taste (noun)
טִפֵּשׁ	stupid

י

יָד	hand
יָדַע	knew
יְהוּדִי	Jew, Jewish
יוּכַל	will be able
יוֹם	day
יוֹם־כִּפּוּר	Yom Kippur
יוֹתֵר	more
יְחִידִי	singular
יִחְיֶה	will live
יַיִן	wine

יָכוֹל	able, can
יֶלֶד, יַלְדָּה	boy, girl
יַלְדוּת	childhood
יְלָדִים	children
יֵלֵךְ	will go, walk
יָם	sea
יַעֲזֹב	will leave
יָפֶה	nice, pretty
יָצָא	went out
יִקַּח	will take
יָקָר	expensive, dear
יָרַד	came down
יֵרֵד	will go down
יְרוּשָׁלַיִם	Jerusalem
יָרֵחַ	moon
יָרֹק	green
יֵשׁ	there is
יֵשׁ לִי	I have
יָשַׁב	sat
יָשֵׁן	asleep, sleeps
יִשְׂרָאֵל	Israel

כ

כְּ...	like, as
כָּאֵלֶּה	such, like these
כָּאן	here
כַּאֲשֶׁר	when
כְּבִישׁ	road
כְּבָר	already
כַּדּוּר	ball
כּוֹכָב	star
כּוֹמֶר	priest
כּוֹס, כּוֹסוֹת	glass, cup (f.)
כָּחֹל	blue
כִּי	because
כָּל, כֹּל	all
כָּל אֶחָד	everyone
כָּל־כָּךְ	so much
כָּל מִינֵי	all kinds of
כֶּלֶב	dog
כַּמָּה	how much, how many
כְּמוֹ	like, as
כֵּן	yes
כְּנֵסִיָּה	church
כִּסֵּא	chair
כֶּסֶף	money
כָּעַס	was angry
כַּעַס	anger
כִּפָּה	skullcap
כַּרְטִיס	ticket
כָּתַב	wrote
כִּתָּה	classroom
כֻּתֹּנֶת	shirt, robe
כֶּתֶר	crown

ל

לְ...	to
לֹא	no
לֶאֱכֹל	to eat
לְאָן	where (to)
לֹא נָעִים	unpleasant
לֵב	heart
לְבַד	alone
לָבָן	white
לָבַשׁ	wore
לְגָרֵשׁ	to expel, chase away
לְדַבֵּר	to speak
לָדַעַת	to know
לְהָבִיא	to bring
לִהְיוֹת	to be
לְהַכְנִיס	to bring in
לָהֶם, לָהֶן	to them (m., f.)
לַהֲרֹג	to kill
לְהִתְקַשֵּׁר	to contact
לְהִתְרָאוֹת	I'll be seeing you!
לוֹ, לָהּ	to him, to her
לוּחַ	blackboard
לֶחֶם	bread
לָחַשׁ	whispered
לִי	to me
לַיְלָה	night
לֵךְ, לְכִי, לְכוּ	go!
לְךָ, לָךְ	to you (m.s., f.s.)
לָכֶם, לָכֶן	to you (m.pl., f.pl.)
לָכֵן	therefore
לָלֶכֶת	to go
לָמַד	learned, studied
לִמּוּד	lesson, study
לִמְכֹּר	to sell
לָנוּ	to us

לִנְסֹעַ	to travel
לַעֲשׂוֹת	to do
לְפִי	according to
לִפְנֵי	before
לִפְנֵי חֹדֶשׁ	a month ago
לָקַח	took
לִקְנוֹת	to buy
לִרְאוֹת	to see
לָשֶׁבֶת	to sit
לָשׁוּב	to return
לָשׁוֹן	tongue, language
לְשַׂחֵק	to play (a game)
לָשִׂים	to put
לִשְׁלֹחַ	to send
לִשְׁמֹעַ בְּקוֹל	to obey
לִשְׁמֹר	to keep, to guard
לָתֵת	to give, permit

מ

מ...	from
מְאֹד	very
מֵאָה	hundred
מֵאָז	since then
מֵאֵת	by
מַבִּיט ב...	looks at
מֵבִין	understands
מְדַבֵּר	talks
מִדְבָּר	desert
מַדּוּעַ	why
מְדִינַת יִשְׂרָאֵל	State of Israel
מַה, מָה	what
מַה יֵּשׁ	what is the matter?
מַה פִּתְאֹם	how come?
מַה קָּרָה	what happened?
מַה שְּׁלוֹמְךָ/שְׁלוֹמֵךְ	how are you? (m., f.)
מַהֵר	quickly
מִהֵר	hurried
מוֹדֶה	thanks, acknowledges
מוּל	opposite
מוֹצָאֵי־שַׁבָּת	Saturday night
מוֹרֶה	teacher
מָוֶת	death
מְזוּזָה	mezuzah
מַזְכִּירָה	secretary
מַזָּל	luck
מַזָּל טוֹב	congratulations!
מַחְבֶּרֶת	notebook
מָחָר	tomorrow
מַחֲשָׁבָה	thought (noun)
מִטְבָּח	kitchen
מִטָּה	bed
מִי	who
מִיָּד	immediately
מַיִם	water
מִיץ	juice
מְכוֹנָה	machine
מְכוֹנִית	car
מְכוֹנַת־כְּתִיבָה	typewriter
מִכְנָסַיִם	pants
מָכַר	sold
מִכְתָּב	letter
מָלֵא	full
מַלְאָךְ	angel
מְלוּכָה	kingdom
מִלְחָמָה	war
מֶלֶךְ	king
מַלְכָּה	queen
מִמֶּנִּי	from me
מֶמְשָׁלָה	government
מִן	from
מִנְהָג	custom
מְנוֹרָה	menorah, lamp
מְסִבָּה	party
מְסֻכָּן	dangerous
מַסְפִּיק	enough
מַסְפִּיק לִי	I've had enough
מִסְפָּר	number
מְעִיל	coat
מְעַנְיֵן	interesting
מְעָרָה	cave
מַעֲשֶׂה	tale, fable, deed
מַפָּה	map, tablecloth
מָצָא	found
מַצָּה	matzah
מִצְוָה	commandment
מִצְרַיִם	Egypt
מָקוֹם	place
מְקַיֵּם	fulfill(s), keep(s) alive
מְקַשֵּׁר	connect(s)
מַר	bitter
מְשֻׁגָּע	crazy

מְשַׂחֵק	plays (a game)
מִשְׁפָּחָה	family
מִשְׁפָּט	judgment, trial
מֵת	dead, dies
מָתוֹק	sweet
מָתַי	when
מַתָּנָה	gift
מִתְפַּלְּלִים	worshippers, praying
מֻתָּר	allowed, permitted

נ

נֶאֱמָן	faithful, loyal
נִגּוּן	melody
נָהַג	drove
נֶהָג	driver
נוֹלַד	was born
נָח	rested
נֶחְמָד	delightful, charming
נְיָר	paper
נָכוֹן	correct
נִכְנַס	entered
נִכְתַּב	was written
נֵס	miracle
נָסַע	travelled
נָעִים	pleasant
נָעִים לִי	I'm pleased, comfortable
נַעֲלַיִם	shoes (f.)
נַעַר	lad
נָפַל	fell
נִפְלָא	wonderful
נֶפֶשׁ, נְפָשׁוֹת	soul(s)
נֵצֵא	we will go out
נְקוּדָה	dot, point
נֵר, נֵרוֹת	candle(s) (m.)
נָשִׁים	women
נְשִׁיקָה	kiss (noun)
נִשֵּׁק	kissed
נָתַן	gave

ס

סַבָּא, סַבְתָּא	grandfather, grandmother
סָגַר	closed
סִדּוּר	prayerbook
סִדֵּר	arranged
סוֹחֵר	merchant
סוֹף	end
סִימָן	sign
סֻכָּה	sukkah
סֻכּוֹת	Sukkot
סַכָּנָה	danger
סָלַח	forgave
סְלִיחָה	excuse me
סַנְדָּלִים	sandals
סִפּוּר	story
סִפֵּר	told
סֵפֶר	book
סִפְרִיָּה	library
סֶרֶט	film
סְתָו	autumn, fall

ע

עָבַד	worked
עֶבֶד	slave
עָבַר	passed, crossed
עִבְרִי	Hebrew (noun, adj.)
עִבְרִית	Hebrew
עֵד	witness
עַד שֶׁ...	until
עוֹד לֹא	not yet
עוֹלֶה	costs
עוֹלָם	world
עוֹנָה	season (n.)
עוֹנוֹת הַשָּׁנָה	seasons of the year
עוֹף	chicken
עֵז, עִזִּים	goat(s) (f.)
עָזַב	left
עָזַר לְ...	helped
עֵט	pen
עִיר	city
עֲיָרָה	town
עַכָּבִישׁ	spider
עַכְשָׁו	now
עַל	on, about
עָלָה	went up
עַל־יַד	next to, near
עִם	with
עָמַד	stood
עִמָּהֶם, עִמָּהֶן	with them (m., f.)
עִמּוֹ, עִמָּהּ	with him, with her

עִמִּי	with me
עִמְּךָ, עִמָּךְ	with you (m.s., f.s.)
עִמָּכֶם, עִמָּכֶן	with you (m.pl., f.pl.)
עִמָּנוּ	with us
עֲנָבִים	grapes
עָנָה	answered
עָנִי	poor (noun, adj.)
עָנָן	cloud
עָפָר	soil, dust
עִפָּרוֹן	pencil
עֵץ	tree
עָצוּב	sad
עָצַר	stopped
עֶרֶב	evening
עִתּוֹן	newspaper

פ

פָּגַשׁ	met
פֹּה	here
פֶּה	mouth
פּוּרִים	Purim
פַּחַד	fear (noun)
פָּחַד מ...	was afraid of
פָּנָה ל...	faced, turned to
פֶּסַח	Passover
פֶּסֶל	idol, statue
פַּעַם, פַּעַם אַחַת	once
פָּקִיד	official, clerk
פָּרָה	cow
פְּרִי, פֵּירוֹת	fruit
פִּתְאֹם	suddenly
פָּתוּחַ	open
פָּתַח	opened

צ

צֹאן	flocks, sheep
צָבָא	army
צֶבַע, צְבָעִים	color(s)
צַדִּיק	righteous
צָדַק	was right, correct
צְדָקָה	charity
צָהֹב	yellow
צִוָּה	commanded, ordered
צָחַק	laughed
צְלָב	cross (noun)
צָעִיר	young
צָעַק	shouted
צַר לִי	I'm sorry
צָרִיךְ	must

ק

קְבוּצָה	group
קִבֵּל	received
קָבַר	buried
קִדּוּשׁ	Kiddush
קִדֵּשׁ	sanctified
קוֹל	voice
קוֹלְנוֹעַ	movie house
קוּם, קוּמִי, קוּמוּ	stand up! get up!
קָטָן	small
קַיִץ	summer
קִיר	wall
קַל	light (weight), easy
קַל לִי	it's easy for me
קָם	got up, rose
קָנָה	bought
קָפֶה	coffee
קְפִיצָה	jump (noun)
קָפַץ	jumped
קָצָר	short
קְצָת	a little (bit)
קַר	cold
קַר לִי	I'm cold
קָרָא	read
קָרָה	happened
קָרוֹב	close, near
קָרִיר	chilly
קָרַע	tore
קָשֶׁה	difficult, hard
קָשֶׁה לִי	it's hard for me
קֶשֶׁר	contact, connection, knot
קָשַׁר	tied

ר

רָאָה	saw
רֹאשׁ	head

Rosh Hashanah	רֹאשׁ־הַשָּׁנָה
first	רִאשׁוֹן
Rabbi	רַב, רַבִּי
many, multitude	רַב, רָב
quarreled	רָב
foot, feet (f.)	רֶגֶל, רַגְלַיִם
moment	רֶגַע
sees	רוֹאֶה
spirit, wind	רוּחַ
Russia	רוּסִיָה
doctor	רוֹפֵא
wants	רוֹצֶה
street	רְחוֹב
far	רָחוֹק
smell, odor	רֵיחַ
rode	רָכַב
bad	רַע, רָע
hunger	רָעָב
noise	רַעַשׁ
ran	רָץ
wanted	רָצָה
only	רַק
danced	רָקַד
dance (n.)	רִקּוּד
list	רְשִׁימָה
evil, wicked	רָשָׁע

ש

that	שֶׁ...
asked	שָׁאַל
question	שְׁאֵלָה
returned	שָׁב
sit!	שֵׁב, שְׁבִי, שְׁבוּ
week	שָׁבוּעַ
Shavuot	שָׁבוּעוֹת
seven (m., f.)	שִׁבְעָה, שֶׁבַע
seventeen (m., f.)	שִׁבְעָה־עָשָׂר, שְׁבַע־עֶשְׂרֵה
seventy	שִׁבְעִים
broke	שָׁבַר
Sabbath	שַׁבָּת
a good Sabbath!	שַׁבָּת שָׁלוֹם
slaughterer	שׁוֹחֵט
policeman	שׁוֹטֵר
guard, watchman	שׁוֹמֵר

judge	שׁוֹפֵט
shofar	שׁוֹפָר
market	שׁוּק
line	שׁוּרָה
drinks	שׁוֹתֶה
black	שָׁחוֹר
slaughtered	שָׁחַט
lay down	שָׁכַב
forgot	שָׁכַח
belonging to, of	שֶׁל
snow	שֶׁלֶג
his, hers	שֶׁלּוֹ, שֶׁלָּה
hello, goodbye, peace	שָׁלוֹם
three (m., f.)	שְׁלוֹשָׁה, שָׁלוֹשׁ
thirteen (m., f.)	שְׁלוֹשָׁה־עָשָׂר, שְׁלוֹשׁ־עֶשְׂרֵה
thirty	שְׁלוֹשִׁים
sent	שָׁלַח
table(s) (m.)	שֻׁלְחָן, שֻׁלְחָנוֹת
mine	שֶׁלִּי
yours (m.s., f.s.)	שֶׁלְּךָ, שֶׁלָּךְ
yours (m.pl., f.pl.)	שֶׁלָּכֶם, שֶׁלָּכֶן
ours	שֶׁלָּנוּ
there	שָׁם
name, my name	שֵׁם, שְׁמִי
eight (m., f.)	שְׁמוֹנָה, שְׁמוֹנֶה
eighteen (m., f.)	שְׁמוֹנָה־עָשָׂר, שְׁמוֹנֶה־עֶשְׂרֵה
eighty	שְׁמוֹנִים
sky	שָׁמַיִם
oil	שֶׁמֶן
heard	שָׁמַע
sun	שֶׁמֶשׁ
year(s) (f.)	שָׁנָה, שָׁנִים
happy New Year!	שָׁנָה טוֹבָה
second (m., f.)	שֵׁנִי, שְׁנִיָּה
two (m., f.)	שְׁנַיִם (שְׁנֵי), שְׁתַּיִם (שְׁתֵּי)
twelve (m., f.)	שְׁנֵים־עָשָׂר, שְׁתֵּים־עֶשְׂרֵה
lesson	שִׁעוּר
judged	שָׁפַט
quiet	שָׁקֵט
sang	שָׁר
six (m., f.)	שִׁשָּׁה, שֵׁשׁ
sixteen (m., f.)	שִׁשָּׁה־עָשָׂר, שֵׁשׁ־עֶשְׂרֵה
sixty	שִׁשִּׁים
drank	שָׁתָה
was silent	שָׁתַק

שׂ

שָׂדֶה, שָׂדוֹת	field(s) (m.)
שִׂחֵק	played
שִׂיחָה	conversation
שָׂם	put
שָׂמֵחַ	happy
שִׂמְחָה	happiness, joy
שִׂמְלָה	dress (noun)
שָׂנָא	hated
שֵׂעָר, שְׂעָרוֹת	hair (m.)
שָׂר	officer, minister
שָׂרַף	burned

ת

תֵּה	tea
תּוֹדָה	thank you
תּוֹר	line, turn
תּוֹרָה	Torah
תַּחַת	under
תִּינוֹק	baby
תַּיָּר	tourist
תֵּכֶף	immediately
תַּלְמִיד	student
תֵּן, תְּנִי, תְּנוּ	give!
תַּפּוּז	orange
תַּפּוּחַ	apple
תַּפּוּחַ־אֲדָמָה	potato
תְּפִלָּה	prayer
תָּפַס	caught, grabbed
תִּקְוָה	hope (noun)
תִּקֵּן	fixed, corrected
תִּשְׁעָה, תֵּשַׁע	nine (m., f.)
תִּשְׁעָה־עָשָׂר, תְּשַׁע־עֶשְׂרֵה	nineteen (m., f.)
תִּשְׁעִים	ninety

מִלּוֹן

Here is a list of all the words learned in Units 1–12. Most of the words are from the מִלּוֹן section that follows each reading selection. Others have been introduced in the grammar explanations or in the exercises.

The number alongside the word indicates the unit where it first appears.
Nouns are listed in their singular form; **adjectives** in their masculine singular form.

Verbs generally appear in the past tense, third person masculine singular. Some irregular verbs appear in the future, third person masculine singular. If a verb appears in a reading selection in the infinitive — לְהִתְוַכֵּחַ, לִנְגֹּעַ — it will appear here in that form.

א

7	guest	אוֹרֵחַ, אוֹרַחַת
3	sign, letter (of alphabet)	אוֹת, אוֹתִיּוֹת
4	island	אִי
2	there is no more	אֵין עוֹד
6	is not worth anything	אֵינוֹ שָׁוֶה כְּלוּם
2	husband	אִישׁ
7	mute	אִלֵּם, אִלֶּמֶת
11	widow	אַלְמָנָה
5	two thousand	אַלְפַּיִם
12	faith	אֱמוּנָה

11	middle	אֶמְצַע
6	boat, ship	אֳנִיָּה
1	tragedy, disaster	אָסוֹן
9	collected	אָסַף
12	forbade	אָסַר
6	nose	אַף
5	never	אַף פַּעַם לֹא
2	near, beside, at, with, in the possession of	אֵצֶל
7	clothes closet	אֲרוֹן־בְּגָדִים
4	rice	אֹרֶז
8	happiness	אֹשֶׁר

ב

בִּגְלַל	1	because of
בַּד	12	cloth
בְּדִיּוּק	1	exactly
בְּדֶרֶךְ כְּלָל	7	in general
בְּוַדַּאי	5	certainly
בּוּל	4	on target
בָּטוּחַ	12	safe, secure, sure
בֶּטֶן	4	stomach
בְּיַחַד	5	all together
בֵּית־לֶחֶם	2	Bethlehem
בֵּית־קְבָרוֹת	9	cemetery
בָּמָה	7	stage, platform
בִּמְקוֹם	4	instead of
בְּמִקְרֶה	2	by chance, accidentally
בְּמִקְרֶה שֶׁ	2	in case of
בֶּן־אָדָם, בְּנֵי אָדָם	3	human being(s)
בִּנְיָן	12	building
בְּעַד	1	for
בַּעַל	11	husband, owner
בְּעִקָּר	5	especially
בְּקוֹשִׁי	1	with difficulty
בְּקַלּוּת	1	easily
בְּקָרוֹב	7	shortly, soon
בְּרָצוֹן	12	willingly
בִּשְׁבִיל	2	for
בְּתוֹךְ	2	within

ג

גַּב	6	back (part of body)
גְּבוּל	9	border, boundary
גִּבּוֹר	6	hero
גֶּבֶר	1	man
גָּדֵל	8	grows
גּוּף	6	body
גַּלְגַּל	4	wheel (noun)
גַּן	8	kindergarten, garden
גַּפְרוּרִים	1	matches (noun)
גָּרַם	10	caused
גֵּרֵשׁ	11	chased away

ד

דִּבּוּק	11	spirit that possesses a person
דּוֹמֶה	1	similar, alike
דַּוְקָא	10	exactly, especially
דַּי	3	enough
דִּין וְחֶשְׁבּוֹן	5	report
דָּם	4	blood
דִּמְעָה	5	tear (noun)
דָּרוֹם	4	south
דֶּרֶךְ־הַמֶּלֶךְ	6	main highway

ה

הֶאֱמִין	12	believed
הִבְטִיחַ	7	promised
הֵבִיא בְּחֶשְׁבּוֹן	5	considered
הִבִּיט בּ	4	looked at
הִגְדִּיל	7	enlarged
הִגִּיד	8	told
הִדְלִיק	7	kindled
הִדְרִיךְ	7	guided
הוֹדִיעַ	8	announced, informed
הֵזִיז	7	moved
הִזְכִּיר	7	reminded, mentioned
הֵכִין	7	prepared
הִכִּיר	7	knew, recognized
הַכְנָסַת אוֹרְחִים	7	hospitality
הַכֹּתֶל הַמַּעֲרָבִי	9	the Western Wall
הִלְבִּישׁ	7	dressed
הִמְשִׁיךְ	7	continued
הִסְבִּיר	7	explained
הִסְכִּים ל	7	agreed
הֶסְכֵּם	1	agreement
הִסְתּוֹבֵב	7	moved about, turned around
הֵעִיר	6	woke, roused
הָעִיר הָעַתִּיקָה	9	the Old City
הֶעֱלָה	7	raised
הִפְחִיד	12	frightened
הִפְסִיק	7	stopped
הִפְרִיעַ ל	7	disturbed
הִצְטַעֵר	12	regretted
הַצָּעָה	1	suggestion
הֵקִים	7	established
הִקְרִיב	6	sacrificed
הַר־הַבַּיִת	9	Temple Mount
הַר הַזֵּיתִים	9	Mt. of Olives
הַר הַצּוֹפִים	9	Mt. Scopus
הֶרְאָה	7	showed
הִרְגִּישׁ	7	felt

הָרוֹבַע הַיְּהוּדִי	Jewish Quarter	9
הֵרִים	lifted	12
הִשְׁגִּיחַ עַל	supervised	7
הֵשִׁיב	replied, returned	7
הִשְׁלִים	completed	7
הִשְׁפִּיעַ עַל	influenced	7
הִשְׁתַּדֵּל	tried	4
הִתְאַהֵב בּ	fell in love	4
הִתְבַּקֵּשׁ ל	was asked	4
הִתְגַּלְגֵּל	rolled	4
הִתְגַּעְגֵּעַ אֶל	longed for, yearned	4
הִתְגָּרֵשׁ מִן	divorced	4
הִתְחַתֵּן עִם	married	4
הִתְיַשֵּׁב בּ	settled, sat down	4
הִתְכַּנֵּס בּ, עִם	assembled	4
הִתְכַּסָּה	covered himself	6
הִתְלַבֵּשׁ בּ	dressed himself	4
הִתְנַגֵּב בּ	dried himself	4
הִתְנַהֵג כּ	behaved	3
הִתְנַפֵּל עַל	attacked	4
הִתְנַשֵּׁק עִם	kissed	4
הִתְעוֹרֵר	woke up	4
הִתְפּוֹצֵץ	exploded	4
הִתְפַּלֵּל	prayed	4
הִתְפַּשֵּׁט	undressed himself	4
הִתְקַבֵּל ל	was accepted	4
הִתְקִיף	attacked	9
הִתְקָרֵב אֶל	came near, approached	4
הִתְקַשֵּׁר עִם	contacted	4
הִתְרַגֵּז עַל	became angry	4
הִתְרַגֵּשׁ	became excited	9
הִתְרַגְּשׁוּת	excitement	10
הִתְרַחֵץ	washed himself	4
הִתְרַחֵק מִן	kept at a distance	4
הִתְרַטֵּב	became wet	4

ו

וִכּוּחַ	argument	1

ז

זֹאת אוֹמֶרֶת	in other words	4
זֵכֶר	memory	10
זָר	stranger	6

ח

חַבַּ"ד (חָכְמָה, בִּינָה, דַּעַת)	Chabad	10
חִבֵּק	hugged	8
חֶבְרֶ'ה	guys, group	4
חֲגוֹרָה	belt	3
חָדְשַׁיִם	two months	5
חוֹל, חוֹלוֹת	sand(s) (m.)	4
חוֹמָה	wall	12
חִיּוּךְ	smile (noun)	1
חִיֵּךְ	smiled	8
חָלָה	became sick	6
חַלָּשׁ	weak	2
חֶסֶד	kindness, charity	2
חֻפָּה	marriage canopy	11
חָצֵר	yard	8
חֵרוּת	freedom	7
חֵרֶם	excommunication	11
חֶשְׁבּוֹן	calculation, bill, arithmetic	1
חֶשְׁבּוֹן הַנֶּפֶשׁ	taking account of oneself	5
חָתָן	bridegroom	4

י

יָבִיא	will bring	4
יֵדַע	will know	3
יוֹם יוֹם	daily	5
יוֹמַיִם	two days	5
יוֹמָן	diary	4
יוֹעֵץ	advisor	3
יָלְדָה	gave birth	2
יַלְקוּט	knapsack	9
יָמִין	right (direction)	4
יִסַּע	will travel	5
יָעִיר	will rouse	6
יָעַץ	advised	3
יַעַר	forest	12
יַרְדֵּן	Jordan	2
יָרָה בּ	shot	6
יְשִׁיבָה	religious academy, sitting, meeting	11
יִשְׁמֹר	will observe, keep	5
יָשָׁר	honest, straight	4
יֶתֶר	remainder	12

כ

כָּאַב	4	hurt (passive)
כְּאֵב	6	pain (noun)
כְּאִילוּ	11	as if
כָּבֵד	2	heavy
כִּבֵּד	11	honored
כָּבוֹד	6	honor
כִּבּוּשׁ	12	conquest
כָּבַשׁ	9	captured
כְּדֵי, כְּדֵי שֶׁ...	3	in order
כַּהֲלָכָה	5	properly (according to law)
כּוֹבַע	3	hat
כֹּחַ	8	strength
כִּיס	3	pocket
כַּלָּה	4	bride
כַּמָּה	4	a few
כָּנָף, כְּנָפַיִם	5	wing (f.)
כִּסָּה	11	covered
כָּרָגִיל	12	as usual
כָּתֵף	9	shoulder (f.)

ל

לֹא חָשׁוּב	4	unimportant
לְאַט לְאַט	4	slowly
לְבָרֵר	10	to clarify
לָגוּר	2	to live
לְהָנִיחַ	10	to put on, to lay
לְהִשָּׁאֵר	12	to remain
לְהִתְוַכֵּחַ	1	to argue
לְחַיֵּךְ	1	to smile
לִישׁוֹן	4	to sleep
לְמַטָּה	4	down, below
לְמַעְלָה	4	up, above
לִנְגֹּעַ בּ	6	to touch
לִנְפֹּל מ	6	to fall
לְעוֹלָם לֹא	5	never
לְפִי חֶשְׁבּוֹנִי	5	according to my calculation
לִפְעָמִים	5	sometimes
לְקָרֵב	3	to bring near
לָשֵׂאת	6	to carry, lift
לְשַׁלֵּם	1	to pay
לְתַקֵּן	12	to fix, correct

מ

מְאֻחָר	1	late
מָאתַיִם	5	two hundred
מִגְדָּל	12	tower
מֻדְאָג	12	worried
מַדְרִיךְ	7	counselor, guide
מַה בְּכָךְ	5	so what!
מוּזָר	11	strange
מוּכָן	11	ready
מוֹנִית	1	taxi
מֶזֶג־אֲוִיר	12	weather
מִזְרָח	4	east
מַחֲלָה	6	sickness
מָטוֹס	5	plane
מַטָּרָה	6	target, goal
מְיוּחָד	10	special
מִישֶׁהוּ	12	someone
מַכָּה	4	slap, blow (noun)
מָלֵא	2	full
מָנָה	1	course, portion
מְנוּחָה	11	rest, relaxation
מִנְיָן	11	quorum of ten
מִסָּבִיב	4	around
מַסְטִיק	6	chewing gum
מִסְעָדָה	1	restaurant
מָסַר	4	handed over
מֵעֵבֶר	2	across
מֵעוֹלָם לֹא	5	never
מֵעַל	7	above
מַעֲרָב	4	west
מַעֲשֶׂה	2	deed, act, event
מְעַשֶּׁנֶת	1	smokes
מַפִּית	7	napkin
מָצָא־חֵן	11	found favor, liked
מְצֻיָּן	5	wonderful, excellent
מִצְרִי	4	Egyptian
מֻקְדָּם	1	early
מַקְסִים	1	charming
מַרְגִּישׁ	5	feel
מַשֶּׁהוּ	4	something
מָשִׁיחַ	5	Messiah
מַשְׁמִין	1	fattening
מִשְׂרָד	5	office

נ

נֶגֶד	4	against
נָגַע ב	6	touched
נִגַּשׁ	5	approached
נוֹרָא	6	terrible
נִזְהַר	11	was careful
נָכְרִי	2	foreign
נִלְחַם	11	fought
נָמוּךְ	2	short (person), low (object)
נִמְצָא	10	was found
נִפְגַּשׁ	11	met
נֵפְט	4	oil
נִפְטַר	11	died
נָפַל	10	fell, died
נִפְרַד	11	separated, took leave
נָקִי	7	clean (adj.)
נִרְדַּם	4	dozed off
נָשָׂא	6	carried
נִשְׁאַר	2	remained
נִשְׁבַּע	11	took an oath
נְשׂוּאִים	11	married (couple)
נְשָׁמָה	11	soul

ס

סָבִיב	4	around
סוֹד	10	secret
סֻכָּרִיָּה	8	candy
סְעוּדָה	1	meal
סְעָרָה	11	storm
סַפָּה	4	sofa
סִפּוּק	10	satisfaction
סָפַר	7	counted
סֵרֵב	10	refused

ע

עֵגֶל	8	calf
עֲדַיִן	10	still
עוּבְדָה	10	fact
עוֹד	2	more
עוֹד מְעַט	4	very soon
עוֹר	8	hide, skin, leather
עָיֵף	4	tired
עֵמֶק	6	valley
עֲנִיבָה	3	tie (noun)
עִנְיָן	7	interest, concern
עֲנָק	4	giant
עָסוּק	1	busy
עֵצָה	3	advice, idea
עִקָּר	4	most important, principle
עַקְשָׁן	1	stubborn
עִשֵּׁן	1	smoked
עָשָׁן	1	smoke (noun)
עַתִּיק	9	ancient
עַתִּיקוֹת	10	antiques

פ

פָּגוּעַ	4	stricken, wounded
פָּגַע ב	4	struck
פֶּלֶא	6	wonder
פִּנָּה	4	corner
פַּעֲמוֹן	12	bell
פָּצוּעַ	4	wounded
פְּקוּדָה	4	order (noun)
פְּרוּטָה	11	penny, small coin
פְּרָטִים	1	details
פְּרֵידָה	11	parting, separation
פָּשַׁט	3	took off, undressed
פֶּתֶק	4	note (noun)

צ

צִלְצוּל	12	ring, ringing (noun)
צִלְצֵל	12	rang
צָמֵא	1	thirsty
צַמָּה	8	braid
צַנְחָן	10	paratrooper
צָפוֹן	4	north
צִפּוֹר, צִפֳּרִים	4	bird (f.)
צַר	2	narrow, tight

ק

קָדוּם	10	ancient
קָדוֹשׁ	9	holy
קַדִּישׁ	11	kaddish,memorial prayer for dead
קֹדֶם	6	first
קוֹצֵר	2	harvester
קִנֵּא ב	6	jealous, envied

קְנִיָּה	10	purchase (noun)
קָצִין	9	officer
קָצִיר	2	harvest
קָרָא	2	read, called, named
קְרָב	9	battle
קַרְקַע	12	ground
קָשׁוּר	10	connected

ר

רְאִי	4	mirror
רָגִיל	12	usual
רוֹב	12	most, majority
רוֹבֶה	6	rifle
רוֹעֶה	8	shepherd
רָזֶה	2	thin
רָחָב	2	wide
רִחֵם	8	pitied
רַחֲמִים	8	compassion, mercy
רֵיק	2	empty
רַךְ	2	soft
רַכֶּבֶת	4	train
רֵעַ, רֵעִים	11	friend(s)
רָעֵב	1	hungry
רָעַד	4	trembled
רְפוּאָה	7	medicine
רָצוֹן	8	desire, wish, will
רִצְפָּה	11	floor

שׁ

שְׁבוּעָה	11	oath
שְׁבוּעַיִם	5	two weeks
שִׁגָּעוֹן	3	madness
שׁוּב	6	again
שִׁוְיוֹן	1	equality
שׁוֹנֶה	3	different
שְׁטוּיוֹת	6	nonsense
שָׁכֵן	5	neighbor
שָׁמֵן	4	fat
שְׁנָתַיִם	5	two years
שַׁעַר	12	gate
שְׁעָתַיִם	1	two hours
שָׁתַק	12	was silent

שׂ

שְׂמֹאל	4	left (direction)
שְׂמִיכָה	6	blanket
שַׂקִּית	8	small bag

ת

תְּבוּאָה	3	harvest, grain
תּוֹשָׁב	12	resident
תְּחִיַּת הַמֵּתִים	5	resurrection of the dead
תַּחֲנָה	4	station
תִּיק	10	briefcase
תָּם	4	innocent, naive
תְּפִלִּין	10	tefillin, phylacteries
תַּפְקִיד	12	task, function, role
תַּצְלוּם	10	photograph
תָּקַע	9	blew (a shofar)
תַּרְנְגוֹל	3	rooster
תַּרְנְגוֹל־הוֹדּוּ	3	turkey
תַּרְנְגֹלֶת	3	chicken

Index

ACKNOWLEDGMENTS

Thanks are extended to the following photo archives:
Central Zionist Archives   44, 68, 109, 151, 238; Israel Government Press Office   76, 77, 102, 106, 107, 162, 169, 184, 222, 251; Israel Museum 2, 7, 13, 22, 39, 54, 78, 118, 197, 242, 269; Israel Theatre Archives   266;   ILGWU Archives   189.

Thanks are also extended to the following photographers:
Dr. Kurt Meyerowitz   23; Carl A. Stapel   240.

The photo on p. 22 was filmed in Sana'a by Yehiel Haibi, pioneer Yemenite photographer, and is reproduced with the permission of his widow, Reuma Haibi.

The photo on p. 118, from the collection of the late Dr. Giza Frankel at the Israel Museum in Jerusalem, is reproduced with the permission of her daughter, Stella Rebhun.

Stories and poems by Israeli authors are copyrighted by the authors and are reprinted here with their permission or the permission of ACUM, Société d'Auteurs, Compositeurs et Editeurs de Musique en Israel.